KB270766

학술단체협의회 제6회 연합심포지움

한국민주주의의 현재적 과제

제도, 개혁 및 사회운동

학술단체협의회 지음

창 작 과 비 평 사

1993

머 리 말

회오리바람이 몰아치고 파도가 일렁이는 가운데도 꿈적않는 한국사회의 구조, 그 한가운데서 이루어지고 있는 우리의 논의를 올해도 한 권의 책으로 묶으면서 토론의 장을 마련한다. 관심있는 이들과 함께 우리는 이 토론마당을 계속 가꾸어나가고자 한다.

올해로서 학술단체협의회(학단협)의 연합심포지움은 여섯번째를 맞이한다. 1980년대 각 학문분야별로 전개되어온 진보적 학술연구를 총화함과 아울러 그 성과를 확대·발전시키기 위하여 결성된 학단협은, 1988년에 제1회 연합심포지움을 개최한 이래 해마다 진보적 학술연구의 핵심적인 관심사항을 주제로 내걸고 토론의 장을 펼쳐왔다. 그동안의 성과를 스스로 평가하기에는 이른 시점이지만, 적어도 우리가 다루어온 주제들이 학문적·사회적으로 이슈화되어왔다는 점에서 자부에 앞서 더한층의 정진을 다짐하게 된다. 특히 최근에는 한층 구체적인 현실에서 출발하고자 하는 노력을 기울여왔고, 그 연장선상에서 이번 연합심포지움을 개최하게 된 것이다.

이번 심포지움의 주제는 '한국민주주의의 현재적 과제: 제도, 개혁 및 사회운동'이다. 이 주제는 지난해의 심포지움에서 다루었던 '정책적 대안'의 구체화이며 동시에 그 현실화를 위한 것이다. 이 책에 묶인 논문들에서 보듯이, 정치 및 사법의 민주화를 위한 제도적 과제와 더불어 지

4

방자치제 및 교육개혁에 대한 논의가 구체적으로 전개될 것이다. 이를 포함하는 한국사회의 민주화를 위한 주도세력과 사회운동에 대한 논의는 이 시점에서 중요한 토론사항이 될 것이다. 적어도 근대사에서 민주주의는 항구적인 과제이며, 현재의 한국사회에서 그것이 차지하는 비중은 무엇에도 비견할 수 없을 것이므로, 이에 대한 우리의 논의는 지속적으로 이루어지면서도 날로 구체화되어가야 할 것으로 믿는다. 더구나 엘리뜨주의적 정치집단에 의한 '위로부터의 개혁'에 한국민주주의의 장래를 위탁할 수는 없는 현실이기 때문에, 사회운동에 대한 우리의 관심과 논의는 더욱 강화되고 구체화될 필요가 있다.

바람 잘타는 학문적·사회적 분위기 속에서 이번 심포지움을 준비하는 데에 '새로운' 어려움이 있었던 것은 사실이나, 그러한 가운데서도 회원단체에서 공동 혹은 개별 연구를 통하여 논문을 제출해준 것은 학단협의 지보(地步)를 새삼 확인하는 계기가 되었다. 이에 관련단체들에게 감사드리는 바이다. (제출된 논문 이외에도 준비중인 논문이 몇편 더 있었으나 시간 사정으로 함께 묶지 못하게 된 데 대해서는 아쉬움과 함께 필자와 해당 단체에 사과의 뜻을 전한다.) 학단협에 소속되어 있지 않으면서 이번 심포지움에 흔쾌히 참여해주신 분들에 대해서는 각별한 사의를 표하지 않을 수 없다. 이번 심포지움의 내용이 그만큼 큰 공감대를 형성할 수 있기를 바랄 뿐이다.

이번 심포지움을 준비하는 데서 곽노현 학술위원장을 비롯하여 권영근 운영위원장, 정영태 정책위원장, 이승희 대외교류위원장, 그리고 박진희·한찬수·김대오 상임위원과 박태균 전학술위원회 상임간사 등의 노고가 컸다. 이들과 함께 헌신적으로 일들을 챙겨준 김은주 실무간사에게도 치하를 보낸다. 많은 이들의 노력이 이 책자로 묶이는 데에는 창작과비평사의 배려가 크게 작용하였다. 관계자 여러분께 감사드린다. 이러한 참여와 노력, 그리고 배려에 힘입어 심포지움이 알찬 결실을 거두기를 바란다.

현재 우리가 직면하고 있는 일면 퇴행적인 지적·사회적 분위기에도 불구하고, 아니 그러할수록 더욱, 역사와 사회의 진보를 위한 우리의 노

력은 확대되고 심화되지 않으면 안될 것이다. 이번 심포지움이 우리의
이러한 노력을 강화하고 결속하는 계기가 되도록 우리 자신을 채찍질하
기로 하자. 그리고 한국사회의 진보를 위해, 우리의 의지와 지혜를 계속
모아 '긴 호흡, 강한 걸음'으로 꾸준히 정진하기로 하자.

1993. 10. 16.
학술단체협의회 공동대표:
김진균, 이이화, 최장집, 김대환, 안병욱

6

차　례

제 1 부　민주개혁의 제도적 과제

제 2 부   한국민주화의 사회운동론적 과제

민주주의이론과 한국민주주의의 전망

김 세 균
한국정치연구회

　이 글이 시도하는 것은 근대세계의 출현과 더불어 생겨난 제반 민주주의 이론과 운동 및 민주주의체제들의 특징 등을 일반적인 수준에서 검토하는 기초 위에서 현시기 한국 민주화과정의 성격, 문제점 등을 파악하는 동시에 한국민주주의의 더한층의 발전을 위한 과제들이 무엇인가를 규명하는 것이다. 이 글에서 본인은 주제의 포괄성에 비추어, 단순화시키는 모험을 감수하면서 주로 주요개념들의 의미 및 사태의 본질을 압축적으로 드러내려고 노력할 것이다. 따라서 이 글은 구체적 분석을 행하는 것이라기보다는 사물을 바라보는 기본시각을 다룬다는 특징을 더 많이 지니고 있다. 이 점에서 이 글은 우리들이 민주주의 문제에 접근하는 우리들의 시각을 공유해가는 데에 기여한다면 자신의 소임을 다하는 것이다.

金世均: 서울대 정치학과 교수.

1. 민주주의 이론과 운동 및 민주주의체제
—— 일반적 수준에서의 접근

민주주의 문제는 무엇보다 사회의 정치적 형태와 관계되는 문제이다. 이때 정치는 경제 등과 구분되는 의미의 협의의 정치가 아니라, 경제적 관계를 포함한 모든 사회적 관계의 집중적 표현으로서의 포괄적 의미의 정치이다. 그런데 민주주의를 이해하는 방식은 그 문제에 접근하는 계급적 입장의 차이에 따라 달라진다. 그리하여 민주주의의 문제는 근대세계 속에서는 일차적으로 근대세계의 양대 기본계급인 부르조아지와 프롤레타리아트의 관점에서 제기되어왔는데, 부르조아적 관점에서 제기된 민주주의를 부르조아민주주의라 부른다면 프롤레타리아적 관점에서 제기된 민주주의는 프롤레타리아민주주의라고 부른다.

역사적으로 보아 부르조아민주주의는 원래 유럽에서 상품-화폐관계의 발전과 더불어 기본적으로 자신의 힘에 근거하여 경제적 부를 쌓아올린 신흥부르조아계급이 그들을 봉건적 제속박으로부터 해방시키는 과정 속에서 대변한 반봉건 부르조아 해방이념인 자유주의(liberalism)의 전통을 계승하는 이념이다. 부르조아들의 반봉건 투쟁과정 속에서 형성·발전된 고전적 자유주의는 부르조아 자신들이 (역사적으로) 쟁취한 사회적·경제적 권리들을 천부의 인권, 즉 그들의 권리를 초역사적 정당성과 규범성을 지닌 인간의 자연권으로 선포하고 국가질서를 이 천부의 인권을 보장하기에 적합하도록 개편하려고 하였다. 이에 따라 자유주의는 사유재산권을 핵심으로 하는 부르조아 시민권의 법적 보호와 사회의 부르조아들에 의한 국가통제를 그 이념의 가장 중요한 구성요소로서 지니고 있는데, 존 록크의 이론에 전형적으로 나타나는 법치국가론, 대의제국가론 및 삼권분립론 등은 그러한 요소들의 실현을 보장하는 메커니즘으로서 의의를 지닌다. 그런데 고전적 자유주의국가는 초기자본주의가 자유경쟁자본주의로 발전해간 시기에 있었던 시민혁명과정을 거치면서 역사상 최초로 그 모습을 드러내었다. 이 국가는 한편으로는 사회의 봉건적 관계들을 해체시키는 진보적 역할을 수행하면서도 다른 한편으로는 유산자들에게만 선거권, 피선거권을 부여함으로써 정치, 경제, 사회, 문화 전영역에서 유산자계급의 헤게모니와 자본에 의한 노동의 지배를 무제한으로 보장한 '순수한 의미의 유산자들의 자유공화국'으로 기능하였다.

이 고전적 자유주의체제는 그 이후 자신의 정치적·경제적 권리를 신장시키려는 노동자계급을 비롯한 피지배대중의 도전을 받으면서 모든 국민의 형식적인 정치적 자유와 평등의 보장을 핵심으로 하는 자유민주주의체제로 변화·발전하였다. 그런데 역사적으로 보아 자유경쟁자본주의로부터 독점자본주의로의 이행기가 노동자들의 단결권과 같은 새로운 '사회권'의 인정, 피지배대중으로의 선거권의 확대 등을 통하여 고전적 자유주의체제의 자유민주주의적 개혁이 이루어진 시기라면, 독점자본주의의 위기가 폭발한 제1차 대전 이후의 시기는 파시즘체제의 성립 등에 의해 민주주의가 전면적으로 부정되거나 아니면 어느 나라에서나 민주주의가 많든 적든 훼손된 시기이다. 이와는 달리 자유민주주의체제는 대량생산체계인 포디즘적 생산방식이 전면적으로 보급되고 국가독점자본주의에 기초한 제국주의의 신식민지적 지배가 전세계적으로 수립된 것을 기반으로 하여 2차대전 이후 유럽 자본주의사회의 정상적인 정치체제로서 정착하였다. 이렇게 성립된 '자유민주주의체제'는 대체로 다음과 같은 특징들을 지닌다.

첫째, 자유민주주의체제는 자본주의적 시장경제를 토대로 하여 성립되는 부르조아민주주의의 발전된 형태이며, 자유민주주의의 본원적 형태인 고전적 자유주의를 그 성립의 근거로서 지닌 자유주의의 현대적 형태 또는 독점자본주의단계의 자유주의의 실현형태이다. 이 점에서 자유민주주의는 부르조아민주주의의 발전된 형태 또는 발전된 부르조아민주주의체제로 이름붙일 수 있으며, 자유주의에 의해 포섭된 민주주의라는 특징을 지닌다.

둘째, 자유민주주의체제는 국가형태 면에서 자본주의국가의 (발전된)

민주적 형태에 속하는 체제이며, 그 사회적 기능 면에서는 독점부르조아
지의 계급적 지배를 민주적 방식으로 관철시키는 정치형태 혹은 독점부
르조아지의 정치적 지배를 다수인민의 정치적 의지라는 형식으로 관철시
키는 정치적 기제이다. 다시 말해 자유민주주의는 다른 모든 민주주의와
마찬가지로 계급민주주의의 일종으로서 임노동 없이는 자본이 성립할 수
없는 자본주의사회 속에서 자본주의사회가 지속되는 한 결코 지양될 수
없는 계급갈등의 현실을 인정하고, 프롤레타리아트를 비롯한 피지배대중
의 운동이 체제 내에서 전개될 수 있는 조건을 부여함으로써 부르조아적
사회질서의 유지와 자본축적에 있어 피지배대중의 동의와 협조를 얻어내
고자 하는, 피지배대중에 대한 (독점)부르조아지의 헤게모니적 지배로서
의 성격을 지닌다. 이와 관련하여 어떤 체제가 자유민주주의체제로서 규
정될 수 있는지의 여부는 최종적으로 그 체제가 자본주의체제를 변혁하
려는 반체제세력의 정치적 활동의 자유까지를 합법적인 것으로 인정하는
지의 여부이다. 예를 들어 유럽의 어떤 자유민주주의체제에서도 공산당
의 활동을 불법적인 것으로 봉쇄하는 체제는 없다. 이와는 달리 자유민
주주의적 기본질서의 유지라는 명분을 내세우면서 그러한 세력의 활동을
불법으로 탄압하는 체제는 다른 자유민주주의적인 요건들을 갖추었다고
할지라도 아직 자유민주주의체제로 규정짓기에는 그 가장 중요한 요건을
결여하고 있다.

셋째, 자본주의사회에서의 국가는 사회적 강권을 합법적으로 독점하면
서 사회구성원 모두로부터 분리된 '사회의 곁과 밖에 수립된 공적 권력
체'라는 형태성을 띠고 출현한다. 이로 인해 부르조아민주주의이론에서
는 부르조아들의 자유로운 활동에 대한 국가의 부당한 개입을 막고 국가
를 사회의 부르조아들의 통제하에 확고히 두는 문제가 관건적인 문제로
제기되는데, 이로 인해 부르조아민주주의론에서는 이 문제가 일반적으로
사회에 의한 국가의 민주적 통제 혹은 국가의 민주화 및 이를 통한 국가
의 사회과정 매개방식의 민주화 문제로서 제기된다. 이 문제와 관련하여
고전적 자유주의론이 법치국가론, 대의제국가론, 삼권분립론 등을 제시
하는 가운데 사회의 부르조아들에 의한 국가의 독점적 통제를 추구하였

다면, 자유민주주의론은 법치국가론 등을 계승하면서도 적어도 그 형태 상에서는 사회의 부르조아들만의 국가통제가 아니라 사회구성원 전체에 의한 국가통제를 내세운다. 이 점에서 자유민주주의체제는 기본적으로 그 형태상에서 사회가 국가를 통제하는 형태를 취하는데, 이로 인해 자 유민주주의에서는 (국가와 분리된 의미의) 사회에서의 부르조아지의 계 급적 헤게모니의 관철이 핵심적으로 중요한 문제로 제기된다. 그런데 사 회 속에서 부르조아지의 계급적 헤게모니를 관철시키는 사회영역이 이른 바 부르조아지의 이데올로기적 지배장치들이 그 속에서 작동하는 시민사 회영역이다.

넷째, 자유민주주의체제는 모든 정당, 정치세력에게 선거라는 게임을 통해 집권할 기회를 제공한다. 그러나 집권한 정당이 설령 노동자계급에 기반을 둔 정당일지라도 그 정당이 자본주의적 생산관계를 기본적으로 인정하는 한, 그 정권은 국가체제가 부르조아지의 정치적 지배체제로서 기능하는 데에 근본적인 문제점을 야기하지 않는다. 이와 관련하여 우리 는 전후 유럽에 수립된 사민주의체제란 노동자계급에 기반을 둔 정당의 집권에 의해 성립된 국가체제이지만 자본주의적 생산관계를 기본적으로 인정하는 속에서, 즉 노동자계급에 대한 부르조아지의 실질적인 이데올 로기적 헤게모니가 관철되는 속에서 소득의 재분배 등을 추구한 체제라 는 점에서 자유민주주의의 현대적·개량적 형태라고 부를 수 있다. 이와 아울러 우리는 자본주의가 만들어내는 구조적 불평등을 이른바 분배적 정의의 구현을 통해 완화하려는 적극적 자유주의론 또는 혁신자유주의론 이 2차대전 이후에 자유주의의 한 조류로서 나타난 사실을 주목해야 하 는데, 이 혁신자유주의론은 자유주의에 의해 수용된 사민주의 혹은 사민 주의적 자유주의의 성격을 지닌다. 이 점에서 사민주의와 혁신자유주의 는 그 성립의 계급적 출발점 등을 달리하지만 오늘날에는 그 이념적 지 향성에서 별다른 차이가 없다. 다른 한편 전후 초기에 노동자투쟁의 고 양 등이 불러일으킨 체제위기에 대응하여 생겨난 프랑스의 드골체제는 기본적으로 자유민주주의체제의 성격을 지니지만, 의회제적 통제로부터 의 국가집행권력의 자립화나 국민기본권에 대한 침해가 상당한 정도로 이루어진 관료권위주의적 또는 행정국가적 자유민주주의체제로 규정될 수 있다. 이와는 달리 1970년대 중반 이후부터 자본주의의 구조적 불황이 지속되는 가운데 이 위기를 사회복지정책의 폐기, 노동자권리의 축소, 기업활동에 대한 국가개입의 축소 등을 통해 해결하려는 '신보수주의'가 자유주의의 지배적인 형태로 나타났는데, 이로써 성립된 신보수주의체제는 국가독점자본주의의 구조적 축적위기를 노동자계급 및 제3세계 민중의 가중된 희생에 의해 해결하려는 새로운 형태의 권위주의적 자유민주주의체제 또는 자유민주주의의 타락한 현대적 형태로 규정지을 수 있다. 지금까지의 논의와 관련하여 전후 유럽에서 생겨난 자유민주주의체제는——어느 나라에서는 국가집행권력에 대한 의회제적 통제라는 기본적인 형태성을 지닌 속에서도 국가집행권력의 의회제적 통제로부터의 실질적인 자립화, 국가관료기구의 비대 등으로 인해 국가관료권력이 많든 적든 증대하는 경향을 보이고 있긴 하지만——세분한다면 ① (본래적인) 자유주의적 자유민주주의체제, ② 행정국가적 자유민주주의체제, ③ 사민주의적 또는 혁신자유주의적 자유민주주의체제 및 ④ 신보수주의적 자유민주주의체제로 구분될 수 있으며, 나아가 이중 ①과 ③은 자유민주주의의 상대적으로 진보적인 형태 혹은 발전된 자유민주주의체제로, 그리고 ②와 ④는 자유민주주의의 상대적으로 반동적인 형태 혹은 권위주의적 자유민주주의체제로 분류될 수 있다.

다섯째, 자유민주주의는 부르조아지의 계급적 헤게모니를 진사회적으로 관철시키는 정치체제로서 의의를 지닌다. 그러나 역사 속에서는 그와 같은 헤게모니가 대중투쟁의 폭발 등으로 사회 속에서 더이상 확보되지 않거나 또는 여기서 더 나아가 변혁적 정치세력이 대중적 지지에 힘입어 정권을 담당하는 경우가 발생하기도 하는데, 이 경우 자유민주주의에서 발전된 제반 절차적 민주주의의 형식은 더이상 자본주의사회의 원활한 재생산을 보장하는 형식이 되지 못한다. 계급적 힘관계의 이러한 특수한 상황 속에 놓인 국가체제는, 그러나 부르조아지의 비헤게모니적 지배체제인 자본주의국가의 공개적으로 억압적인 국가형태로 전화되든지, 아니면 자본주의의 지평선을 넘어서는 새로운 역사적 유형의 국가체제에 의

해 대체되어야 하는 과도기적 정치체제로서 의의를 지니는데, 이 경우
——특히 후자의 경우와 관련하여——이 체제를 우리는 더이상 자유민
주주의체제로 부를 수 없다.

　여섯째, 자유민주주의는 사회적 강권을 합법적으로 독점하면서 사회구
성원 모두로부터 분리된 사회의 특수한 권력체인 국가의 존재를 사회재
생산의 영구적인 자연적 조건으로 보기 때문에 역사 속에서 실현 가능한
민주주의 형태를 이러한 강권적 권력체의 소멸을 통해 인민이 정치를 직
접적으로 전유한다는 의미의 직접민주주의가 아니라, 사회로부터 분리된
국가를 사회구성원들이 민주적으로 통제한다는 의미의 간접민주주의로
파악한다. 이 점에서 부르조아민주주의적 개혁론은 자본주의적 시장경제
를 기본적으로 전제하는 속에서 시민사회의 국가로부터의 자율성 확보와
자율적인 시민사회의 활성화, 시민사회에 의한 국가의 민주적 통제 및
국가의 사회과정 매개방식의 민주화 등을 민주개혁의 핵심적인 과제로서
제기한다. 이와 관련하여 우리는, 흔히 주장되는 것과는 달리 자유민주
주의를 아무런 계급적 내용을 지니지 않거나, 아니면 이런저런 계급적
내용에 의해 채워질 수 있는 정치적 민주주의 또는 절차적 민주주의 그
자체로 보아서는 안되며, 나아가 자유민주주의에서 발전된 민주주의의
형식을 민주주의 형식의 가장 발전된, 보편적·초역사적 가치를 지닌 형
태로 간주해서도 안된다. 오히려 자유민주주의에서 발전된 민주주의의
형식은, 그것이 아무리 민주주의를 쟁취하려는 노동자계급을 비롯한 피
지배대중의 투쟁에 의해 창출된 것이라고 할지라도, 기본적으로 부르조
아지에 의해 '수용된' 민주주의의 형식이라는 측면을 지니고 있다. 따라
서 노동자계급을 비롯한 피지배대중의 투쟁에 의해 창출된, 자유민주주
의가 지닌 특정의 민주주의의 형식들은 노동자계급과 인민대중이 민주주
의를 완성시켜가는 과정에서 토대로 삼아야 할 소중한 역사적 유산이자
그 기초는 될 수 있지만——그러나 그것이 부르조아지에 의해 수용된
정치적 형식이라는 계급적 한계를 지닌 것이기 때문에——민주주의의
초역사적·초계급적 형식으로 절대화할 수 있는 것은 아니다. 이 점에서
민주주의를 완성해가기 위해서는 민주주의의 새로운 계급적 내용을 확보

하는 것과 더불어 '형식' 면에서도 부르조아민주주의의 형식이 지닌 한계를 넘어서는 새로운 민주적 형식들이 부단히 탐구되고 창출되지 않으면 안된다.

일곱째, 역사적으로 보아 자본주의의 고전적 자유주의 시기에는 사유재산제를 기본적으로 인간사회의 초역사적인 자연적 질서로 보면서도 보통선거권의 실시 등을 통한 사회구성원 모두의 정치적 자유와 평등을 주장한 소부르조아층의 급진민주주의운동이 다른 정치적 이념과 운동들에 대해 자신의 독자성을 주장하는, 또는 사회의 지배층인 부르조아지와 피지배층인 프롤레타리아층 모두에 대해 중립적이고 공평무사하며 그들 모두를 포괄하는 제3자적인 민주주의운동으로 자처하면서 출현했다. 그리고 이 급진민주주의운동은 사유재산제의 보호라는 측면에서는 프롤레타리아운동과 대립하면서도, 보통선거권의 실시와 같은 정치적 민주주의의 문제에서는 고전적 자유주의와 대립하면서 프롤레타리아운동과 연대했다. 그러나 이 급진민주주의운동은 이후 (일정하게는 사회주의운동에 합류하기도 했지만) 보통선거권이 확대되는 것과 더불어 지배층과 대립하는 소부르조아층의 정치운동이라는 자신의 독자성을 상실하고 점차 부르조아지의 자유민주주의로 흡수되어갔다. 다른 한편 사민주의운동은 최초에 생산수단의 사회화를 추구하는 노동자계급의 운동으로 출현했지만 그 시기에도 부르조아민주주의에서 발전된 정치적 민주주의 형태를 민주주의의 보편적인 형태로 간주함으로써 국가의 민주화와 국가참여를 통한 개혁 및 개혁의 누적을 통한 변혁을 이행의 보편타당한 방식으로 절대화했다. 이 점에서 사민주의는 자본주의를 폐기하려는 사회주의운동의 성격을 강하게 지니고 있었던 그 초기형태에서도 부르조아민주주의의 절차성을 절대시한 노동자운동이라는 성격을 아울러 지니고 있었는데, 2차대전 이후 국가참여를 통한 개혁을 추구하는 과정에서 생산수단의 사회화 프로그램을 최종적으로 또는 실질적으로 포기함으로써 노동자계급의 운동에 기반한 운동이면서도 그 이념적 지향성에서는 일종의 좌파적 부르조아민주주의운동으로 변해갔다. 다른 한편 오늘날 우리 사회에서도 신중간층 주도하의 민주주의운동을 우리 사회의 지배층은 물론 기층민중

모두의 이익을 공평무사하게 반영하고 그 이익의 균형을 추구하는 초계급적이고 독자적인 민주주의운동 또는 부르조아민주주의도 아니고 프롤레타리아민주주의도 아닌 새로운 제3의 민주주의운동으로 보려는 흐름이 나타나고 있다. 그러나 이 운동은 대체로 경제적으로는 자본주의적 시장경제체제를, 정치적으로는 자유민주주의를 옹호하면서 자본주의적 시장경제체제의 병폐를 가능한 한 제거하려는 운동의 성격을 지니는데, 이 점에서 이 운동은 그 이념적 지향성에서는 그야말로 부르조아적 개혁운동 그 자체이다. 따라서 우리 사회에 자유민주주의적인 정치적·경제적 개혁이 진전되면 될수록, 이 운동은 불가피하게 우리 사회의 지배층과의 관계에서 아직도 스스로 자처하는, 그러나 김영삼정권의 출현과 더불어 이미 대거 상실한 자신의 운동의 독자성을 그만큼 더 많이 상실해갈 것으로 예상된다. 지금까지의 논의와 관련하여 우리는 오늘날의 부르조아민주주의가 노동자계급의 도전에 대한 부르조아지들의 대응을 통해서만 나타난 것이 아니라, 그 이념의 계급적 출발점이나 기반이 부르조아지가 아닐지라도 그리고 자신의 이념을 스스로는 부르조아민주주의와 대결하는 것으로 이해했다고 할지라도, 부르조아민주주의가 확대되면서 점차 부르조아민주주의에 포섭되어간 여러 형태의 민주주의 이념들을 포괄하면서 발전해왔다는 점을 확인하게 된다.

　부르조아지의 계급지배를 민주적으로 관철시키는 정치적 형태인 부르조아민주주의와는 달리, 민주주의는 원래 사회의 피지배대중인 '인민의 지배'를 추구하는 이념 내지 피지배 인민대중의 사회적 해방의 이념으로 출현하였다. 이로 인해 이러한 의미의 민주주의는 역사 속에서 사회의 지배층으로부터 언제나 우중(愚衆)정치의 옹호론, 대중의 반역을 고취하는 사상 등으로 탄압받거나 매도당해왔는데, 인민의 지배로서의 민주주의는 근대세계에 들어와 부르조아민주주의에 대한 프롤레타리아적 대안으로서 출현한 프롤레타리아민주주의로 계승되었다. 이때 프롤레타리아민주주의는 ① 자본주의적 시장경제를 전제로 하는 부르조아민주주의와는 달리 생산수단에 대한 사회적 소유와 사회경제적 과정에 대한 노동자들의 직접적인 통제와 관리를 추구하는 민주주의, 즉 '형식적 사회화'를 기초로 하여 '실질적 사회화'의 완성을 지향하는 민주주의이며, ② 계급적 지배-피지배관계를 전제로 하는 부르조아민주주의와는 달리 계급적 지배-피지배관계의 소멸을 추구하는 민주주의이며, ③ 사회적 강권을 합법적으로 독점하는 국가에 대한 민주적 통제, 즉 '국가의 민주화'를 추구하는 부르조아민주주의와는 달리 프롤레타리아대중으로부터 분리된 정치의 프롤레타리아대중에 의한 재전유와 이로써 실현되는 강권적 권력체로서의 국가의 소멸을 통한 전면적인 인민의 자기통치(Selbstregierung des Volks)를 지향하는 민주주의이며, ④ 생산과정에서의 임노동에 대한 자본의 지배와 이를 보장하는 사회의 곁과 밖에 세워진 특수한 강권적 권력체인 국가를 중심으로 조직되는 자본의 정치를 생산현장의 민주주의와 유기적으로 연관되는 사회관계의 수립을 추구하는 노동의 정치로 대체시키려는 민주주의라는 특징을 지닌다. 따라서 프롤레타리아민주주의체제는 국가이자 비국가이며 비국가로 전화하는 국가라는 특징을 지니게 되는데, 이 점에서 이 체제는 어떤 고정된 정치적 형태를 지닌 것이 아니라 국가권력을 프롤레타리아대중에게 이전시킴으로써 국가를 비국가로 전화시켜나가는 정치적 형태들을 끊임없이 발견하고 창출해야 하는 과제를 지니게 된다. 나아가 프롤레타리아민주주의는 계급적 착취와 지배에 반대하면서 자기 스스로를 정치적으로 조직하는 프롤레타리아대중운동 속에서 새로운 민주주의의 실재적인 실현 가능성을 보기 때문에, 그 속에서 노동과정으로부터 자립화되어 있는 시민사회의 활성화와 이러한 시민사회에 의한 국가의 민주적 통제가 아니라, 프롤레타리아대중투쟁의 활성화와 프롤레타리아대중에 의한 정치의 재전유를 그러한 민주주의 실현의 핵심적인 사항으로서 파악한다.

그런데 근로대중이 프롤레타리아만으로 구성되어 있지 않는 사회적 관계 속에서 프롤레타리아민주주의는 그 '순수한' 형태 속에서 실현될 수 없고 오직 프롤레타리아트와 모든 근로대중의 굳건한 계급동맹 혹은 인민적·민중적 연합에 기초해서만, 그리고 이 연합 속에서 프롤레타리아트의 계급적 헤게모니가 관철됨으로써 근로대중 내부의 모순이 프롤레타리아민주주의 노선에 따라 해결되어나가는 조건 속에서만 실현될 수 있는 민주주의라는 특징을 아울러 지닌다. 이 점에서 프롤레타리아민주주의의 실재적·역사적 관철형태는 그 속에서 프롤레타리아계급의 헤게모니가 관철되는, 그럼으로써 프롤레타리아민주주의성을 자신의 중핵으로 지닌 민중민주주의 또는 인민민주주의이다. 이 점에서 프롤레타리아민주주의의 역사적 관철형태로서의 민중민주주의는 프롤레타리아계급의 헤게모니가 확보되는 가운데 모든 근로대중의 계급적 동맹과 협력이 이루어지는 정치적 형태를 발견하고 창출하는 일을 관건적 중요성을 지닌 문제로서 제기하게 되며, 그러한 민주주의를 실현시키는 가장 중요한 방도로서 프롤레타리아 헤게모니가 담보되는 속에서의 대중투쟁의 활성화와 대중에 의한 정치의 재전유를 추구한다. 나아가 그러한 민중민주주의는 —— 그것이 제국주의적이든 종속적이든 —— 국가독점자본주의에 의해 특징지어지는 현시기 자본주의사회의 발전단계 속에서 국가권력이 노동자계급을 중심으로 하는 근로대중에게로 이전되는 민중권력의 창출, 독점자본의 사회화, 민중이 사회경제적 과정을 실질적으로 통제·관리하는 사회경제체제의 수립 및 민중적 권리의 유보 없는 보장 등을 현단계 민주변혁의 '전략적 목표'로서 추구한다.

그런데 현실사회주의의 붕괴는 부르조아적 정치와 구분되는 완전히 새로운 유형의 정치의 실현 가능성에 대한 광범한 회의를 불러일으켰다. 이 점에서 그간의 소련체제의 변화과정에 대한 약간의 고찰이 필요하다. 1917년의 볼세비끼혁명은, 비록 그 속에서 프롤레타리아층이 소수였지만, 프롤레타리아계급의 헤게모니하에서 프롤레타리아트와 그 당시 러시아 민중의 압도적 다수를 형성한 농민(빈농)의 계급동맹하에서 이루어진 민중혁명, 보다 정확하게는 민중혁명의 형태를 지니고 이루어진 프롤레타리아혁명이었다. 이 점에서 혁명 초기의 쏘비에뜨체제는 프롤레타리아트와 농민의 계급동맹에 기초한 (초기적 형태의) 프롤레타리아민주주의 체제 또는 프롤레타리아국가의 민주적 형태였다고 규정할 수 있다. 그러나 이 체제는 쏘비에뜨권력의 생존 여부가 문제가 된 내전을 거치면서 프롤레타리아국가체제로의 다른 근로대중의 강압적 통합을 추구한 프롤레타리아국가의 공개적으로 억압적인 형태로 전화했다. 그러나 이로 인해 프롤레타리아트와 농민의 계급동맹이 와해되기 시작했는데, NEP체제는 이 와해되기 시작한 계급동맹을 다시 복원하려는 시도였다. 그러나 NEP체제는 그 계급동맹을 경제적 수준에서 추진했지 정치적 수준으로까지 확장시키지 못한 한계를 지니고 있었다. 다른 한편 쏘비에뜨체제는 이른바 사회주의적 공업화와 농촌의 집단농장화를 유혈적으로 강행한 스딸린체제에 이르러 프롤레타리아대중을 비롯한 모든 근로대중으로부터 자립화한 당-국가융합체제 내지 당-국가관료지배체제로 전화했는데, 이로써 소련에서는 초기적 형태의 프롤레타리아국가의 민주적 형태가 프롤레타리아국가의 공개적으로 억압적인 형태로 전화했다가 NEP체제라는 과도기적 체제를 거쳐 스딸린체제의 수립과 더불어 형식적 사회화와 국가적 계획경제에 기초한, 그러나 더이상 프롤레타리아국가체제 내지 사회주의국가체제로 부를 수 없는 모든 근로대중 위에 군림하는 당-국가관료지배체제로 변질되었다. 소련을 비롯한 현실사회주의사회에서 이러한 당-국가관료지배체제가 성립한 것은, 일차적으로는 사회주의의 시기가 자본주의사회와 질적으로 완전히 구분되는, 그 자신의 고유한 토대 위에서 운동하는 자본주의 이후의 독자적인 사회구성체가 아니라, 자본주의적인 것으로 대변되는 구계급사회적 요소들과 공산주의적 요소들 간의 대립과 통일에 의해 특징지어지는 과도기적 사회구성체라는 사실에 기인한다. 그리고 현실사회주의체제가 수립된 당시의 주·객관적인 역사적 조건들은 그러한 발전을 가속적으로 촉진시킨 요인이 되었다고 생각한다. 그리고 형식적 사회화와 국가적 계획경제에 기초한 그러한 당-국가관료지배체제를, 예를 들어 토니 클리프의 주장처럼, 자본주의국가의 변형된 형태인 국가자본주의적 국가체제로 볼 것인지, 아니면 에른스트 만델의 주장처럼 관료적으로 왜곡되었지만 기본적으로는 사회주의국가체제로 보아야 할 것인지의 문제와 관련하여, 필자는 그 체제는——비록 이 체제가 역사 속에서는 자본주의국가체제의 재수립을 가져온 국가체제로서 기능했지만——그 속에 자본주의적 국가요소와 사회주의적 국가요소라는 대립적 요소들을 함께 지닌, 이 점에서 적어도 잠재적으로는 자본주의국가체제나 사회주의국가체제 양자 모두로 발전할 가능성을 지닌 과도기적 국가체제로 보는 것이 옳다고 본다. 그리고 그 체제가 어떤 국가체제로 발전할 것인가는 미리 선험적으로 판단할 것이 아니라, 오직 그 속에서 전개되는 계급투쟁의 구체적인 양상 및 대내외적 조건들과 관련하여 구체적으로 파악되어야 할 것이다. 다른 한편 현실사회주의의 파탄이라는 역사적 경험을 목격하면서 우리는 왜 그 속에서 프롤레타리아민주주의가 꽃필 수 없었는가를, 부르조아민주주의에 대한 프롤레타리아적·민중적 대안의 역사적 가능성과 문제점들을 정확하게 포착하기 위해서도 전면적으로 분석하고 구체적으로 탐구할 필요가 있다. 나아가 이행의 문제는 오직 구체적인 역사적 상황과 관련하여 구체적으로 파악되어야 하기 때문에, 러시아에서의 1917년의 경험은 이행의 문제를 파악하는 데 도움을 주는 하나의 역사적 사례로 보아야지, 이행의 보편적 형태 등으로 절대화해서는 안된다.

그런데 우리는 민중민주주의 또는 그와 유사한 이름하에 다양한 색채를 띤 이념적 조류들이 포괄되어 있음을 발견하게 된다. 예를 들어 해산된 구민중당은 최초에 민중주체민주주의를 당노선으로 채택하면서 일종의 정치적으로는 자유민주주의적이고 경제적으로는 시장사회주의적인 사회주의사회의 건설을 당노선으로 삼았다. 이러한 사회주의는 사회주의의 가능한 초기적 형태로 볼 수 있을 것이다. 그러나 민중당의 이론적 대변자들은 그러한 사회주의가 지닌 내적 모순들에 대해서는 눈을 감고 그것을 민중적 자유가 실현되는 가장 이상적인 형태로 보았다. 그보다 더욱 중요하게 민중당은 민중운동과의 결합보다는 의회로의 진출을 중시하고, 또 이를 위해 유권자들의 보수적인 정치적 성향에 적응하기 위해 힘을 쏟았는데, 이러한 노력이 실패하자 민중당의 지도부는 한국에서의 독자적인 진보적 정당 운동 불가능론을 내세우면서 진보정당재건운동을 포기하고 대체로 부르조아민주주의진영으로 투항했다. 그리고 민중노선을 주창하지만 민중 내부의 계급적 구성을 무시하거나 아니면 민중운동 내부의 여러 운동들간의 등가적 접합을 추구하는 이른바 민중주의노선이나 신중간층 주도하의 민중운동론은 기층민중으로부터 자립화된 층의 주도권 요구의 다른 표현이며, 이념적으로는 급진적이거나 온건한 부르조아민주주의적 정치노선의 성격을 지닌 것이다. 그리고 이른바 민중적 자유민주주의론은 현시기에 있어 자유민주주의적 개혁과 이 속에서의 민중적 영향력의 증대를 위한 노력이 지닌 중요성을 지적하는 장점을 지니지만, 자유민주주의에서 발전된 정치적 민주주의 형식을 물신화하고 있는 것과 같은 문제점을 지닌다. 그리고 현시기에 신진보주의라는 이름으로 나타난 포스트맑스주의나 사회주의적 시민사회론은 계급운동과 이른바 신사회운동의 접합, 탈국가주의적 운동의 추구, 중간매개적 개혁프로그램의 작성이 지닌 중요성을 지적하고 있는 데에 기여하였지만, 계급문제 해결이 지닌 중심적 의의의 부정, 국가와 시민사회의 분리와 같은 자본주의사회 재생산방식의 물신화, 자유민주주의에서 발전된 정치적 민주주의 형식 및 중간매개적 개혁프로그램의 절대화와 같은 문제점을 지닌다. 이때 포스트맑스주의가 자유민주주의의 맑스주의적 옹호론이라는 특징을 지닌다면, 사회주의적 시민사회론은 자유민주주의화된 사회주의 옹호론이라는 특징을 지닌다. 그런데 지금까지의 논의와 관련하여 오늘날 민주변혁운동이 당면하고 있는 최대의 문제점은——러시아에서 맹아적으로 나타났던 완전히 새로운 유형의 민주주의가 좌절된 것과 더불어——부르조아정치, 특히 자유민주주의적 정치의 지평선을 넘어서는 완전히 새로운 유형의 정치, 즉 그 개념에 합당한 프롤레타리아적·민중적 정치를 확대·발전시키지 못하는 가운데 부르조아지의 헤게모니적 능력이 상승되어감에 따라 결국 자신의 운동을 부르조아적 정치의 볼모로 만들고 있는 점, 또 그럼으로써 그 운동이 부르조아민주주의의 한계를 돌파해나가기보다는 점차 부르조아민주주의의 외연을 넓히는 운동으로 축소되고 있다는 점에 있다고 생각된다. 서구에서 유러코뮤니즘운동이 좌절한 것도 바로 이러한 사정에 기인한다고 하겠다. 그러나 이러한 사정은 다른 한편으로는 오늘날 우리가 발전된 자유민주주의체제를 지닌 선진자본주의사회가 누리는 전세계적인 이데올로기적 헤게모니하에서 살고 있다는 사실을 반영하는 것이다. 이와 더불어 우리는 부르조아민주주의론과 프롤레타리아민주주의론 사이에는 역사적으로 여러 중간적 형태의 이론들이 출현해왔지만, 이 중간적 이론들이란 그 나름의 독자적인 이론이라기보다는 위에서 말한 양대 이론의 요소들을 이런저런 방식으로 조합하고 있는 이론이라는 특징을 지니고 있음을 확인하게 된다. 그 이론이 이론 내부의 이데올로기적 계급투쟁 속에서 어떤 역할을 수행할 것인가는 그 이론이 설정하는 주된 이데올로기적 대적전선이 무엇이며, 부르조아이론과 프롤레타리아이론 중 어느 이론과 이데올로기적 동맹을 맺고 있는가에 달려 있다고 생각된다.

지금까지 우리는 근대세계에서 대립되는 두 개의 상이한 민주주의 형태인 부르조아민주주의와 프롤레타리아민주주의가 지닌 본질과 주요측면 및 그 실현형태와 변형형태 등에 대해 살펴보았다. 이 논의와 관련하여 다음의 두 가지 점이 부언될 필요가 있다.

첫째, 부르조아민주주의와 프롤레타리아민주주의 간에는 민주주의를 바라보는 기본적인 입지점에서, 그리고 그 실현 형태와 방도 등을 파악함에 있어 근본적으로 대립하는 차이점이 존재한다. 다시 말해 이 양자간에 존재하는 차이점은 결코 '이론적 절충'을 허용하지 않는 차이이다. 그렇기 때문에 이 차이는 실제로는 이론내적 논쟁에 의해서는 해결될 수 없고, 오직 실천적으로만 해결될 수 있다. 그러나 예를 들어 자유민주주의적 개혁의 과제가 산적해 있는 조건 속에서는 민주주의 '일반'의 진전을 위해 양 조류의 민주주의운동은 서로간의 차이를 넘어 정치적으로 제휴하고 협력해야 할 것이다. 그러나 이때에도 우리는 이러한 정치적 제휴와 협력을 이론적 절충과 혼동해서는 안된다. 나아가 전자에 대한 후자의 헤게모니하에서의 제휴냐 아니면 후자에 대한 전자의 헤게모니하에서의 제휴냐, 그리고 민중운동의 (부르조아적) 시민운동화냐 아니면 시민운동의 민중운동화냐의 문제는 민주주의운동의 그 이후의 발전양상 및 민주주의의 미래의 구현형태 등과 관련하여 커다란 중요성을 지닌다.

둘째, 서유럽에서 민주주의의 확대과정은 부르조아민주주의적 개혁운동만이 아니라 더욱 중요하게는 프롤레타리아트적, 급진민주주의적 대중운동의 힘에 추동되어 이루어졌다. 그런데 사회의 민주개혁과정이 부르조아적 의의와 프롤레타리아적·민중적 의의 중 어떤 의의를 더 많이 지니게 되는가는 미리 선험적으로 판단할 수 없고 그러한 개혁과정 속에서 나타나는 계급들간의 힘관계에 의해 기본적으로 결정된다. 다시 말해 그 가시적 성과가 동일할지라도 개혁과정이 부르조아지의 실질적 헤게모니를 강화시켜 민주변혁운동의 부르조아 헤게모니로의 종속, 대중의 국가로의 포섭 등을 가져오는 데에 더 많이 기여하면 그 과정은 부르조아적 의의를 획득하게 되며, 이와는 달리 개혁과정이 프롤레타리아트와 민중의 완전히 새로운 유형의 정치를 활성화시키고 프롤레타리아적·민중적 헤게모니를 전사회적으로 확대시키는 데에 더 많이 기여하면 그 과정은 프롤레타리아적·민중적 의의를 지니게 된다. 이 사실은 예를 들어 동일한 액수의 임금인상일지라도 그것이 단순히 기업주의 시혜에 의해 이루어지는가, 아니면 노동자들의 단결된 투쟁에 의해 이루어지는가에 따라 그 계급적 의의가 크게 달라지는 것과 마찬가지이다. 그런데 개혁이 전자의 형태로 이루어지면 개혁은 변혁에 대해 대립적인 것, 적대적인 것으로 발전해갈 것이고, 후자의 형태로 이루어지면 변혁과 유기적으로 결합된 것으로 발전해갈 것이다.

2. 한국 민주화과정의 성격

한국에서의 민주화과정과 한국민주주의의 장래를 전망해보려면, 우리는 이 문제를 그간의 한국사회의 변화과정과 그 속에서 나타나는 계급들 및 정치세력들 간의 힘관계의 변화과정과 관련하여 구체적으로 파악해야 할 것이다. 이와 관련하여 우리는 그 변화과정의 정치적 의의를 파악하기 위하여 국가형태 및 국가형태의 차이에 따른 국가와 사회와의 관계의 변화, 국가체제와 정권의 관계 등을 먼저 보다 일반적인 수준에서 살펴볼 필요가 있다.

자본주의국가는 크게 보아 ① 자본주의국가의 민주적 형태, 즉 부르조아민주주의적 형태와 ② 자본주의국가의 비민주적 형태 또는 공개적으로 억압적인 형태로 구분할 수 있으며, 나아가 현대의 조건 속에서는 부르조아민주주의체제는 재산의 소유 여부 등에 따라 선거권과 피선거권을 제한한 고전적 자유주의의 형태로써는 실현될 수 없고 오직 자유민주주의 형태로써만 실현될 수 있을 뿐이라는 점을 먼저 확인해야 한다. 이때 자본주의국가의 민주적 형태 또는 부르조아민주주의체제는 그 형태상에서는 기본적으로 사회가 국가를 통제하는 형태, 보다 구체적으로는 국가집행권력의 행사가 시민적 제반 권리를 보장하는 법치국가적 규정에 의해 제약받는 가운데 의회와 국가로부터 자율성을 지닌 시민사회영역의 공공여론 등에 의해 민주적으로 통제되는 형태를 취하며, 계급갈등 규제방식과 관련해서는 피지배대중으로부터의 동의와 지지의 획득을 우선시하는 피지배대중에 대한 부르조아지의 헤게모니적 지배체제라는 특징을 지닌다.

이와는 달리 자본주의국가의 공개적으로 억압적인 국가형태는 기본적으로 그 형태상에서는 국가가 사회를 통제하는 형태, 즉 국가집행권력의 행사가 법치국가적 규정의 제약으로부터 벗어나 있는 가운데 의회와 공공여론 등에 의한 통제로부터 자립화된 형태를 취하며, 계급갈등 규제방식과 관련해서는 직접적인 강권의 행사를 앞세우는 피지배대중에 대한 부르조아지의 비헤게모니적 지배체제라는 특징을 가진다. 그리고 현대의 부르조아민주주의체제인 자유민주주의체제에서는 언론, 출판, 집회, 결사, 사상, 양심의 자유와 같은 고전적 자유주의에서 발전된 부르조아적 시민권 및 노자 대립과 타협의 산물로 인정된 노동삼권 등의 사회권과 같은 국민기본권이 법적으로 보장되고 인민주권의 원리에 따라 정부가 구성되는 반면, 자본주의국가의 공개적으로 억압적인 국가형태에서는 그와같은 국민기본권이 전면적으로 부정되거나 법적으로 보장될지라도 그 보장에 '본질적인' 제한이 가해진다.

나아가 우리는 독점부르조아지의 이익을 주도적으로 대변하는 자본주의국가의 공개적으로 억압적인 국가형태를 파시즘체제라고 부르는데, 이 파시즘 개념은 정치와 경제의 내적 연관성을 포착하는 기초 위에서 국가권력이 지닌 주된 계급적 성격 및 그러한 계급성을 지닌 국가의 계급갈등 규제방식을 통일적으로 파악하는 개념이다. 이 파시즘체제는 발전된 선진자본주의국가에서는 독점자본주의의 축적위기가 발생하고 계급간의 갈등이 첨예화된 정세를 배경으로 하여 독점자본주의의 정치적 상부구조의 하나로서 출현하였지만, 한국을 포함하여 남미 등지에서는 아직 독점자본주의가 성립하기 이전에 국가가 국가독점자본주의적 발전을 적극적으로 주도하는 가운데에서 조기적으로 출현하였다. 그런데 제3세계에서 출현한 이러한 국가체제를, 그것이 지닌 파시즘적 성격, 즉 공개적으로 억압적인 독점부르조아지의 국가로서의 성격을 무시한 채 단지 일인독재 또는 군부독재로 파악하거나 또는 국가주의적 국가개념인 '관료적 권위주의체제' 등으로 파악해서는 안된다. 만일 그렇게 파악하면, 정치를 정치 그 자체로부터서만, 다시 말해 정치를 경제 등과 분리된 의미의 정치로서만 파악한다는 문제점이 나타나며, 무엇보다 국가의 계급적 성격 및 사회과정을 매개하는 국가의 기능 등을 정확하게 포착하는 것이 어려워진다. 따라서 일인독재나 군부독재라는 개념은 국가의 계급성과 사회과정에 대한 국가의 개입방식 등을 포착하는 기초 위에서 국가권력 행사가 누구에게 집중되어 있는가를 파악하는 개념으로 사용해야 할 것이다. 반면 관료적 권위주의국가론은 일인독재론이나 군부독재론보다 진일보한 국가파악에 속한다고 볼 수 있다.

그러나 관료적 권위주의국가성은 파시즘체제를 포함한 자본주의국가의 공개적으로 억압적인 국가형태의 일반적인 특성으로 보아야지, 관료적 권위주의국가론이 상정하고 있다시피, 자본주의국가와는 구분되는 의미의 관료권력국가 내지 관료지배국가라는 의미로 파악해서는 안될 것이다. 관료적 권위주의국가론과는 다른 맥락 속에서 형성된 것이긴 하지만 국가가 사회의 발전을 주도하는 모든 사회들의 국가관료를 그 나름의 독자적인 계급, 즉 관료계급이라고 보는 관료계급국가론은 관료지배국가론의 극단적 형태이다. 이와는 달리 만일 우리가 파시즘체제를 포함한 자본주의국가의 공개적으로 억압적인 국가형태를 그 현상적으로 드러나는 바에 따라 단지 일인독재, 군부독재, 관료적 권위주의국가 등으로만 파악하면, 그러한 체제의 대안으로서 일인독재론은 권력행사분산론을, 군부독재론은 민간정부론을, 관료적 권위주의국가론은 시민사회에 의한 국가통제론이라는 자유민주주의적 개혁안을 제출할 수 있을 뿐이지 파시즘체제하에서의 자본주의와 국가의 관계에 대한 올바른 파악에 기초한 파시즘체제에 대한 민중적 대안은 결코 제출할 수 없다. 나아가 민주화의 일정한 진전과 더불어 국가에 대한 사회의 부르조아지의 직접적인 영향력이 증대되는 현상을 보고 국가를 국가주의적으로 파악하는 사람 중에는 한국의 국가체제가 관료적 권위주의국가, 즉 관료지배국가로부터 이제 부르조아국가 내지 자본주의국가로 변모하고 있다고 주장하는 사람이 있는데, 이러한 국가파악은 사실상 국가주의적 국가파악이 지닌 문제점을 집중적으로 표현하는 것이다. 정치변동과정을 그러한 관점에서 파악하면, 자본주의국가에 대한 민중의 직접적인 영향력이 증대하면 이제 이 국가는 더이상 부르조아국가가 아니라 민중국가가 되었다고 할 것이고, 예를 들어 그간의 스웨덴의 사민주의체제는 자본주의국가가 아니라——정치적 입장을 달리할 수 있지만 노동당 지배하의 영국의 국가가 노동조합국가가 되었다고 비난한 신보수주의자들과 유사하게——기본적으로 노동자국가였다고 평가하게 될 것이다.

다른 한편, 몰락하는 소부르조아층을 기반으로 하여 밑으로부터의 대중운동에 기초하여 성립된 독일의 히틀러체제나 이딸리아의 무쏠리니체제와는 달리 그러한 체제가 한국과 남미와 같은 제3세계에서는 밑으로부터의 대중운동의 뒷받침 없이 군부쿠데타 등을 통해 수립되었다는 점을 들어 그러한 체제들을 파시즘체제라고 부를 수 없다고 주장하는 사람이 있다. 서구의 네오맑스주의자들 역시 대체로 지지하는 이러한 견해는 그러한 체제의 자본주의국가성을 인정한다는 점에서는 위의 관료적 권위주의국가론과는 구분되지만 파시즘체제 성립경로의 차이를 절대화하여 유럽에서 성립된 파시즘체제와 제3세계의 이른바 군부권위주의체제가 지닌 계급적 성격과 사회과정 매개방식의 동일성을 무시한다는 문제점을 지닌다. 이러한 견해와는 달리 그러한 체제의 성립경로나 실현형태, 세계자본주의체제 속에서의 위치 등에서의 차이는 위로부터의 파시즘과 아래로부터의 파시즘, 군부파시즘과 민간파시즘, 제국주의적 파시즘과 종속적 파시즘 등의 개념으로 파악하여야 할 것이다.

나아가 우리는 자유민주주의체제는 다시 ① 국민기본권 등을 법적으로 보장함에 있어 본질적인 제한을 가하지는 않지만, 많은 법적 유보조항을 두어 제한하거나 법적으로 보장하면서도 실질적으로 훼손하는, 예를 들면 프랑스의 드골체제나 영국의 새처체제와 같은 권위주의적 자유민주주의체제와 ② 그렇지 않은 발전된 자유민주주의체제로, 파시즘체제는 다시 ① 국민의 기본권을 법적으로 그리고 실질적으로 철저히 짓밟는 전형적인 파시즘체제와 ② 자유민주주의적 요소들을 부분적으로 도입하면서도 국민기본권 보장 등에 본질적인 제한을 가하는 완화된 파시즘체제 내지 이완된 파시즘체제로 구분할 수 있다. 그리고 권위주의적 자유민주주의체제라는 용어가 암시하다시피 자유민주주의체제 역시 권위주의적 국가체제로 규정될 수 있다는 사실과 관련하여 예를 들어 전두환체제 등을 (군부)권위주의체제 등으로 부르는 문제점을 또한 지적할 수 있는데, 자본주의국가의 공개적으로 억압적인 국가형태를 권위주의체제라 부른다면, 이 체제가 기본적으로 자본주의국가의 민주적 형태에 속하는 드골체제나 새처체제에 대해 지니는 질적인 차별성을 놓치고 만다.

그리고 우리는 국가체제와 정권을 개념적으로 구분해야 한다. 이때 정권이란 국가집행권력의 행사를 총괄적으로 지휘·감독하는 권력으로 규정할 수 있는데, 이와 관련하여 우리는 정권장악을 집권으로, 그리고 정권을 장악한 정치세력을 집권세력이라고 부른다. 그런데 정권의 성격은 국가유형 수준에서 파악되는 바의 국가체제의 기본성격과 일치한다. 그러나 예를 들어 칠레에서의 아옌데정권의 수립과 같이 국가체제의 기본성격과 배치되는 정권이 예외적으로 수립되는 경우가 나타날 수 있는데, 이 경우 국가체제와 정권은 서로 첨예한 계급적 적대관계 속에 놓이게 된다. 이 경우 이 정권은 대중적 힘에 의거하여 국가체체의 성격을 변경시켜 완전히 새로운 유형의 국가체제를 수립하는 데에 성공하지 못하는 한, 평화적 방식이나 아니면 유혈적 방식으로 조만간 국가체체로부터 추방당하지 않을 수 없을 것이다. 나아가 정권의 성격은 국가형태 수준에서 파악되는 바의 국가체제의 성격과도 기본적으로 일치한다. 따라서 예를 들어 파시즘체제하에서는 자유부르조아세력의 집권을 허용하지 않으며, 자유민주주의체제 역시 최소한 자유민주주의적 경기규칙을 무시하는 정치세력의 집권을 허용하지 않는다. 그러나 나찌즘체제 수립의 사례가 보여주듯이 자유민주주의체제하에서 파시즘세력이 자유민주주의적 경기규칙에 자신을 기본적으로 적응시켜 집권하고, 이에 기초해 국가체제를 공개적으로 억압적인 국가체제로 변경시킬 수 있듯이 자유민주주의적인 요소를 지닌 파시즘체제하에서도 특정한 조건 속에서는 예를 들어 자유부르조아적인 정치세력이 집권할 수도 있는데, 이때에는 국가체세의 성격과 정권의 성격이 불일치하게 된다. 이 경우에는 정권이 기존의 국가체제에 자신을 적응시키거나 아니면 국가체제의 성격을 변화시켜나가게 된다.

　지금까지의 논의를 전제로 하면서 먼저 한국사회의 그간의 사회경제적 변화과정을 살펴본다면, 그 변화는 대체로 일제하에서 식민지자본주의가 형성되었다가 해방 이후 관료독점자본 또는 초기적 형태의 국가독점자본이 형성·발전하는 과도기를 거쳐 유신체제하에서 종속적 국가독점자본주의(이하 종속적 국독자로 약칭)가 정착하게 된 것에 의해 특징지어진다. 그런데 그간 이러한 변화과정을 주도한 것은 사적 자본들이 아니라 국가였는데, 이 과정에서 한국국가는──분단과 한국전쟁 등으로 인하여 분단국가적 성격, 즉 절반의 미완성된 민족국가인 결손국가이면서 동시에 또다른 결손국가인 북한과 적대적 관계를 지닌 극도의 극우반공주의적인 국가체제 및 세계적으로는 제국주의의 이해를 지키는 자유세계의 최전선 기지라는 성격을 아울러 지닌 가운데──그 내적 성격에서는 처음부터 기본적으로 파시즘적 국가체제의 성격을 지니게 되었다. 해방 이후의 한국국가의 발전과정을 더욱 세분해 살펴본다면, 이승만체제(이승만정권하의 국가체제)는 종속적 국독자로의 이행을 준비한 종속파시즘체제의 초기적 형태로, 4·19혁명에서 5·16군사쿠데타에 이르는 시기는 관료독점자본 내지 초기적 형태의 국가독점자본이 형성된 시기의 자본축적위기와 초기적 종속파시즘체제의 붕괴에 따른 체제위기의 시기로 규정할 수 있다. 5·16군사쿠데타 이후 유신체제의 수립에 이르는 시기의 국가체제는 위의 위기를 파시즘적으로 해결하고 종속적 국독자로의 이행을 강행한 종속파시즘체제의 발전된 형태로——이 시기는 그러나 군정시기와 선거를 통해 박정희정권이 성립된 이른바 제3공화국 시기로 구분될 수 있는데, 군정체제가 파시즘적 성격을 노골적으로 드러낸 체제였다면, 제3공화국은 자유민주주의적 요소를 일정하게 가미시킨 파시즘체제였다——유신체제는 종속적 국독자로의 이행을 완료시킨 종속적 파시즘체제의 완성된 형태로 규정할 수 있다. 그리고 1979년의 10·26사태로부터 1980년 5·17비상계엄령 선포에 이르는 시기는 종속적 국독자의 제1차 축적위기와 박정희의 살해로 야기된 파시즘체제의 최초의 체제위기가 발생한 시기로, 그리고 전두환체제는 위의 위기를 파시즘의 재강화 등을 통해 폭력적으로 해결한 (완성된) 파시즘체제의 가장 반동적인 형태로 규정할 수 있다.

그런데 그간의 한국사회의 변화과정은(내부적으로는 급진적으로 정향된 세력에 의해 주도되었지만 대외적으로는 자유부르조아적 온건 야당세력의 헤게모니하에서 추진되었으며, 신중간층의 대폭적인 가담에 의해 대규모적인 대중투쟁의 양상을 띠고 전개된) 1987년 6월의 민주화를 위한 범국민적 투쟁을 계기로 하여 일대 변모를 경험하기 시작했다. 이러한 변모의 가장 중요한 특징은 한국자본주의의 발전에 따른 산업프롤레타리아층의 증대와 신중산층의 확대 등을 구조적인 배경으로 하면서 ① 정치적으로는 우리 사회의 지배세력이 민주화를 요구하는 국민들의 증대하는 압력으로 말미암아——제3세계에서의 민주화과정, 사회주의권의 붕괴에 따른 냉전체제의 종식, 북한 경제력에 대한 남한 경제력의 월등한 우위의 확보, 북한에 대한 남한의 국제적·군사적 위상의 제고 등과 합쳐——그간의 몇번의 위기에도 불구하고 계속 강화되면서 국민들의 민주적 권리들을 유린하고, 또 공직을 사적 이익 추구의 포획물로 만듦으로써 부패의 먹이사슬구조를 전사회적으로 확산시킨 파시즘체제를 기존의 형태 그대로 유지할 수 없게 되었다는 점, ② 경제적으로는 기존의

파시즘체제를 기존의 형태 그대로 더이상 유지시킬 수 없게 됨과 더불어
──그리고 세계자본주의 속에서 차지하는 한국자본주의의 위상의 변
화, 후발개발도상국들의 추적 등이 함께 작용하면서──한국자본주의의
원활한 확대재생산을 위해서도 기존의 자본축적양식을 특징지은 노동집
약적 공업화와 저가격·저품질 상품의 대외수출에 의존하는 초과착취적,
추가수탈적, 재벌비호적, 정경유착적 자본축적양식의 변화를 추구하지
않으면 안되게 되었다는 점이다. 다시 말해 1987년 6월의 민주화를 위한
범국민적 투쟁은 한국사회의 사회발전양식 전체의 변화가 불가피해졌으
며 불가역적이라는 점을 처음으로 명백하고 공개적으로 드러낸 사건이라
는 점에 그 역사적 의의가 존재한다. 이 변화과정은 그러나 단순히 일직
선적인 것이 아니라 지극히 모순적인 것임을 그 이후의 우리 역사는 보
여준다.

　이 투쟁 이후 '6·29선언'을 통한 지배세력과 범민주세력 간의 잠정적
타협을 거쳐──야당의 지지기반을 지역적으로 양분한 김대중세력과 김
영삼세력의 분열이 결정적인 요인으로 작용하는 가운데──결국 전두환
정권을 계승하는 노태우정권이 출범하였다. 이 정권하의 국가체제는 그
본질에서는 여전히 파시즘이지만, 13대 대선 직전의 헌법개정 등을 통하
여 자유민주주의적 요소들이 대폭 가미된 이완된 종속파시즘체제 혹은
완화된 종속파시즘체제였다. 그러나 노태우정권은 이른바 여소야대 정국
의 조성, 밑으로부터의 민중투쟁의 폭발, 민주화를 요구하는 증대하는
국민적 압력 등으로 인하여 출범 초기부터 위기에 봉착하고 있었다. 이
러한 위기로부터 벗어나기 위하여 노태우정권은 3저호황국면의 종결 등
이 가져온 종속적 국독자체제의 제2차 축적위기가 나타나기 시작한 정세
를 배경으로 하여 그 위기를 만든 주범을 좌경용공세력과 과격폭력세력
의 탓으로 돌리는 이른바 공안정국을 조성했다. 또한 정권을 엄청난 수
세로 내몰았던 5공청산국면이 종결되는 것과 더불어 전격적으로 3당통합
을 추진하여 여소야대 정국을 일거에 여대야소 정국으로 전환시켰다. 그
런데 민중운동에 대한 총력탄압체제의 성격을 지닌 공안통치체제의 수립
과 거대여당 지배체제의 출범과 더불어 그간 일정하게 진행된 민주화과

정은 정체하거나 전반적으로 후퇴하게 된다. 이와 더불어 축적위기에 처하기 시작한 한국경제의 새로운 활로를 찾는 데에 요구되는 산업합리화와 경제구조의 개편 등이 지체되었으며 부동산투기 등이 다시 불붙기 시작하고 부패구조가 더한층 확산되며 범죄가 비약적으로 증가하는 것과 같은 말기적 증상들이 사회적으로 확산되어갔다. 그렇지만 노태우정권은 지배체제를 안정적으로 재구축하기 위하여 북방정책과 대북유화정책을 적극 추진하는 동시에 —— 노태우정권이 추진한 이러한 대북유화정책으로 인하여 그 이후 통일운동의 주도권은 재야 민족주의세력으로부터 정부로 이전해갔다 —— 야당과 중간층을 민중운동세력과 분열시키는 데 힘을 쏟았다. 이를 통해 비록 중간층 등을 자신의 적극적인 기반으로 만드는 데에는 성공하지 못했지만 적어도 이들을 민중운동진영으로부터 분리해내는 데에는 일정하게 성공했다. 그러나 그러한 분리에는 우리 사회의 민주화가 일정하게 진전됨과 더불어 이러한 민주화의 혜택을 야당과 중간층이 집중적으로 받게 된 사정이 결정적으로 작용했다. 이와 관련하여 우리 사회의 중간층은, 민중운동과의 결합력이 약화되고 있다는 측면에서는 분명히 보수화되고 있지만, 파시즘체제의 지지기반이 아니라 그 정치적 성향에 있어 기본적으로 자유민주주의적으로 정향된 사회층으로 보아야 한다고 생각한다. 다른 한편 거대여당 지배체제의 수립과 더불어 더한층 강화되기 시작한 공안통치체제는 급기야 강경대(姜慶大)군 구타치사사건을 불러일으켰는데, 이로써 야기된 격렬한 대립은 6공화국하에서의 지배세력 대 민중진영 간의 최후의 격전과 같은 양상을 띠고 전개되었다. 그러나 야당 및 중간층의 미가담으로 인하여, 그리고 제도언론의 엄청난 이데올로기적 조작에 휘말리면서 이 투쟁은 민중운동진영의 심대한 패배로 끝났는데, 이 패배는 그 이후 급진민주세력의 민중운동진영으로부터의 이탈을 가속화시키는 결정적 계기가 되었다.

6공화국하에서 지배체제의 재안정화를 가져오는 데에 결정적으로 공헌한 3당통합은 그러나 한국 야당세력의 양대 산맥의 한 기둥을 이루는 김영삼세력을 여당진영으로 끌어들임으로써 비로소 성취할 수 있었던 것이다. 이 사실은 국민의 민주화 요구가 증대하면서 지배세력의 통치기반이 엄청나게 취약해지고, 또 이로 인해 정치군부세력과 정치개입에 반대하는 군부세력의 분열, 5공세력과 6공세력의 분열과 같은 지배블록 내부의 분열이 가중되기 시작함으로써 자유부르조아적인 과거의 야당지도자라도 전면에 내세움이 없이는 더이상 기존의 지배체제를 유지할 수 없게 된 사실을 반영한다. 이 사실은 김영삼이 지배블록의 대표로 추대되는 대신 '내각제 개헌'을 받아들인다고 한 밀약을 일방적으로 파기했음에도 불구하고 그를 여당진영에 계속 붙들어두지 않으면 안되었던 점, 지배블록 내부의 광범한 반대에도 불구하고 그를 결국 여당의 대통령후보로 지명하지 않으면 안되었던 점 등에서도 확인된다. 이러한 사실은 한국에서 정치적 세력들간의 힘관계의 변화와 관련하여 매우 중요한 역사적 의의를 지닌 것이다. 그런데 3당통합에 기초하여 김영삼이 여당 대통령후보가 되고 이에 대해 이미 전국적 지도자라기보다는 호남지역 대표자의 성격을 더 많이 지니고 있었던 김대중이 야당 대통령후보로 나서게 된 것은 14대 대선을——한때 야당지도자였던 김영삼이 여당 대통령후보로 지명되자 민주 대 반민주의 대립구도가 일정하게 희석되지 않을 수 없는 사정과 결부되면서——박정희정권의 지역분할적 통치정책과 13대 대선에서의 양김의 대통령 출마 등으로 인하여 골이 깊어진 영남 대 호남의 지역대립구도를 호남 대 영남 헤게모니하의 비호남 전체라는 더욱 확대·심화된 지역대립구도에 의해 과잉결정되도록 만듦으로써——정주영의 선전(善戰) 여부에 따라 일정한 편차가 나타날 수는 있지만——처음부터 김영삼의 승리를 미리 구조짓는 것이었다. 게다가 김대중이 이른바 '뉴DJ 플랜'을 채택하면서 여당과 야당의 정치적 노선상의 차이를 희석화시킨 것은 대선이 더욱더 지역대립구도에 의해 결정되는 것을 촉진시킨 중요한 요인이었다.

나아가 민중운동진영 내부의 다수파를 형성한 급진민주세력(민중운동 우파)은 과거의 '비판적 지지론'의 재판인 이른바 민주대연합론을 내세우면서 김대중의 당선에 모든 희망을 걸었는데, 이 노선은 대선 이후에 민중운동 전반에 패배주의를 확산시키는 데에 결정적으로 기여하였으며, 나아가 민중의 독자적 정치세력화를 내세우면서 민중후보추대운동을 전개한 기층민중운동세력(민중세력 좌파)의 운동에도 커다란 타격을 입혔다. 민주대연합론을 제창한 사람 중에는 민중후보가 많이 득표하지 못한 사실을 들어 민중후보추대노선은 잘못되었고 비록 김대중 당선에는 실패했지만 민주대연합노선이 그래도 옳았다고 주장하는 사람이 있는데, 그러한 주장은 그들의 한결같은 야당지지노선이 14대 대선에서 민중후보가 많이 득표하지 못한 결정적인 요인으로 작용했다는 점을 완전히 망각하고 있다. 이로써 14대 대선은 야당의 조락을 촉진하고 민중운동 전체에 엄청난 패배감을 안겨주는 가운데 김영삼을 내세운 지배세력의 승리로 종결되었다.

김영삼정권은 기존의 군부정권을 계승하는 정권이라는 점에서 그 이전의 정권과 기본적인 연속성을 지닌 정권으로 출범했다. 그러나 이 정권은 동시에 ① 상대적으로 보다 공정한 선거를 통해 수립된 정권이라는 점에서 과거의 정권들보다 더 많은 절차적 정통성을 지니게 되었고, ② 기존의 군부정권 내지 의사(擬似)군부정권과는 구분되는 문민정권의 성격을 지니게 되었으며, ③ 더욱 중요하게는 자유부르조아적으로 정향되어 있는 김영삼이 대통령이 되고 그러한 정치적 성향을 공유하는 김영삼 직계세력 내지 지배블록 내부의 개혁세력이 지배블록의 핵심세력으로 등장함으로써 그 이전의 정권에 대해 '단절성'을 아울러 지닌 정권으로 출범하였다. 그러나 이와 동시에 이 정권은 기존의 국가체제가 지닌 헌법과 법률 체계 등에 의거하여 수립되고 그러한 법체계 등에 근거하여 권력을 행사하는 정권으로 출범하였다. 이러한 사실은 김영삼정권의 출범과 더불어 정권의 성격과 국가체제의 성격 간에는 일정한 괴리현상이 생겨나게 되었다는 것을 의미한다. 즉, 이 사실은 ① 보다 공정한 선거를 통하여 문민정권이 출현했지만 이 정권이 기반하는 국가체제는 여전히 이완된 파시즘체제의 성격을 지니고 있다는 점, ② 국가체제는 여전히 이완된 파시즘체제이지만 이 국가체제의 집행권력을 장악한 정권은 과거의 정권에 대해 연속성을 지니면서도 동시에 단절성을 지닌, 그리하여 무엇보다도 자유부르조아적으로 정향된 세력이 핵심적 지위를 차지하게 된 정권의 성격을 지니게 되었다는 점, ③ 이로부터 이후의 국가체제와 정권의 관계는 정권이 자신이 기반하고 있는 이완된 파시즘체제로서의 국가체제의 성격에 적응하든지, 아니면 국가체제를 보다 자유부르조아적으로 개혁하는가에 따라 서로 상이한 길로 변화하게 된다는 점을 가리킨다.

김영삼정권은 출범과 더불어 자신을 기존의 국가체제에 적응시키기보다는 기본적으로 국가를 개혁하는 길로 나섰다. 이와 더불어 우리 사회 민주화의 주도권은——야당 위상의 위축, 민중운동세력의 정치적 입지의 약화와 맞물리면서——지배세력과 싸워온 사회세력들로부터 김영삼과 김영삼의 대통령 당선에 의해 비록 소수파이지만 지배블록 내부의 핵심세력이 된 이른바 김영삼 직계세력이 주축이 되어 있는 국가의 정권으로 이전되었다. 민주화의 주도권의 이러한 이전은 민주화 추진의 주도적 형태가 밑으로부터의 민주화로부터 정권 주도하의 민주화라는 위로부터의 민주화로 바뀌어졌다는 것을 의미하는데 이는 한국 민주화운동의 한 역사적 순환의 종결을 뜻하는 것이다. 그런데 이 정권이 예상을 넘어서는 신속성과 과감성을 보이면서 국가개혁에 착수하게 된 것은 지배세력의 핵심세력이 자유부르조아적인 정치세력이 된 사실과 더불어 ① 문민정권인 새로운 정권에 대한 국민적 기대가 높아짐으로써 이들의 기대를 충족시켜나가지 않고서는 정권의 정통성을 확보해나가는 것이 어려워졌다는 점, ② 기존의 지배층이 김영삼을 자신들의 정치적 대표자로 내세움으로써 그가 개혁을 추진할지라도 이에 크게 반발할 수 없게 된 점, ③ 이들 기득권층들이 그들 자신들의 부패로 인해 언제든지 사정의 칼날을 맞을지 모르는 위협하에 놓임으로써 공개적으로 반발하기가 어렵게 된 점, ④ 정경유착 등으로 극도로 부패해지고 기강이 해이된 국가기구와 제도정치권의 개혁 없이는 한국사회의 발전이 장기적인 침체국면에 빠질지 모른다는 위기감이 팽배해 있었던 점 등을 들 수 있다. 이러한 국가개혁의 가장 중요한 조치는 공직자 재산공개, 이에 이은 사정정국의 조성과 공직자윤리법의 시행, 군 내부의 하나회 인맥의 제거 및 안기부와 기무사 등의 권한 축소 등이다.

그러나 김영삼정권의 그간의 개혁은 일관성을 지닌 민주개혁의 성격을 지닌 것이라기보다는 그 자체 모순적인 요소들을 함께 지니고 있는 것이기도 하였다. 무엇보다 노동정책에 있어 한편으로는 노사 자율교섭을 강조하고 노동관계법의 민주적 개정을 약속하면서도, 다른 한편으로는 한국자본주의가 장기적인 구조적 불황에 놓여 있는 상황에 직면하여 이른바 '고통분담론'을 내세우면서, 그리고 노사를 대표하는 단체——노총과 경총——간의 자율적인 합의를 존중한다는 명분을 내걸면서 임금동결정책을 강행하였다. 이로써 특히 울산에서 대규모적이고 장기적인 노사분규사태가 유발되었는데, 이 사태를 겪으면서 노동자에 대한 국가통제의 완화에 반대한 자본측의 요구를 받아들여 노동관계법 조기개정 약속을 스스로 철회했다. 다른 한편 김영삼정권의 경제정책 기조는 8월의 '금융실명제'의 전격적이고 조기적인 실시를 계기로 하여 급변하였다. 금융실명제 실시 이전까지 정부는 주로 단기적 경기부양책 실시에 주력하고 경제구조 개혁의 문제는 뒷전으로 미루었지만, 금융실명제 실시에 의해 구조개혁의 문제를 전면에 내세우게 되었다. 김영삼정권이 이처럼 금융실명제의 조기실시를 착수하게 된 데에는 단기부양책이 별다른 효과를 가져오지 않는 가운데 이른바 기득권의 개혁에 대한 반발이 점차 가시화되기 시작하고 초기에 치솟아올랐던 정권에 대한 국민적 지지가 다시 급속하게 하락하는 사태에 직면하여 충격요법에 의해 국면을 돌파하려는 정치적 고려가 크게 작용한 것으로 보인다. 아무튼 금융실명제의 실시와 공직자윤리법에 의한 고위공직자들의 재산공개에 의해 정국은 새로운 발전국면에 접어들게 되었다.

김영삼정권의 앞으로의 정치적 입지는——만일 개혁을 계속 추진한다는 것을 전제한다면——단기적으로는 금융실명제의 성공적인 정착 여부에 달려 있고, 장기적으로는 적어도 다가오는 총선 이전에 이른바 지배블록 내부의 개혁세력이 정계개편 등을 통해 정국의 주도권을 확고하게 장악하는 정치세력으로 과연 성장할 수 있는지의 여부에 일차적으로 달려 있는 것으로 보인다. 실제로 사정파동, 금융실명제의 실시 등으로 인하여 기득권세력의 김영삼정권으로부터의 이반이 가속적으로 진척되고 있는 정세 속에서 지배블록의 대폭적인 개편 등을 통해 개혁세력의 위상이 크게 제고되지 않는 한, 대통령 임기가 끝나가는 것과 더불어 김영삼정권의 정치적 입지가 지배블록 내부에서 심각하게 위협받을 가능성은 매우 높다. 다른 한편 장기적인 불황국면에 빠져 있는 한국경제의 사정은 개혁의 적극적인 추진을 어렵게 하고 민중부담을 가중시켜 불황으로부터 탈출하려는 유혹에 빠지게 하는 중요한 객관적 조건이다. 그리하여 만일 김영삼정권이 임금동결정책과 같은 반민중적 정책을 계속 고수해나간다면, 임기중에 민중의 광범한 저항에 부딪힐 가능성 역시 배제할 수 없다.

정권 주도하에서 이루어지고 있는 이러한 개혁과정과 관련하여 이러한 개혁이 한국의 국가체제를 앞으로 얼마만큼 변화시킬 수 있을 것인가라는 질문이 제기된다. 먼저 공직자의 재산공개 등을 통한 공직사회의 부패구조 청산작업 등은 사회의 곁과 밖에 수립된 공적 권력체라는 형태성을 지닌 자본주의국가에서는 공직수행이 사적 치부의 수단 등이 되어서는 안된다는 점에서 그 자체로서는 (자본주의사회의 안정적인 재생산을 위해서) 자본주의국가의 공개적으로 억압적인 형태나 그 민주적 형태 모두에게 요구되는 과업이다. 이 점에서 공직사회가 지닌 부패구조의 청산, 학연·지연·인연에 따른 정실인사의 척결 등은——그것이 앞으로 얼마만큼 추진될 수 있는가를 떠나서——그 자체로서 중요한 국가개혁 작업이고 또 간접적으로 국가의 민주화에 기여하게 되겠지만, 그러나 그 자체가 바로 파시즘체제의 민주주의체제로의 전환을 직접적으로 가져오는 것은 아니다. 오히려 국가의 민주화 문제와 관련하여서는 안기부와 기무사의 권한 축소 등이 더욱 직접적인 중요성을 지닌다. 이러한 점과 관련하여 그간의 한국국가체제를 파시즘체제로 특징짓게 한 가장 중요한 측면, 즉 무엇보다 국민들의 사상, 양심, 학문, 출판의 자유 및 국민의 정치적 활동의 자유를 심대하게 제약하고 있는 국가보안법체계의 폐기는——물론 그 적용의 측면에서는 이미 노태우정권하에서 많이 완화되었고, 또 문민정권하에서 더욱 완화될 것으로 보이지만——김영삼정권하에서도——그 폐기를 요구하는 국민적 압력에 의해 강제되지 않는 한

── 이루어질 전망이 거의 보이지 않는다.

 나아가 김영삼정권은 적어도 지금 현재로는 노동자 정치활동의 금지, 제3자개입금지 등을 규정하고 있는 노동관계법의 개정을 연기했으며, 전교조 문제 등과 관련하여서는 노태우정권의 정책을 그대로 답습하고 있다. 나아가 이 정권하에서 사회복지정책 등이 확대될 가능성은 거의 보이지 않으며, 투기자본의 척결과 산업자본의 활성화에 기여하는 금융실명제의 실시에서 더 나아가 산업자본운동을 지배하는 재벌을 해체하는 것과 같은 경제구조 개편작업이 단행될 수 있을지도 의문이다. 이러한 점들에 비추어보아 김영삼정권이 앞으로도 개혁을 계속 추진해나간다고 할지라도, 이 정권하에서 국가체제는 노태우정권하의 국가체제보다도 더 부드러워진 이완된 파시즘체제가 될 가능성이 가장 높으며, 그 이름에 합당한 자유민주주의체제로 전환될 가능성은 거의 보이지 않는다. 그리고 이 정권은 경제정책 등에서 기존의 국가권위주의적인 개입정책을 기본적으로 답습하면서 이른바 신보수주의적 정책과 민주적 개혁이라는 정반대되는 정책들을 부가시켜나갈 것으로 보인다. 이 점에서 이 정권은, 대체로 포퓰리즘적 정책을 구사하는 모든 정권들에게서 나타나는 특징이지만, 이 사회층도 끌어들이고 저 사회층도 끌어들이는 정책을, 다시 말해 순조롭게 진행될 때에는 이 층으로부터도 지지받고 저 층으로부터도 지지받지만, 잘못될 때에는 어떤 하나의 사회층에도 확고한 지지기반을 확보하지 못하는, 상호모순적인, 즉 부분적으로는 진보적이고 부분적으로는 보수적이며, 부분적으로는 민중통합적이고 부분적으로는 민중배제적이며, 부분적으로는 재벌규제적이고 부분적으로는 재벌비호적인 정책들을 추진해나갈 것으로 보인다. 또한 그렇기 때문에 이 정권이 민주적인 경제구조 개혁 등을 일관되게 추진하면서 그러한 개혁을 사회 전반으로 확대·심화해나갈 가능성은 현재로서는 거의 없는 것으로 생각된다.

3. 한국민주주의의 진전을 위하여

노태우정권이 수립되고 우리 사회의 민주화가 일정하게 진척되면서 이른바 군부독재체제에 반대해온 범민주운동진영은 부르조아민주주의적 정치영역(제도권 정치영역)이 회복됨과 더불어 점차 야당세력이 중심이 된 부르조아민주주의세력(온건민주세력)과 민중운동세력(급진적·민중적 민주세력)으로 분화되어갔다. 또한 제도권 정치영역과 더불어 박정희체제 및 전두환체제하에서 극도로 위축되었던 시민사회영역이 국가의 직접적인 통제를 점차 벗어나게 되면서 그간 정권의 시녀 노릇을 한 이른바 제도언론이 한국자본주의사회의 장기적 안정에 기여하는 지배계급 전체의 이데올로기적 장치로서 수행해야 할 기능, 즉 필요에 따라서는 정권의 정책에도 반대하는 역할을 일부 되찾기 시작했으며, 신중간층과 인텔리들이 중심이 되는 (부르조아민주주의적인) 시민민주주의적 개혁운동이 민중운동에 대한 자신의 독자성을 강조하면서 그 영향력을 확대시켜나가기 시작했다. 아울러 그간 국가코포라티즘적인 통제하에 놓여 있었던 노총이 한편으로는 국가에 기대면서도 다른 한편으로는 자기 목소리를 일정하게 내기 시작했다. 노총은 현재 한편으로는 김영삼정권에 기대면서 다른 한편으로는 '경실련'과 같은 시민민주주의적 운동단체와 연대하면서 노동운동의 부르조아화를 촉진시키고 있다. 그리고 군부파시즘체제하에서 마찬가지로 국가코포라티즘적인 통제하에 놓여 있었던 교원들의 일부가 '전교조'를 결성하는 것과 더불어 그러한 통제로부터 벗어나기 위한 운동을 본격적으로 전개하기 시작했다. 노태우정권하에서는 또한 노동자를 비롯한 기층민중들의 운동이 폭발적으로 등장하기 시작했다. 기층민중운동은 공안통치의 집중적인 탄압을 받으면서 그 힘을 크게 손상당하고 그 성장을 엄청나게 제한받아왔지만 오늘날에도 여전히 우리 사회의 진보를 앞당기는 중요한 힘으로 발전하고 있다. 그런데 한국의 노동운동은 정부의 반노동자적 정책뿐만 아니라 내부적으로는 노총 산하에 있는 다수 노동자들과 새로이 생겨난 '민주노조'로 집결한 노동자들 간에, 그리고 노동구조의 분절상태를 반영하여 기층노동자 운동과 사무직노동자 운동 및 대기업노동자 운동과 중소기업노동자 운동 간에 존재하는 균열로 인해 여전히 고통받고 있다. 노태우정권하에서는 또한 사회운동의 영역이 넓어지면서 그간 한국자본주의의 발전이 가져온 제반 생활과정의 문제들이 누적되어온 것을 배경으로 하여 환경운동과 같은 이른바 '새로운 사회운동'이 주로 신중간층이 주도하는 시민운동적 형태를 띠면서 활발하게 생겨나기 시작했다. 또한 민족주의적으로 정향된 많은 학생층들은 일정하게 자율성을 되찾은 사회운동의 공간을 다분히 정세돌출적인 통일운동으로 채워나갔다.

노태우정권하에서 과거에 민중운동진영에 속해 있던 많은 주요활동가들이 국내외 조건의 변화에 영향받아 야당, 특히 DJ진영으로, 그리고 시민민주주의운동진영으로 자신의 위치를 옮겨갔다. 이 초기의 탈출극은 김영삼정권의 출범과 더불어 과거에 반정부 부르조아민주주의진영에 속해 있었거나 민중운동진영에 속해 있었던 많은 사람들이 이제 김영삼진영에 가담하거나 김영삼 지지세력으로 전향하는 제2의 탈출극으로 이어지고 있다. 이러한 사태는 한편으로는 '민중운동의 시민운동화'를 촉진하여 부르조아민주주의진영 전체를 강화시키고 민중운동진영을 약화시키는 결과를 초래하였으며, 다른 한편으로는 '민주주의운동의 국가로의 포섭'을 가져와 김영삼세력의 지배블록으로의 이동과 더불어 부르조아민주주의운동의 국가화라는 부르조아민주주의운동의 형태전환을 촉진하는 요인으로 작용했다.

다른 한편 민중운동세력은 무엇보다 객관적 정세의 변화로 인하여, 그리고 변화된 정세에 적절하게 대응하는 전술을 개발해나가지 못함으로써 이전에 누린, 민주화운동에 대한 대내적 헤게모니를 상실하였으며 그 정치적 입지의 대대적인 약화를 경험하게 되었다. 이들 민중운동세력은 크게 보면 ① 다수파인 민족주의적·급진민주주의적인 민중운동세력 우파와 ② 소수파인 노동자계급적·민중민주주의적인 민중운동세력 좌파로 구성되어 있다. 이들 양파는 그간 민주변혁운동의 전개방식, 민주변혁운동과 통일운동의 관계 등을 파악함에 있어 계속 대립해왔는데, 특히 14대 대선에서 다시 김대중지지와 민중후보추대 문제를 둘러싸고 대립함으로써 앞으로 (적어도 당분간은) 서로 연대할 수는 있지만 하나의 조직속에 통일된 운동을 전개해나갈 것으로는 보이지 않는다. 그리고 민중운동세력의 입지가 취약해진 데에는 주체적으로는 그간 우파가 주도한 제반 운동에서 나타난 정치주의적, 통일지상주의적, 야당지지적 경향이 결정적으로 작용했다. 그러나 좌파 역시 내부적으로 허다한 문제점을 지니고 있는데, 무엇보다도 그들의 내부적 분열상은 그들의 대외적인 정치적위상을 강화시켜나가는 데에 있어 결정적인 제약이 되고 있다. 그런데우리 사회에서는 전두환체제와 같은 극도로 반동적인 군부파시즘체제하에서 민주주의운동은 급진성을 띠었었다. 그러나 이 운동은 대체로 민중민주주의적 성격이 가미된 부르조아민주주의운동의 성격을 지닌 것이었다. 이러한 운동은 말할 필요도 없이 보다 민중민주주의적 운동으로 전화할 가능성과 역으로 보다 부르조아민주주의운동으로 변화할 가능성을아울러 지닌다. 그러나 우리 사회에서 민주화가 일정하게 진척되어나가는 과정에서, 그리고 현실사회주의의 붕괴 등이 충격을 안겨주면서 그간민주화운동을 주도한 많은 사람들이 민중운동진영으로부터 떠나가고 있는 사실과 관련하여, 한국의 민중운동은 오늘날 자신의 관점과 입지점에선 새로운 운동으로 자신을 재정립하거나 아니면 부르조아민주주자들의지도에 종속되어야 할 기로에 처해 있다.

  한국 민주화운동의 그간의 역사적 순환이 종결되고 이제 새로운 역사적 순환이 마련되어야 하는 시점에 이르러 우리는 민중적 입장에 서서그간의 한국의 민주화운동을 반성하는 동시에 한국 민주화운동과 한국민주주의의 장래를 전망해보아야 할 것이다. 이것은 간략하게 정리해본다면 다음과 같다.
  (1) 군부파시즘체제하에서는 군부파시즘에 맞서 싸우는 모든 민주세력들의 연대와 동맹은 민주주의의 진전을 위해 극히 중요한 일이었다. 그

리고 그 체제하에서는 강한 국가권력과 맞서 싸운 민주개혁운동 그 자체 속에 이미 부르조아민주주의의 한계를 뛰어넘는 민주변혁적 요소가 경향 적으로 내장되어 있었다. 한국의 국가체제는 앞으로도 (적어도 예상할 수 있는 미래까지는) 비록 더 부드러워진 형태이지만 이완된 파시즘체제 의 성격을 지닐 것으로 예상된다. 이 점에서 국가의 민주화와 국가의 사 회과정 매개방식 및 계급갈등 규제방식의 민주화라는 본래적인 자유민주 주의적 민주개혁의 과제는 여전히 유효한 우리 사회의 민주개혁의 과제 이다. 그러나 우리 사회의 민주화가 진척되고 있고, 여기서 더 나아가 정권 주도하의 민주화와 민주화운동의 국가로의 포섭이 광범하게 일어나 고 있는 오늘날 부르조아민주주의와 구분되는 민중민주주의의 대의 및 현시기 한국 민주화운동의 성격과 형태, 그리고 그 한계와 모순을 이론 적·실천적으로 밝혀나가는 일은 우리 사회의 민주화과정이 단지 '대중 의 국가로의 통합'으로 끝나는 것이 아니라, 그것을 우리 사회의 민주변 혁과정과 결합시켜나가는 데에 대단히 중요하다.

(2) 한국의 민주화과정은 오늘날 정권 주도하의 민주화가 민주변혁운 동의 입지 약화를 수반하면서 진행되고 있는 특징을 지닌다. 이러한 상 태로부터 벗어나기 위하여 민중운동세력은 당면과제의 해결과 장기적인 변혁의 전망을 결합시키는 운동형태를 창출해야 한다. 이를 위해 민중운 동세력은 당면의 절실한 민중의 요구를 담는 구체적인 개혁프로그램을 제시해나가야 하지만, 그 프로그램은 동시에 민중적 변혁전망을 담보하 는 것이어야 한다. 나아가 민주변혁세력은 민주주의 일반의 진전을 위해 필요한 경우 부르조아민주주의세력과 적극 제휴해나가야 하지만, 이 경 우에도 항상 자신의 사상적·정치적 독자성을 견지해야 하며, 사회의 민 주화과정이 민주변혁세력의 정치적 힘의 성장과 민중적 헤게모니의 확대 과정을 수반하는 것이 되도록 힘을 쏟아야 한다. 민주변혁의 장기적 목 표만을 중시한다면, 운동의 대중성을 확보해나가는 데에 어려움을 겪을 것이다. 이와는 달리 당면과제 해결의 절실함과 긴박성을 들어 민주변혁 운동을 부르조아민주주의운동에 종속시키거나 또는 후자 속으로 해소시 킨다면, 민주개혁이 진전됨과 더불어 민주변혁운동의 힘은 쇄락할 것이

다. 그간 민중세력 우파가 운동의 독자성을 견지하지 못하고 당면문제 해결과 부르조아민주주의자들과의 연합을 중시해온 잘못을 저질렀다면, 민중세력 좌파는 대체로 민주변혁의 장기적 목표만을 중시하는 잘못을 저질러왔다고 생각된다.

(3) 노동자운동을 비롯한 기층민중운동의 활성화는 어떤 시기, 어떤 조건 속에서도 민주변혁운동을 진전시키는 가장 중요한 동력이다. 따라서 기층민중운동이 처한 조건과 그 운동을 활성화시키는 운동의 형태 등은 (집단적으로) 부단히 탐구되고 연구되어야 한다. 또한 그 운동과 함께하고 그 운동을 지원하는 것은 민주변혁을 추구하는 모든 사람들의 가장 일차적인 의무이다. 그런데 현시기에 한국의 기층노동운동은 현정권의 개혁이 지닌 한계와 계급성을 실천적으로 폭로하면서 벅찬 싸움을 전개하고 있지만, 이 운동을 몸으로 지켜나가야 할 민중운동의 정치적 부분은 분열 속에서 그나마 자신이 지닌 잠재력조차 제대로 발휘하지 못하고 있다. 이 분열상은 극복되어야 한다. 이를 위해 민중운동 좌파에 속하는 세력들은 자신을 하나의 단결된 정치적 힘으로 조직해나가야 할 것이며, 민중운동 우파는 부르조아민주주의세력과의 연합을 우선시하는 자신의 기존노선을 폐기하고 우선 일차적으로 다른 민중운동세력과의 연대와 통일된 투쟁을 조직하기 위하여 노력해야 할 것이다. 민중운동세력들 내부의 이러한 연대와 통일적 운동의 확보는——시기적으로가 아니라 논리적으로 보아——민중운동세력과 다른 세력의 연대, 계급운동과 비계급적 운동의 접합 등보다 우선적으로 중요한 것인데, 왜냐하면 자기운동의 기초를 다짐이 없이 타자로 뻗어나간다는 것은 불가능하기 때문이다. 일반적으로 기층민중운동과의 결합 강화, 민중세력 내부의 단결이 지닌 일차적 중요성은 무시한 채 민중적 헤게모니를 쟁취해야 한다는 명목으로, 또는 절실한 당면문제를 해결해야 한다는 명분을 내세우면서 타세력·타운동과 연합, 연대의 중요성을 강조하는 것은 분파주의적 헤게모니를 추구하거나 또는 부르조아민주주의진영으로의 소속이전을 위한 명분일 경우가 많다.

(4) 민주변혁이란 무엇보다 자본주의적 지배-착취구조의 타파를 목표

로 하는 것이기 때문에 민주변혁운동의 중심적인 과제는 계급문제이다. 그러나 계급문제는 그 자체로서 '순수하게' 존재하는 것이 아니라, 항상 다른 사회문제들과 중첩결정되어 있고 그렇게 중첩결정되어 있는 사회적 모순들의 총체적 연관 속에 '용해'되어 있다. 이 점에서 순수한 계급문제도 없지만, 순수히 비계급적인 다른 사회문제도 없다. 예를 들어 민족문제는 계급문제로 환원될 수 없는 민족문제로서의 고유한 측면을 지니지만 이제까지의 어떤 민족운동도 계급문제와 완전히 분리된 순수한 민족운동으로 나타난 적이 없었다. 이 점에서 부르조아적 민족운동과 프롤레타리아적·민중적 민족운동에 대해 독자성을 주장하는 이른바 민족주의적 민족운동이란 역사상 대체로 소부르조아층이 대변한, 그 나름의 계급성을 지닌 운동이었다.

이러한 점은 예를 들어 오늘날의 환경운동의 제이데올로기 속에서도 발견된다. 즉 시장경제체제에 기초한 환경개량주의가 환경문제에 대한 부르조아적 대안이라면, 맑스주의적·사회주의적 환경이데올로기는 환경문제에 대한 노동자계급적·민중적 대안이라고 할 수 있고, 환경지상주의적·문명비판주의적 환경이데올로기는 발전된 선진자본주의사회에 사는 신중간층의 새로운 세계관을 대변하는 것이다. 이 점은 동시에 보통 탈계급적인 이념을 대변하거나 계급연합적인 운동의 형태를 띠는 것으로 간주되는 새로운 사회운동 역시 사실은 계급적 성격을 이미 처음부터 지니고 있다는 점을 가리키는데, 예를 들어 환경운동은 환경개량주의적 이데올로기에 의해 지도되면 환경운동으로서의 성격을 지니는 동시에 부르조아계급운동의 일환이 되고 맑스주의적 환경이데올로기에 의해 지도되면 환경운동인 동시에 노동자계급적 계급운동의 일환이 된다. 그리고 그 운동이 탈계급적·계급연합적 운동의 형태를 띠고 전개되고 있다는 것은 그 운동이 스스로를 탈계급적인 존재로 여기는 신중간층 주도하에서 이루어지고 있다는 사실을 반영하는데, 이 운동은 운동주체 면에서는 신중간층이 주도하는 운동이지만 사실은 그 이념적 노선에서는 계급문제와 환경문제의 연관성을 부인하고 환경문제 해결을 위한 계급협조를 강조한다는 점에서 간접적으로 부르조아적 환경운동의 성격을 지닌다.

이에 비추어 민중운동세력은 계급문제의 해결을 위해서도 모든 다른 사회문제들을 전면적으로 분석하여 그 문제의 계급문제와의 연관성을 밝혀나가야 하며, 그 시기에 중요한 다른 사회적 문제를 해결하기 위해 출현하고 있는 운동들과 적극적으로 결합하여 그 문제의 해결에 기여하는 동시에 그 운동에 프롤레타리아적·민중적 계급성을 각인시켜나가야 할 것이다. 더욱이 계급문제는 정세에 따라 다른 사회문제에 의해 과잉결정되어 나타나기도 하는데, 모순관계의 응축점으로서 계급문제를 과잉결정하는 그 시기의 가장 중요한 사회문제는 동시에 가장 중요한 그 시기의 계급문제이기도 하다. 이 점에서 민중운동세력은 어떤 문제가 그 시기 정세의 성격을 특징짓는 그 시기 모순의 응축점인가를 정확하게 포착하고 힘을 집중시켜 그 문제의 해결이 동시에 계급문제 해결의 돌파구를 여는 것이 되도록 노력해야 할 것이다.

(5) 대중에 깊이 뿌리박고 있고 사회의 모든 영역으로 무한히 확산되어가는 민주변혁운동의 정치적 구심체의 부재야말로 우리 사회 민주변혁운동의 진전을 가로막는 결정적인 장애물이라는 점은 부인하기 어렵다. 또한 이 부재를 조기에 극복할 수 없다는 점에서 민주변혁운동은 그 부재로 인한 고통을 앞으로도 계속 감수할 수밖에 없다.

그러나 그러한 조직체가 취해야 할 형태와 관련하여 생각해야 할 점들이 있다. 먼저 우리는, 운동이 지닌 모든 측면들은 계급투쟁의 구체적인 조건에 의해 결정되어야 하기 때문에 그러한 조직체의 형태 역시 계급투쟁의 객관적인 정세와 주체적 조건에 상관없이 보편타당성을 지닌 어떤 고정불변의 형태란 존재하지 않는다는 점을, 따라서 예를 들어 쿠바와 니까라과에서 변혁운동을 지도한 전위조직이 레닌적 당 모델과 다르다는 점을 유의해야 한다. 다시 말해 진리는 언제나 구체적인 것이기 때문에 구체적 상황에 대한 구체적 분석에 입각하는 운동만이 자신을 진전시킬 수 있다.

이와 관련하여 우리는 현시기에 우리의 주·객관적인 조건에 적합한 조직형태를 발견해야 하는데, 민중운동세력의 정치적 입지가 지극히 취약해진 반면 그들이 수행해야 할 과제가 쌓이고 있는 현시기에는 변혁적 노선을 견지하는 모든 세력들은 무엇보다 그들간의 '합의'에 의거하여 ——다시 말해 합법적 정당 건설이 옳은가 아닌가 등이 중요한 것이 아니라 합의를 도출해내는 일 자체가 중요하다—— 하나의 통일적인 정치적 조직체로 뭉쳐야 할 것이다. 그들은 각개약진을 통해 분파의 힘만을 증대시키기 위해 애쓰는 현재의 상태를 시급히 청산해야 하는데, 그렇지 못하는 한 그들은 그들에게 주어지고 있는 전국적 과제들을 효과적으로 수행할 수 없을 뿐만 아니라 '보수화'의 물결이 넘치는 현재의 조건 속에서 점차 각개격파당할지도 모른다. 그리고 설령 그렇게 하여 성립된 조직체가 변혁운동을 수행해나감에 있어 많은 결함들을 지니고 있다고 할지라도, 일단은 그 조직을 중심으로 운동하면서 운동이 발전하고 정세가 변하는 것에 상응하여 그 조직을 더욱 발전된 형태로 만들어나가야 할 것이다.

정치제도의 민주화
—— 선거법, 정당법, 정치자금법을 중심으로

이 남 영

1. 머 리 말

 민주주의라는 지배형태는 인류가 창안해낸 몇가지 정치적 제도의 발달
과 함께 진화해왔다. 서구사회를 중심으로 발전해온 선거제도, 정당제
도, 의회제도 등은 소위 '민주주의'라는 이념을 구현하기 위한 것이었다.
즉 민주주의적인 이상에 접근할 수 있는 보다 나은 방법으로서 그러한
제도들을 창안하고 발전시켜왔던 것이다. 따라서 선거제도, 정당제도,
의회제도 등이 얼마나 확고하게 한 사회 내에 정착되어 있는가의 여부가
그 사회의 민주화의 정도를 가늠하는 중요한 척도가 된다.
 한 사회 내에 어떤 정치제도가 얼마나 잘 정착되어 있는가를 규명하기
위해서는 최소한 두 가지 차원의 논의가 필요하다. 우선 채택하고 있는
정치제도의 성격이 민주주의 이념을 얼마나 잘 반영하고 있는가의 문제

李南永: 숙명여대 정치외교학과 교수.

이다. 예컨대 보안법이나 안기부법을 개정해야 한다는 주장이 설득력을 갖는 이유는 그러한 제도가 내포하고 있는 반민주성에 있는 것이다. 그러나 정치제도의 법적, 형식적인 내용이 민주적인 이상에 상당히 근접해 있다손 치더라도 그 운용이 민주적 관행을 따르지 않는다면 그 제도는 사상누각(砂上樓閣)에 불과하다. 헌법정신을 무시한 힘의 논리가 지배했던 군사독재 시절 우리는 형식적인 민주제도가 힘의 논리를 앞세우는 정치적 관행에 의해서 얼마나 무참하게 무너질 수 있는가를 처절하게 경험했다. 그러한 의미에서 어떤 제도를 채택하고 있는가라는 법적, 형식적인 차원의 논의도 중요하지만, 주어진 제도를 어떻게 운용하고 있는가라는 경험적인 차원의 논의도 중요하다.

현재 정치권은 소위 '문민시대'를 맞이하여 물리적인 힘보다는 법이나 제도에 의한 정치를 지향해나가고 있다. 그러므로 정치제도 개혁의 문제는 현정치권이 해결해나가야 할 가장 시급한 과제가 되고 있다.

현재 정치권이 추구하고 있는 개혁의 방향은 물론 '민주화와 깨끗한 정치의 구현'에 두고 있고, 개혁의 대상은 주로 국가보안법, 안기부법, 집시법, 언론출판관계법, 노동관계법, 선거법, 정당법, 공직자윤리법, 정치자금법 등 정치관련법이 되고 있다. 그러나 정치권이 제기하고 있는 법개정에 관한 여러 안들은 정치체계의 민주화라는 대전제하에서 유기적으로 연계되어 있지 못한 채 상호분리되어 논의되고 있기 때문에 개혁의 방향이 무질서하고 때로는 혼란스럽게 보이기까지 한다.

이러한 상황에서 한국정치제도의 현황을 면밀히 분석하여 그 문제점을 발굴하고 그 문제점을 해결하기 위한 최선의 방안이 무엇인지를 체계적으로 연구하는 것은 매우 중요하다. 필자는 정치관계법 중 선거법, 정당법, 정치자금법을 중심으로 하여 개혁방안을 제시해보고자 한다.

2. 선 거 법

선거는 국민의 의사에 따라 정치지도자를 선출하는 제도이다. 주요공
직자들을 선출하는 선거는 민주주의의 꽃이라고 할 정도로 민주정치과정
의 중심이다. 선거시에는 정치적인 이념이나 정책들이 상호경쟁하는 정
치엘리뜨들에 의해서 국민에게 제시된다. 보다 구체적으로 표현하면, 경
쟁과정에서 사회 내에 잠재되어 있던 많은 문제점들이 발굴되고 그러한
문제점들을 해결하기 위한 여러가지 해결방안이 정당이나 입후보자에 의
해서 마련된다. 그러므로 선거는 사회 내의 환부를 발견하고 치유하기
위해 민주사회에서 꼭 필요한 제도로서 인식된다.

선거과정은 공정해야 한다. 과거 한국의 선거제도는 불공정한 요소를
많이 가지고 있었기 때문에 집권여당에게 항시 유리하게 작용하였고, 따
라서 선거를 통한 정권교체는 한국적인 상황에서 전혀 기대조차 하기 힘
들었던 것이 사실이다. 정권교체가 불가능한 선거제도하에서는 정치엘리
뜨 상호간의 경쟁이 보장될 수 없다. 일찍이 로버트 달과 같은 민주주의
이론가는 "정치엘리뜨 상호간의 경쟁이 없는 사회는 독재정치의 희생양
이 되기 쉽다"[1]고 경고하였다. 과거 한국의 정치가 왜 독재정치로 규정
되는가라는 질문에 대한 하나의 응답은 자유로운 경쟁을 허용하지 않았
던 선거과정의 불공정성에서 찾아볼 수 있다. 이제 선거과정의 공정성을
훼손하는 현행 선거제도상의 문제점을 구체적으로 발견하여 나름대로의
대안을 마련해 보고자 한다.

---

1) Robert A. Dahl, *A Preface to Democratic Theory*, Chicago: The University of
Chicago Press, 1956, 84~85면.

1) 전국구제도의 문제

선거과정의 불공정성 중에 가장 대표적으로 지적되어야 할 것은 현행 소선거구제와 전국구제도의 병용이다. 각 정당이 얻는 득표율과 의석점유율 간에 편차가 너무 크다는 것이다. 그러한 편차를 선거의 불비례현상이라 칭한다.[2] 본래 소선거구제하에서는 사표가 많이 발생한다. 사표는 대체로 소수정당에게 많이 발생하기 때문에 소선거구제도는 소수정당에게 상대적으로 불리하다. 그러나 그러한 불비례현상은 전국구제도에 의해서 다시 한번 증폭된다. 왜냐하면 전국구의석을 각 정당의 득표율에 의해서 배분하는 것이 아니라, 의석수에 비례하여 배분하기 때문이다. 이와같은 유권자의 정치적 의사를 이중적으로 왜곡시키는 현행 제도는 반드시 개선되어야 한다.

또한 전국구의원 공천시 여당의 경우에는 집권과정에 대한 공헌도를, 야당의 경우에는 정치자금의 제공능력을 최고기준으로 삼고 있는 현실은 국민의 입장에서 용납할 수 없다. 그러한 관점에서 보면 현행 전국구제도는 폐지됨이 마땅하다.

그러나 전국구공천을 보다 합리적으로 개선한다면, 전문성이 상대적으로 취약할 수밖에 없는 지역구의원들의 의정활동을 보완해줄 수 있는 제도로 발전할 수도 있을 것이다. 각계각층을 대표할 수 있는 전문직종사자들이 많이 공천받을 수 있고 각 당이 제시한 전국구후보자 명부에 대해 직접 국민이 심판할 수 있는 기회가 주어질 수 있다면, 전국구의원들의 수준이 높아질 것이며 그들은 한국의회의 정치적 생산성을 높이는 데 기여할 수 있으리라 기대된다. 따라서 전국구제도는 그대로 유지하되 각 정당이 제시하는 전국구후보자 명부에 대해서도 유권자들의 선택권을

---

2) 한국의 국회의원선거의 불비례현상에 대해서는 유숙란, 「선거제도가 정당의 득표율과 의석률에 미치는 영향: 한국의 국회의원총선 결과를 중심으로」, 고려대학교 박사학위논문, 1991 참조.

인정하는 방향으로 개선하는 것이 바람직하다. 즉 독일식 1인 2표 제도의 채택이 요망된다.

2) 표의 등가성 문제

민주선거의 가장 중요한 원칙은 '1인 1표, 1표등가'의 원칙이다. 그러나 현행 선거법하에서는 도시 선거구의 유권자수는 농촌지역 선거구의 유권자수보다 월등히 많다. 예컨대 인천시 남동구의 경우에 유권자 총수는 229,402명인 데 반하여, 전남 강진·완도군의 경우에는 유권자 총수가 41,324명에 불과하다. 약 6배의 편차가 나고 있다. 이 경우에 국회의원 1명을 선출하는 데 사용되는 1표의 위력은, 전남 강진·완도군 거주자의 1표의 위력이 인천시 남동구 거주자에 비해 6배가 된다는 것이다.

우리나라의 경우 유신 시절에 선거구 내의 기준인구수 명시조항을 삭제함에 따라 선거구간의 유권자수의 편차는 심화되어왔다. 또한 급속한 산업화로 인한 농촌인구의 도시유입현상은 점차 농촌인구를 상대적으로 감소시켜왔다. 이러한 선거구간에 존재하는 유권자수의 심한 편차는 여촌야도현상이 지배적인 한국의 정치적 상황하에서는 집권여당에게 일방적으로 유리한 결과를 가져왔다.[3]

이러한 집권여당에게 일방적으로 유리하게 작용하는 1표등가원칙의 위배는 시정되어야 한다. 미국의 경우 1표등가의 원칙의 위배가 어느 한계점을 넘어서는 경우에는 위헌판결을 한다. 영국과 독일의 경우에는 정치적으로 중립적인 선거구획정위원회가 기능을 하여 1표등가의 원칙을 지키려 노력하고 있다. 우리의 경우도 당리당략을 떠나서 표의 등가성을 유지하기 위한 합리적 노력을 할 수 있는 정치적으로 중립적인 선거구획정위원회를 두는 것이 바람직하다고 생각한다. 헌법기관임과 동시에 정치적으로 중립적인 선거관리위원회가 선거구 획정을 위한 제반 업무를 관

---

3) 윤천주, 『한국정치체계』, 서울: 고대출판부, 1961, 218면.

장할 수도 있을 것이다.

3) 금권·타락 선거의 문제

한국선거의 가장 큰 문제는 금권선거이다. 과거의 선거가 관권개입에 의해 그 공정성이 훼손되었다면 오늘의 선거는 금권에 의해 그 공정성이 무너지고 있다. 왜 금권선거가 한국선거의 특징이 되었는가? 그 뿌리는 매우 깊다. 과거 정통성이 취약했던 군사정부는 정책이나 이념의 대결은 집권세력에게 일방적으로 불리할 것이라고 판단했기 때문에, 금권에 의 존하여 선거를 치를 수밖에 없었다. 그러한 나쁜 관행이 유권자들의 의식을 타락시켰고 선거시에 돈이나 이권을 주고받는 것이 우리 선거문화의 특징이 되어버렸던 것이다.

한 연구보고서에 의하면, 14대 국회의원총선에서 각 후보들의 총지출 비용은 어림잡아 평균 최소 7~30억 정도이고, 선거시에 공공연히 회자 되었던 '20당 10락'이란 말이 현실로 나타났었다고 보고하고 있다. [4] 이러한 막대한 선거비용이 과연 어떻게 충당되는 것일까? 선거자금을 둘러싼 많은 정치비리가 우리의 정치풍토를 훼손하고 있음은 우연이 아니다. 선거에 많은 돈을 들인 국회의원이 정치적인 부정을 저지르는 것은 어떻게 보면 당연하다고 말할 수 있을 것이다. 과다한 선거비용은 정치인들을 각종 비리에 연루시키는 근본원인 중의 하나임에 틀림없다.

선거비용을 억제하기 위한 현행 선거법은 별문제가 없다. 법정선거비용 제한액은 평균 1억 1천 5백만 원 정도에 불과하다. 그리고 선거 후에 선관위에 제출한 각 후보자들의 선거비용지출명세서를 보면 법정선거비용을 초과해서 선거비용을 지출한 후보자는 단 1명도 없다. 그러나 아무도 그러한 지출명세서에 기재된 내용을 사실로 받아들이지 않는다. 거의 모든 후보자들이 허위보고를 하고 있기 때문이다. 금융실명제 실시로 인

---

4) 현대사회연구소, 『국회의원선거 사례연구』, 201~5면.

하여 그러한 허위보고는 상당한 수준에서 억제될 것으로 생각되지만, 금권선거의 관행은 쉽사리 근절되지 않을 것으로 생각된다.

이러한 상황을 극복하기 위해서는 우선 정치인들 스스로가 돈으로 정치권력을 결코 살 수 없고 설사 살 수 있다고 하더라도 사서는 안된다는 식으로 의식전환을 해야 하고, 유권자들은 자기의 권리를 돈을 받고 파는 것이 얼마나 수치스러운 일인가를 깨우쳐야 할 것이다. 즉 의식혁명이 일어나야 한다는 것이다. 공명선거실천시민운동연합(공선협)과 같은 시민단체들, 선거관리위원회, 언론기관 등이 선거시에 벌이는 공명선거 캠페인은 그런 의미에서 상당히 중요성을 갖는다고 할 수 있다.

그러나 공명선거캠페인에 의한 국민의식 개혁은 시간이 오래 걸리는 데 비해서 제도의 개혁은 보다 빠른 효과를 가져올 수 있다. 선거공영제의 과감한 확대실시를 제안한다. 현행선거법은 선거관리의 측면에서만 공영제를 채택하고 있을 뿐 선거비용의 측면은 소홀히하고 있다. 이와같은 불완전한 선거공영제는 정당 또는 후보자가 선거비용의 대부분을 마련해야 하는 것으로 정치비리, 정경유착 등 많은 정치적 부작용을 낳게 하는 원인을 제공하고 있다. 그리고 선거공영제의 확대실시는 정치인들과 정당들에게 정치자금의 부담을 줄여줄 뿐 아니라, 돈이 없는 정치신인들이 정계에 진출할 수 있는 가능성을 높여준다는 점에서 바람직하다고 생각된다.

4) 기호부여의 문제

현행 선거법에는 의석수가 많은 정당의 순으로 입후보자의 기호를 1번부터 시작하여 순서대로 부여하게 되어 있다. 1번의 기호를 차지하게 되는 후보자가 선거에서 많은 이점을 갖는 것은 당연하다. 따라서 현행 기호부여제도는 집권여당에게 일방적으로 유리하게 작용한다고 볼 수 있다. 선거벽보도 기호순으로 붙이게 되며, 각종 언론기관의 보도도 기호순으로 진행된다. 그리고 실생활에서 1번이 마치 1순위를 표시하는 상으로 흔히 사용되기 때문에 비교적 정치적으로 무관심하거나 무지한 사람들에게는 1번의 기호가 갖는 위력은 상당할 것으로 생각된다.

기호가 이름을 식별할 수 없는 문맹자를 위해 필요했던 것이라면, 문맹률이 세계적으로 낮은 편인 한국에서 기호제도를 고집할 필요가 없다. 거의 모든 유권자가 후보자의 이름과 정당명만을 가지고도 충분히 각 후보자를 식별해낼 수 있기 때문이다. 그러나 선거벽보, 언론보도, 투표용지에 어떠한 식으로 후보자들을 배열해야 하는가의 문제가 남아 있다. 여러가지 방식이 있을 수 있다. ① 각 선거구별로 등록된 후보자들이 직접 추첨에 의해서 배열순서를 정할 수 있다. ② 아니면 지난번 선거에서 득표를 많이 한 후보자순으로 배열순서를 정하는 방법도 있을 수 있다. 이 경우 새로운 도전자는 순서에 있어 마지막을 차지하게 된다. 그러나 한 선거구에 새로운 도전자가 2인 이상일 경우에는 그들간의 순서는 추첨에 의해 결정할 수 있을 것이다. ③ 또는 역사가 오랜 정당의 입후보자를 먼저 배열할 수도 있다. 이러한 방식은 정당의 이합집산현상을 어느정도 억제할 수 있는 효과를 가져올 수도 있을 것이다. ④ 정당명이나 후보자이름을 가지고 가나다식의 순으로 배열할 수도 있을 것이다.

5) 관권개입의 문제

관권의 개입은 정부수립 이후 줄곧 한국의 선거과정을 교란시켜왔다. 특히 이승만독재와 군부독재 시절에 행정조직(특히 경찰과 통·반장)은 공공연히 선거과정에 개입해왔다. 경찰의 정치중립화 노력과 통·반장의 선거동원 방지를 위한 제도보완 노력이 최근에 들어 가시화되어가고 있지만, 오랜 정치적 관행이 쉽사리 근절되리라고 기대하기 어렵다.

선거중립내각을 선포한 노태우 전대통령하에서 치러진 지난번 14대 대통령선거시에 발생했던 관권개입기도사건(일명 부산복집사건)은 행정부와 여당 사이에 선거과정에서의 강한 친화력이 아직도 존재하고 있음을 보여준 사건이었다. 관권개입을 차단하기 위해서는 공무원이 정치적으로

중립을 유지하고서도 인사(人事)에서 전혀 불이익을 당하지 않을 수 있
는 직업공무원제도의 확립이 필요하다.

특히 통·반장의 선거운동은 실제로 집권여당에게 엄청난 프리미엄을
가져다준다. 주민과 가까이 있고 평소 주민에게 잘 알려져 있는 통·반
장이 선거운동에 동원될 경우 득표에 크게 유리함은 물론이다. 이렇게
선거시에 역기능을 담당하고 있는 통·반장제도가 과연 꼭 필요한 제도
인가? 현대생활을 영위해나가는 데 있어서 통·반장으로부터 주민들이
어떠한 도움을 받고 있는가? 통·반장이 전입, 전출 서류에 형식적으로
도장 찍어주는 일 이외에 구체적으로 하는 일이 무엇인가? 대부분의 사
람들은 일상생활에서 통·반장 없이도 아무런 불편을 느끼지 않는다. 일
제시대에 동족을 감시하기 위해서 생겨났던 통·반장제도가 아직까지 현
존하고 있는 것이 오히려 이상하게 생각된다. 동네일을 공동으로 처리해
나가기 위해 어떤 조직망이 필요할 때에는 주민들 스스로 조직을 만들어
운용해나가면 될 일이다. 점진적으로 통·반장제도의 폐지를 검토해야
할 것이라 생각한다.

6) 선거운동의 자유확대 문제

선거운동은 후보자나 정당이 그들의 정책이나 이념을 유권자에게 전달
하여 유권자들로부터 지지를 획득하고자 하는 노력이다. 선거운동은 가
능한 한 자유로운 분위기에서 이루어져야 한다. 왜냐하면 억제된 분위기
에서는 정치적 의견이 자유롭게 개진되기 어렵기 때문이다.

현행 선거법에는 선거운동에 대한 포괄적 금지규정이 있다. 선거법에
명시되지 아니한 방식의 모든 선거운동을 원칙적으로 금지하고 있는 것
이다. 모든 후보자들은 현실적으로 본인의 정견이나 정책을 유권자에게
전달할 수 있는 충분한 통로를 가지고 있지 못한 실정이다. 양성적인 선
거운동을 지나치게 규제함으로써 오히려 불법적이고 음성적인 방식의 선
거운동이 판을 치고 있다.

기본적으로 선거운동의 자유를 크게 확대하는 것이 바람직하다는 생각이다. 포괄적 금지조항을 개별적 금지조항으로 대치하여야 할 것이다. 가능하면 유권자와 후보자가 공개적으로 자연스럽게 만날 수 있는 기회를 많이 주어야 한다. 유권자의 후보자에 대한 평가는 후보자에 대한 정확한 정보에 근거할 때 비로소 의미가 있기 때문이다. 선거운동과정은 유권자들이 후보자의 정책이나 이념에 대하여 정확한 정보를 얻도록 기능해야 한다는 것이다. 개인연설회, 각종 좌담회, 후보자초청연설회 등을 허용해야 할 것이며, 신문이나 방송 광고 또는 전화 등을 선거운동에 적절히 이용할 수 있도록 허용해야 할 것이다.

7) 선거일의 결정 문제

선거일의 결정은 정치적으로 매우 중요하다. 왜냐하면 집권당에 대한 국민지지의 정도는 일정불변하는 것이 아니라 시시각각으로 변화하는 것이기 때문이다. 현행 국회의원선거법에는 국회의원선거일은 의원의 임기 만료 150일 내지 20일 전에 실시하게 되어 있다. 약 4개월 이상의 기간 중에 집권당에게 가장 유리할 것으로 생각되는 날짜를 임의로 선택해 선거를 치를 수 있는 것이다.

과거 권위주의정권은 종종 간첩사건 등을 공표하여 안보에 대한 위기의식을 전사회적으로 확산시킨 후에 선거날짜를 공표하곤 했다. 정부는 그러한 위기의식을 기초로 총화단결이라는 정치적 구호의 정당성을 확보하고, 그 결과 선거운동의 자유를 제한하는 정치적 분위기를 연출해내곤 했다. 그러한 선거분위기는 집권여당에게 크게 유리했음은 물론이다.

선거일이 집권당의 총수인 대통령에 의해 자의적으로 결정된다는 것은 불합리하다. 그러한 의미에서 선거일을 법적으로 미리 확정해놓는 것이 바람직하다. 선진민주주의국가에서는 통상 ‘임기만료 전 몇째주 무슨 요일’이라는 형식으로 선거일이 확정되어 있다. 따라서 선거일 선정 문제를 놓고 정치권에서 뜨겁게 다투는 일이 없는 것이다.

3. 정 당 법

　민주사회 내에서의 정당은 정권 유지와 획득을 위하여 상호경쟁한다. 인류는 역사적 경험을 통하여 일당독재의 경우보다 정당간의 상호경쟁이 제도적으로 보장될 때 보다 나은 정치를 기대할 수 있음을 알았다. 과거 파시스트정당과 공산당독재의 정치적 종말은 일당독재의 폐해를 잘 보여준다. 우리나라 정당제도는 그 형식적인 측면에서는 서구민주주의하의 정당제도와 유사하나, 그 실제운용 면에서는 매우 다르다.

　과거 권위주의 정치하에서는 정당간의 자유로운 경쟁이 보장되지 않았다. 오히려 야당은 정치탄압의 대상이었고, 여야정치인들은 경쟁이 아니라 정치적인 투쟁을 일삼아왔다. 정치적 경쟁이 없는 상태에서 정당정치는 발전할 수 없다는 사실을 경험해왔던 것이다. 결과적으로 한국정당은 아직 대중 속에 뿌리내리고 있지 못하다.

　한국정당의 특징 중의 하나는 명사정당이라는 것이다. 명사정당이란 대중정당과 구분되는 개념인데, 몇몇 소수의 명망가들을 중심으로 당이 조직되고 운용되는 정당을 말한다. 명사정당은 그 조직과 운용에서 소수의 인물에게 크게 의존하게 되므로 하부대중조직이 취약하다는 특성을 가진다. 마찬가지로 정당이 중앙에 있는 몇몇 사람에 의해 운용되므로 중앙집권적인 특성을 가진다. 또한 지극히 인물 중심적인 성격을 가지게 되므로 정당의 제도화 수준은 매우 낮다.[5] 따라서 당내 최고지도자가 사망하거나 정치적인 힘을 상실하게 되면 정당조직은 순식간에 해체되

---

5) 김호진교수는 한국정당정치의 제도화 수준이 낮은 이유로 다음과 같은 요인들을 지적하고 있다. ① 권위주의 정치 문화, ② 만성적인 파벌주의, ③ 정보공작 정치, ④ 음성적인 정치자금, ⑤ 군부쿠데타, ⑥ 정치체계의 중앙집권성, ⑦ 분단구조하의 반혁신풍토 등이다. 김호진, 『한국정치체제론』, 서울: 박영사, 1990, 391~93면.

고 만다. 과거 박정희대통령이 사망하자 민주공화당이 즉시 해체되었던 경험은 명사정당의 제도적 취약성을 여실히 보여주는 예이다.

1) 인물 중심의 문제

우리의 정당구조는 인물 중심으로부터 과감히 탈피해야 한다. 즉 정당이 몇몇 정치적 명망가의 수중으로부터 대중의 수중으로 넘어와야 한다는 것이다. 인물 중심의 정치는 당의 정책이나 이념보다는 혈연, 학연, 지연 등을 앞세우는 연고정치(緣故政治)를 낳기 쉽다. 오늘날 한국의 정치가 지역주의에 의해 크게 영향을 받고 있는 상황은 결코 인물 중심의 정당구조와 무관하지 않다.

인물 중심의 정당정치는 파벌정치를 낳기 쉽고, 파벌정치의 성행은 정치의 질을 떨어뜨리기 쉽다. 파벌정치는 국가를 통합하기보다는 분열시키며, 결과적으로 정치적 불안정을 야기하기 쉽다. 우리의 정치계가 국민의 지탄을 받아온 것도 바로 그러한 파벌 또는 계보 정치의 폐해 때문이었다. 하루빨리 한국정당체계가 인물 중심의 수렁으로부터 벗어나야 하겠다. 즉 제도 중심의 정당운영이 되어야 한다는 것이다. 현재 당운영에 관한 주요한 사항들에 대한 결정권이 당총재에게 집중되어 있는 각 당의 당헌 및 당규를 보다 분권화하는 방향으로 바꾸어나가야 한다고 생각된다.

2) 중앙집권의 문제

인물 중심의 정당정치는 정당을 지나치게 중앙집권화하는 경향이 있다. 예를 들면 모든 공직자후보자들의 공천권이 중앙에 있는 당내 몇몇 인사들에 의해서 독점된다. 지구당원들은 자기 지역구의 공직자후보자 선출과정에서 철저히 배제된다. 공천과정이 공개리에 진행되지 못하기 때문에 온갖 정치적 비리가 공천과정에서부터 발생한다.

따라서 지구당원들의 자기 정당에 대한 애착심이나 충성심은 자라날 수 없다. 지구당원들은 항상 정치적인 들러리 역할만을 수행하고 있기 때문에 지구당이 활성화되기도 어렵다. 선거시에 입후보자들이 정당단합대회나 정당연설회 등으로 많은 시간과 경비를 낭비하는 이유도 바로 여기에 있다. 입후보자들은 선거에 무관심한 자기 정당원들을 자신의 지지자로 전환시키는 데 엄청난 노력을 기울이고 있는 것이다.

지구당원들에게 실제로 부여된 정치적 권한이 없기 때문에 당원들은 당비를 납부할 아무런 이유를 발견할 수 없다. 따라서 정치자금은 당비 이외의 방법으로 충당될 수밖에 없다. 지구당원들은 오로지 정치적 동원의 대상으로만 기능하고 있는 것이다.

지구당원들이 스스로 입후보자를 선출하는 방향으로 각 정당은 당헌을 바꾸어야 한다. 미국과 영국의 경우 지구당에서 입후보자를 결정한다. 당원들은 당비를 기꺼이 납부할 뿐 아니라, 모금운동에 앞장서며, 선거운동원으로서 자원봉사한다. 하부당원들이 지역수준의 정치에 관심이 높을 뿐 아니라 참여의 정도도 높기 때문에 풀뿌리민주주의가 이룩된다.

또한 대중의 참여가 보장되고 대중의 정치적 의견이 집약되어 당의 정책으로 전환될 수 있는 방향으로 정당구조가 혁신되어야 한다. 상의하달(上意下達)식 정당구조에서 하의상달식 정당구조로 바뀌어야 한다는 것이다. 정당조직상의 비중이 소수 정치엘리뜨에 집중되어 있지 않고 오히려 하부조직에 있을 때, 정당의 대중적 기반이 튼튼해질 수 있기 때문이다. 특히 당대표, 사무총장, 원내총무, 지구당위원장 등 주요 당간부직은 자유경선에 의해 선출될 수 있도록 해야 할 것이다.

3) 정당성립요건의 완화

정당설립의 자유는 가능한 한 보장되어야 한다. 사회가 점차로 다원화되어가고 있는 상황에서 다양한 사회세력의 정치화가 자연스럽게 이루어

져야 한다. 국민의 자발적인 정치참여 없이는 건강한 민주주의를 기대할
수 없기 때문이다. 정치적 무관심이 지배하는 현대사회에서 정당설립의
자유마저 제한받는다면 국민의 정치참여는 기대하기 어렵다. 예컨대 독
일의 경우 환경보호를 주장하는 사람들을 중심으로 녹색당이 정치세력화
하는 데 성공한 것은 정당성립요건이 우리보다 덜 제한적이기 때문이다.
우리의 경우 정당의 성립요건이 매우 까다롭기 때문에 제도권 밖의 정치
세력(소위 재야)의 제도권 진입을 어렵게 하고 있다.

현행 정당법에 의하면 정당은 국회의원선거법에 의한 지역선거구총수
의 5분의 1 이상에 해당하는 수의 지구당을 가져야 한다(정당법 제25조).
따라서 정당을 설립하기 위해서는 현재 48개 이상의 지구당을 설립하여
야 한다. 정당을 새롭게 설립하고자 하는 사람들에게 48개 이상의 지구
당 설립을 처음부터 요구하는 것은 무리일 것이다. 이와같이 상당수의
지구당 구성을 정당성립요건으로 하고 있는 것은 거대정당의 기득권을
보장하는 것으로서 정당평등, 복수정당제도 등에 관한 헌법정신에 정면
으로 배치된다.

또한 국회의원선거에서 의석을 얻지 못하고 유효투표총수의 2% 이상
을 득표하지 못한 정당은 등록이 취소된다(정당법 제38조). 이러한 규정은
한국적인 정치풍토하에서는 신생정당에게 크게 불리하게 작용한다. 진보
세력을 배경으로 하여 출범한 민중당이 14대 국회의원선거 후 이 조항에
의해 등록취소를 당했다. 정치비용이 과다하게 요구되는 한국적인 정치
풍토는 신생정당의 정치활동을 크게 위축시키기 때문에 선거에서 의석을
획득하거나 유효투표총수의 2% 이상을 얻어내기가 쉽지 않다. 따라서
이 규정도 적절히 완화시키는 것이 바람직하다고 생각된다.

4) 정당가입 제한의 문제

헌법에는 모든 국민에게 정당 가입 및 탈퇴의 자유가 보장되어 있다.
그러나 정당법은 "대통령령으로 정하는 공무원, 교원 및 언론인"에게는

정당가입을 허용하지 않고 있다(정당법 제17조). 사실 국민의 정치참여를 제한하는 정당법 제17조는 위헌의 소지가 있다. 국민의 정치참여를 확대하고, 참여의 질을 높이기 위해서는 정당가입 제한조항은 원칙적으로 폐지되어야 한다고 본다.

그러나 한국적인 정치현실에서 공무원에게 정당가입을 전면 허용한다면 공무원의 대다수가 집권당에 가입할 가능성이 높다. 아직 직업공무원제도가 확립되지 못한 상태에서 전면적으로 정당가입을 허용하는 것은 무리라고 생각된다. 특히 선거관리에 직·간접적으로 관련을 맺고 있는 공무원에게 정당가입을 허용한다면 공정한 선거관리는 보장받기 어려울 것이다.

그리고 현행 정당가입 제한은 대통령령으로 되어 있다. 대통령은 집권당의 총재이므로 역시 집권당에게 유리한 방식으로 규정을 만들 소지가 많다. 따라서 정당가입 제한을 법률로 정하도록 하는 것이 바람직하다.

5) 지구당제도의 문제

요즈음 여권으로부터 엄청난 조직관리비용이 드는 지구당을 폐지해야 한다는 견해가 나오고 있다. 돈이 많이 들기 때문에 지구당을 폐지해야 한다는 주장은 설득력이 없다. 왜냐하면 돈이 적게 드는 지구당운용이 가능하기 때문이다. 평소 지구당운용에 드는 비용 중 상당액은 지역구민의 경조사에 지출된다. 만일 지역구민의 경조사에 화환이나 돈봉투를 보내지 않을 수 있다면 돈을 크게 절약할 수 있다. 그리고 유급사무원 대신에 시간제 자원봉사자들을 적절히 활용할 수 있다면 엄청난 경비절감을 할 수 있을 것이다. 또한 경비가 많이 드는 당원단합대회 등의 행사위주 활동보다는 경비가 적게 드는 소규모 정책설명회 등을 활성화할 수도 있을 것이다.

지구당제도는 유지되어야 한다. 앞으로 한국의 정치는 지방자치의 전면실시와 더불어 지방분권화 추세로 나아갈 전망이다. 그리고 지구당은 전국에 흩어져 있는 민중들의 의견을 중앙으로 수렴할 수 있는 창구 역할을 담당할 수 있다. 지구당 수준에서 작은 규모의 정치를 경험한 사람들이 미래의 중앙무대에서 정치를 담당할 정치엘리뜨로 성장할 수도 있다. 즉 정치엘리뜨 배출기능을 지구당이 담당할 수 있다는 것이다. 각 정당은 돈이 적게 드는 지구당운용 방안을 시급히 마련하여야 할 것이다.

4. 정치자금법

금융실명제 실시 이후 음성적인 정치자금의 흐름이 확연히 차단되어가는 듯하다. 정치인들은 정치자금의 조달이 어려운 현실을 두려운 눈으로 바라보고 있다. 한국정치 발전을 위해 상당히 고무적인 현상으로 간주된다.

그러나 정치는 돈을 필요로 한다. 한국정치의 문제는 돈이 지나치게 많이 소요된다는 데 있다. 여기에서는 정치비용은 공개적으로 조성되어야 한다는 원칙과, 기탁금이나 정부보조금은 각 정당에 균형있게 분배되어야 한다는 원칙에 맞추어 합리적인 정치자금법 개정방향을 제시해 보고자 한다.

1) 정치자금의 공개적 조성과 지출

한국의 정치인들은 금융실명제 이전에는 음성적인 정치자금에 크게 의존해왔다. 그러나 앞으로는 음성적인 정치자금의 조달은 점점 어려워질 것이 분명하다. 금융실명제하에서는 모든 자금의 출처가 원칙적으로 추적이 가능하기 때문에 과거 한국정치과정의 암적인 요소로 국민의 지탄을 받아왔던 ‘정경유착’의 관행은 점차 약화되어갈 것으로 추정된다.

그러나 금융실명제 실시만으로 정경유착의 고리가 완전히 차단될 것이라고 성급한 판단을 내려서는 안된다. 따라서 정치자금의 수입과 지출은 모두 공개되어야 하고 중앙선관위에 정기적으로 보고하여 심사를 받도록 해야 한다. 중앙선관위가 필요시 정치자금에 관한 감사를 행할 수 있는 권한을 가져야 함은 물론이다. 정치자금 흐름을 국민이 투명하게 바라볼 수 있는 제도가 마련되어야 한다는 것이다.

2) 정치자금의 균형있는 배분의 문제

현행 정치자금 조성방법으로는 당비, 후원회제도, 기탁금제도, 국고보조금제도 등이 있다. 각 정당의 당비는 주로 당지도부가 제공하는 특별헌금으로 마련된다. 평당원이 납부한 당비는 거의 무시할 만한 액수에 불과하다. 각 정당은 평당원의 당비의 비중을 혁신적으로 높여나갈 수 있는 방안을 마련하여야 할 것이다.[6]

후원회제도는 여당의 경우 비교적 잘 활용되고 있으나, 야당의 경우 거의 활용되고 있지 못한 실정이다. 과거 권위주의시대에 야당을 후원한다는 것은 세무사찰 등의 정치적 보복을 불러들이는 위험한 행위였기 때문에 야당의 경우 후원회의 결성이 매우 어려웠던 것이 사실이다. 현행 후원회 구성상황은 민자당 200여 개, 민주당 10여 개, 국민당 5개 등이다. 위와같은 상황을 볼 때, 현행 후원회제도는 집권여당의 정치자금만을 조성해주는 일방적 장치에 불과하다고 말할 수 있다.

현행 후원회제도를 여야가 균형있게 정치자금을 조달할 수 있는 제도로 발전시켜나가기 위해서는 먼저 '소액다수'제도로 전환하여야 한다. 현행 후원회제도는 중앙당후원회의 경우 1천 명, 시도지부후원회의 경우

---

6) 독일의 경우, 당원의 당비가 정당의 주된 정치자금 공급원이 되고 있다. 1988년 통계에 의하면, 정당의 총수입에서 당비가 차지하는 비율은 기독교민주동맹(CDU)의 경우 47%, 기독교사회동맹(CSU)의 경우 33%, 사회민주당(SPD)의 경우 53%로 나타난다. 양건, 「금융실명제와 선거제도의 개혁」, 정의사회구현을 위한 시민단체협의회 정치제도개선연구위원회 공동심포지움 발표논문, 18면.

300명, 지구당후원회의 경우 200명으로 인적 상한선이 규정되어 있다(정치자금법 제5조 제4항). 인적 상한선을 철폐하여 더욱 많은 사람들의 참여를 유도해나가야 할 것이다. 또한 후원인의 후원금 하한선을 낮추어야 할 것이다. 현행 1회 1만 원 이상으로 되어 있는 부분을 1회 1~5천 원 사이로 조정할 필요가 있다(정치자금법 제6조 제2항). 후원자가 전혀 경제적 부담을 느끼지 않을 정도의 액수여야 하기 때문이다.

기탁금제도는 지정기탁금과 비지정기탁금으로 나뉜다. 그러나 지정기탁금제도는 집권당의 정치자금을 위한 장치로서 기능하고 있을 뿐이다. 야당을 위한 지정기탁은 전혀 없는 실정이기 때문이다. 따라서 현행 지정기탁금제도를 보완하여 정치자금의 형평성을 보장할 필요가 있다. 지정기탁금의 일정한도(약 20~30% 정도)를 의무적으로 지정하지 않은 정당에 배분하여야 할 것이다. 배분방식은 국고보조금 배분방식에 준하는 것이 바람직하다. 또한 노동단체는 정치자금을 기부할 수 없도록 되어 있다(정치자금법 제12조). 노동자계층의 정치참여를 의도적으로 제한하고자 했던 과거 권위주의 정치의 산물이다. 노동단체의 정치참여를 활성화시킬 수 있는 방향으로 노동조합법과 정치자금법의 동시개정이 이루어져야 할 것이다.

마지막으로 국고보조금제도가 있다. 정당을 사적인 기관이 아니라 공적인 기관으로 넓게 해석할 수 있다. 그리고 정치자금의 음성적 조달 등으로 금권정치가 성행하는 현실 때문에 차라리 국민의 세금인 국고에서 보조금을 주는 것이 더 낫다는 주장이 있을 수 있다. 아무튼 국고보조금제도에 대해서는 대체로 국민적 합의가 이루어져가고 있는 것 같다.

그러나 선거권자 1인당 매년 600원으로 계상(선거가 있는 해에는 600원씩 추가)되어 있는 현행 국고보조금의 총액이 많은 것인가 적은 것인가의 문제를 두고 논란이 많다. 국고보조금이 많은가 적은가의 문제는 선거비용공영제의 확대 여부, 국가적 경제규모 등을 고려하여 신중히 논의되어야 할 것이다. 또한 국민의 세금인 국고보조금의 증대보다는 당비나 후원회제도의 활성화를 통하여 정치자금을 조달하는 것이 국민의 자발적 참여를 존중한다는 의미에서 바람직하다고 생각된다.

5. 맺음말

오늘날 회자되고 있는 정치개혁의 당위성에 대하여 의문을 제기하고 있는 사람들은 거의 없다. 그러한 이유 중의 하나는 정치개혁은 반드시 정치민주화를 수반하거나 적어도 정치민주화를 방해하지는 않을 것이라는 기본적인 가정이 있기 때문이다. 그러나 엄밀히 말해서 개혁과 민주화는 상당히 다른 의미를 내포하는 개념이다.

과거 권위주의세력이 탈법적인 정권쟁취 후에 정통성확보를 위해 개혁이라는 슬로건을 내걸고 국민의 환심을 사려 했으나, 그 결과는 정권의 비민주적 속성을 전사회적으로 확대시키는 데 기여해왔던 것이 사실이다. 또한 사회주의적인 개혁도 있을 수 있으며 문민독재형 개혁도 있을 수 있다. 따라서 오늘날 문민정부가 추진하고 있는 개혁이 반드시 민주화에 기여할 것이라고 미리 단정하는 것은 매우 위험한 발상임에 틀림없다.

오늘날 진행되고 있는 정치개혁에 대한 국민의 지지는 개혁이 잘 추진되고 있기 때문이라기보다는 과거 정치권이 국민으로부터 철저히 외면당해왔기 때문에 일고 있는 반사적인 지지라는 점에 유의할 필요가 있다. 캄캄한 어둠 속에서는 미약한 빛도 사람의 눈을 부시게 할 수 있다. 장기간의 군사독재로 한국정치는 캄캄한 어둠 속에 묻혀 있었다. 현정권의 탄생은 그러한 어둠 속에 강렬히 내리쬐는 한줄기 빛이었다. 14대 대통령선거 과정과 그 결과 탄생한 문민정부라는 빛은 모든 사람들의 눈을 부시게 하기에 충분했다. 그러나 그 빛이 얼마나 오래갈지 아무도 모른다. 기름이 얼마 남지 않은 초롱불로부터 방출되는 빛일 수도 있기 때문이다.

개혁을 잘 추진해나가기 위해서는 개혁의 방향이 반드시 한국사회를 민주화시키는 데 기여해야 한다. 만일 그렇지 못할 경우 현재 국민이 현정권에 보내고 있는 지지는 철회되고, 한국의 정치는 또다시 파행성을 띠고 말 것이기 때문이다. 초롱불의 연료는 기름이고, 정권의 연료는 국민의 지지이기 때문이다.

민주화란 민주주의를 정착시켜나가는 과정이다. 민주주의라는 개념은 너무 모호하고 복잡해서, 학자들간에 결코 일치된 견해를 가질 수 없는 개념 중 하나이다. 그러나 민주주의가 존립하기 위해 요구되는 몇가지 전제조건들이 있다.

첫째, 정치엘리뜨들은 정치권력 획득을 위하여 상호경쟁할 수 있어야 한다. 즉 집권당은 반드시 반대당의 존립을 허용해야 할 뿐 아니라, 정권경쟁시 야당의 반대활동(때로는 반정부활동)을 최대한 보장해주어야 한다. 과거 한국의 야당은 정권에 의해 그 존립 자체가 위협받아왔을 뿐 아니라, 야당의 정치활동의 영역도 광범위하게 제한받아왔다. 과거 한국의 정치가 독재정치로 구분되는 가장 큰 이유가 바로 여기에 있었던 것이다.

둘째, 국민의 정치참여의 수준을 높여야 한다. 일반사람들은 정치권력의 방해를 받지 않고 스스로가 직업적인 정치인이 되어 정치과정에 직접 참여할 수 있어야 함은 물론, 자신의 이해관계를 증진시키기 위해서 집단을 결성할 수 있고, 그 집단은 정치적인 압력을 행사함에 의해 정치과정에 영향력을 행사할 수 있어야 한다. 국민의 직간접적인 정치참여 없이는 정치권력은 자의적으로 행사되게 마련이다. 과거 정치인의 충원과정이 학연, 지연, 혈연 등의 인맥 연결고리에 의해서 이루어져왔음은 주지의 사실이다. 또한 시민사회의 다양한 정치적 요구가 자연스럽게 분출되는 것을 최대한 억제시켜왔던 것도 사실이다. 따라서 국민의 정치참여의 수준은 아직도 제한적인 상태라고밖에 볼 수 없다.

셋째, 표현의 자유가 보장되어야 한다. 민주주의는 다양한 정치적인 견해가 존재할 때 기능한다. 표현의 자유 없이는 다양한 정치적 견해가 국민들에게 전달될 수 없고, 다만 관제이데올로기가 강요될 뿐이다. 과거 한국의 정권이 언론, 출판, 집회 등의 자유를 크게 제한하여 표현의 자유를 크게 억압하여왔던 것은 주지의 사실이다. 민주화의 과업은 표현의 자유를 신장함이 없이는 달성하기 어려울 것이다.

  넷째, 행정부의 독주현상이 완화되어야 한다. 행정부, 입법부, 사법부 등 국가기관 중 행정부의 비대현상은 현대사회의 보편적인 현상이다. 그러나 한국의 경우 근대화와 산업화라는 슬로건하에서 행정부 중심의 개발독재가 수십년간 지속되어왔다. 입법부와 사법부는 소위 행정부의 시녀 역할을 수행하는 정도로 그 위상이 약화되어왔다. 따라서 정치 없는 시대, 정의보다는 정치권력이 중요시되는 암흑시대를 살아왔던 것이다.

  이 글에서의 논의는 대체로 위에 제시된 네 가지 원칙을 제고하는 방향으로 진행되었다. 즉 개혁은 정치민주화를 활력있게 진행시키는 방향으로 진전되어가야 한다는 것이 필자의 일관된 주장이었다. 민주화를 위해서는 상호경쟁할 수 있는 정당체계의 확립이 요청되며, 국민의 정치적 참여를 제한하고 있는 온갖 장벽의 철폐와 표현의 자유가 신장되어야 하겠으며, 더 나아가 행정부의 독주현상은 더이상 용납되어서는 아니될 것이다. 앞으로 진행되어갈 정치개혁은 위에서 제시된 민주원칙을 보다 강화시키는 데 기여해야 할 것이다.

  끝으로 타국가의 정치제도를 모방하자는 목소리가 요즈음 매우 높음에 주의를 기울여야 한다고 생각한다. 영국식 제도, 독일식 제도, 또는 미국식 제도의 장점들이 소개되고 있다. 그러나 각국의 정치제도는 그 나라의 정치적 경험 축적의 결과인 것이다.

  예컨대 의원선거에서 돈이 적게 드는 영국식 선거제도가 좋다고 많은 사람들이 주장하고 있다. 영국은 정당 중심의 내각책임제의 국가이다. 또한 많은 사람들이 상설지구당제도가 없이도 정당이 기능하고 있는 미국식 정당제도가 좋다고 한다. 미국은 연방제국가임과 동시에 다수의 국민이 정당과 일체감을 형성하고 있는 나라이다. 다른 나라의 정치제도를 무비판적으로 도입하자는 것은 매우 위험한 발상이다. 왜냐하면 전혀 다른 정치구조에서는 잘 기능하고 있는 정치제도가 우리의 정치구조하에서는 전혀 기능하지 않을 수도 있기 때문이다.

지방정치의 민주화

지　병　문
한국공간환경연구회

1. 머 리 말

　지방자치의 본래적 의미는 중앙정부의 일선 행정기관에 불과했던 각급 지방자치단체에 대하여 정부로서의 지위를 부여, 지방정치의 존재를 인정하는 것이다. 이것은 지방자치단체장과 지방의원을 선거를 통해 선출함으로써, 지방정부의 구성에 주민의 참여를 보장하고, 지방행정에 대해 이들에게 정치적 책임을 물을 수 있게 하는 것을 의미한다.

　중앙정치가 국민 전체를 위한 자원의 권위적 배분을 의미한다면, 지방정치는 지역단위의 한정적 범위 내에서의 자원배분에 대한 정책적 선택을 의미한다. 중앙정부와 마찬가지로, 지방정부도 주민에게 광범위한 써비스를 제공한다. 지방정부는 지방의 도로를 건설하고 유지하며, 상하수도를 설치하고 정비한다. 지방정부는 쓰레기를 수거하며 공원과 위락시설을 제공하는 등 지역주민을 위해 다양한 기능을 수행한다. 동시에 지방정부는 이러한 써비스를 제공하는 데 필요한 경비를 조달하기 위해 주

池秉文: 전남대 정치외교학과 교수.

민에게 재정적 부담을 부과한다.

그러나 모든 지방정부가 똑같은 써비스를 제공하는 것은 아니며, 주민의 재정부담이 동일하지도 않다. 다시 말하면, 지방정부가 제공하는 공공 재화와 용역의 종류와 내용에 차이가 있게 되며, 주민이 부담하는 재정부담도 지방정부에 따라 다를 수 있다. 그런데 이러한 차이가 정치적 선택의 결과이며, 지방정치의 내용인 것이다.

중앙정치의 존재를 부인하거나 그 중요성을 무시하는 것은 아니지만, 지방주민의 생활에 대해 구체적으로 영향을 미치는 것은 지방정치이다. 따라서 자신들의 생활을 통제할 수 있는 능력을 지방주민이 스스로 확보하느냐 여부는 한국의 정치가 민주적인가 아닌가를 평가하는 기준이 된다. 이러한 이유만으로도, 지방정치의 중요성은 간단히 무시될 수 없으며 그 활성화가 필요하다.

지금까지 한국에서는 일반주민이 지방행정에 대해 중요한 영향력을 행사하지 못했다. 이는 지방정치가 인정되지 않았기 때문이다. 중앙정부가 임명한 직업관료들이 지방행정을 담당하였다. 직업관료들은 경제와 효율성을 가장 중요하게 여겼으며, 따라서 정치과정을 부수적이고 보조적이며 심지어는 불필요한 것으로 간주하였다. 결과적으로 주민의 정치참여가 제한적이었다. 그리하여 지방수준에서의 정치과정에 참여하려는 주민이 많지 않았지만, 참여한 주민들이 행사하는 권력이란 극히 미미하였다.

1991년 지방의회가 구성된 후, 지방의회가 지방행정에 대해 감시와 견제의 역할을 할 것으로 기대되었다. 아울러 지방행정에의 주민참여가 활성화되어 지방의 정책결정에 변화가 일어날 것으로 기대되었다. 정치적 조직화에 대한 동기가 증가하였으며, 그 결과 지방정치에 적극적인 단체의 조직이 활발해졌다. 각종 항의와 시위가 활발해졌으며, 이에 대한 지방정부의 대응도 과거와는 달라졌다.

그러나 지방의회는 여러가지 제도적 한계와 그 자체의 능력부족으로 만족할 만한 성과를 이룩하지 못했다. 또한 다른 나라와 마찬가지로 항의와 반대가 지방수준에서 근본적인 정책의 변화를 초래하지는 못했다

(Mollenkopf, 1983: 15~17면). 변화가 현실적으로 가시화되기 위해서는 제도적 보완이 이루어져야 하는데, 이러한 측면에서 평가할 때, 한국은 크게 뒤떨어져 있다.

한국에서 지방정치가 활성화되기 위해서는 우선 지방정부의 권한이 확대되어야 한다. 중앙정부에 대한 종속적인 지위에서 벗어나 중앙정부와 기능적 평등화가 이루어져야 한다. 그리고 자치단체장에 대한 선거를 하루빨리 실시하여, 지방행정에 대해 정치적 책임을 물을 수 있게 하여야 한다. 그리고 지방주민이 실질적으로 지방행정에 영향을 미칠 수 있도록 주민참여가 제도화되어야 한다.

2. 지방정치의 본질

정치란 갈등에 대한 해결책을 마련하는 과정이다. 갈등은 중앙정부 수준에만 존재하는 것이 아니다. 정치는 사회의 여러 수준에 존재한다. 중앙과 마찬가지로 지방수준에도 정치가 존재한다. 오히려 지방의 생활환경이 갈등의 발생에 유리한 조건을 조성한다. 갈등은, 상이한 가치관을 가진 사람들이 희소한 자원을 놓고 경쟁할 때 발생한다. 기업가, 지역사회의 엘리뜨, 부모, 교사, 생산직노동자, 사무직노동자——이들은 지역사회 내에서 각기 이질적인 집단을 구성한다. 이들 집단은 상호간에 자원배분을 두고 경쟁을 한다. 이들 집단은 서로 목표를 달리할 뿐만 아니라, 많은 경우 이들의 목표는 양립이 불가능하다. 지방정부의 관료기구나 의회에 중산층의 진출이 많으면, 이들 조직에 참여하는 저소득층의 숫자는 그만큼 줄어들 수밖에 없다. 지방정부가 기업에 대해 조세혜택을 주면, 주민들은 최소한 단기적으로는, 행정써비스의 저하를 감수하든지 아니면 조세증가를 수용해야 한다.

이러한 지방정치에서의 행위주체를 구분하면, 크게 두 가지로 나눌 수 있다. 즉 지방정부가 제공하는 공공의 재화와 용역에 대한 수요자와 공급자가 그것이다. 수요자는 그 지역에 거주하는 주민과 그 지역에 위치하는 기업이다. 이들은 그 지역을 관할하는 지방정부에 대해 조세를 납부한다.

공공 재화와 용역의 공급자는 지방정부이다. 구체적으로 말하면, 각 지방정부 내에서 의사결정을 하는 정치인과 관료들이 재화와 용역의 공급자이다.

따라서 지방정치의 중요한 행위주체는 주민, 기업, 관료, 정치인 등이다. 선거에 의해 선출된다는 의미에서, 자치단체장과 지방의원은 정치인으로 간주된다.

1) 주민과 기업

지방정부가 제공하는 재화와 용역에 대한 수요자로서의 주민과 기업은 공공재화에 대한 필요성이나 선호에서 다양한 차이를 보인다. 어떤 사람들은 도로보다 공원을 더 선호하고, 다른 사람들은 도서관보다 양로원을 더 선호한다. 이들의 선호가 어떠하든, 주민과 기업은 최소의 부담으로 최대의 혜택을 추구한다. 주민과 기업은 세금의 부담을 최소화하면서 정부로부터 받는 혜택을 증가시키고자 한다. 그리하여 이들은 자신들이 정부로부터 얻을 혜택을 극대화하는 조치를 지지하며, 그 반대에 대해서는 저항한다.

기 업

기업이라고 해서 동질적인 집단은 아니다. 즉, 기업의 이익은 자신들이 활동하는 경제영역에 따라 달라진다. 기업의 활동분야가 다르면, 지역사회의 요구에 대한 평가가 달라진다. 예를 들면, 생산업체들은 세원은 크고 세금이 적은 지역으로 입주하기를 원한다. 이들은 지역사회의 개인소득에 대해서는 상대적으로 무관심하다. 세원이 커지면, 지방정부는 기업이 원하는 써비스를 낮은 세율로 제공할 가능성이 높아진다. 반면에, 소매상과 같은 소비업체들은 높은 개인소득에 관심이 높다. 이러한 기업들에게는, 지방세원의 크기보다 부유한 주민의 수가 증가하는 것이 더 중요하다. 이러한 차이 때문에 기업간에 지방정부의 정책을 놓고 갈등이 발생한다.

그런데 기업은 지방정부의 재정에 도움을 줌으로써 지방정부의 정책결정에 중요한 영향력을 행사한다. 지방정치에서 기업은 자신들의 부담을 줄이고 이익을 증가시키는 데 관심이 있다. 정치인들은 지역발전을 통해 비용에 대한 효용(benefit/cost)의 비율을 증가시킴으로써 선거인의 지지를 확보할 수 있기 때문에, 기업과 우호적인 관계를 형성한다. 경제발전이 지방세원을 개선하는 만큼, 현직 정치인들의 재선 가능성을 높여주기 때문이다. 이 점에서 정치인들은 친기업적이다. 다시 말하면, 정치인들은 지역주민에게 돌아오는 혜택 이상의 양보를 기업에 제공할 가능성이 있다. 이러한 동기로 기업은 지방정치에 참여하고 지방에서의 다른 행위주체자들과 협조관계를 유지한다.

주 민

지방정부의 개별주민도 공공 재화와 용역에 대한 수요와 기호를 달리한다. 이러한 차이는 여러가지 복잡한 요인——나이나 소득 같은 사회·인구학적 조건 및 정부의 개입에 대한 이데올로기적 선호 등——에 따라 다르다. 이렇듯 다양한 주민의 수요를 한데 묶어 하나의 정책으로 결정하는 데는 정치적으로 많은 어려움이 있다.

동일한 지역사회 내에서 특정써비스에 대한 중산층과 저소득층의 수요가 다르다. 주택소유자와 세입자들은 재산세와 관련하여 지방정부가 제공하는 써비스에 대한 평가가 다르다. 재산세가 지방세의 주요한 세원인 미국에서 세입자들은 지방정부가 제공하는 써비스의 비용에 대해 정확한 인식이 없다. 왜냐하면 이들은 재산세를 부담하지 않기 때문이다.

그러나 주민의 기본적이고 공통적인 목표는 자신들이 부담하는 세금을 인상하지 않고서, 자신들에게 더 나은 써비스를 가능하게 하도록 지방정부의 재원을 확대하는 것이다. 그렇게 함으로써, 사적 및 공적 소비가 증가할 수 있기 때문이다. 그러나 이러한 재원확보가 어떻게 가능한가？ 상위정부로부터 주어지는 재정지원은 주민의 조세부담을 늘리지 않고서도 써비스의 양과 질을 증가시킬 수 있게 한다. 그러나 조건없이 주어지는 재정지원은 거의 없다. 국고보조금의 지원을 받는 사업에는 자체 부담률에 해당하는 예산을 배정해야 하기 때문에 그만큼 다른 용도에 지출할 수 있는 자금을 제약하는 것이다. 곧 지방정부의 자율성을 침해하게 된다.

지방정부는 행정의 효율성을 증가시킴으로써 주민의 부담을 인상하지 않고 더 많은 써비스를 제공할 수 있다. 그러나 효율성의 측정은 정책평가가 가능해야 하는데, 이 일이 용이하지 않다.

주민의 조세부담을 증가시키지 않고 더 많은 써비스를 제공할 수 있는 또다른 길은 수수료와 사용료를 인상하는 것이다. 사용료는 소비자에게 직접 부과하여, 써비스에 대한 비용부담을 직접적인 수혜자에게 전가한다. 따라서 일반주민의 부담을 완화하는 것이다. 그러나 사용료의 인상이 반드시 바람직한 대안은 아니다. 사용료는 저소득층에게 불리하게 작용할 것이기 때문이다.

마지막으로 지방주민이 정책과정에 얼마나 영향을 미치는가가 중요하다. 주민이 정말 지역사회에서 자신들의 일상생활을 통제하는 정치과정에 대해 영향력을 행사할 수 없다면, 이는 무엇을 의미하는가？ 그것은 민주국가라는 주장에 대해 의문을 제기한다. 민주주의의 개념은 여러가지로 정의되어왔으나 그 핵심은 언제나 동일했다. 민주주의에서는, 갈등을 해소하기 위해 정책을 수립함에 있어서 구성원이 중요한 역할을 수행하는 것이다. 만약 지방주민이 자신들의 일상생활을 결정짓는 정책을 통제할 수 없다면, 한국이 민주국가라는 주장은 공허할 뿐이다.

2) 정치인과 관료

지방의 정치인과 관료들이 지방정부가 제공하는 재화와 용역의 양과 질을 결정하는 일차적 책임을 진다. 지방정부는 자신이 제공하는 재화와 용역에 대해서 그 소비자인 주민과 기업에 대해 조세를 부담시킨다. 지방정부는 세금은 적게, 재화와 용역은 많게 하기 위해 여러가지 전략을 세우게 된다.

단체장

한국의 모든 지방정부는 강한 단체장-의회체제를 채택하고 있다. 그런데 이러한 강한 단체장-의회체제는 권한을 단체장에게 집중시키고 동시에 단체장의 리더십의 중요성을 극대화한다. 물론 이것은 책임정치(accountability)를 확보하는 데 도움이 된다. 그러나 권력이 주민으로부터 박탈되어, 주민은 더이상 정부관료를 선택하지 못한다는 비판이 있다. 중립성이라는 목표의 달성도 어렵게 된다.

단체장들은 3가지의 주요한 기능을 수행해야 한다. 첫째, 단체장들은 지방의 문제 해결을 위해 대담하고 새로운 정책을 구상하고 추진하는 정책의 지도자(policy leader)이어야 한다. 둘째, 단체장들은 재정적 어려움을 해결하기 위한 재정의 관리자(financial manager)이어야 한다. 이것은 조세는 낮게 하되, 새로운 자금을 확보해야 한다는 2중의 목적을 의미한다. 셋째, 단체장들은 써비스의 제공자이다. 만약 도로가 더럽거나 쓰레기 수거가 이루어지지 않는다면, 많은 주민들은 이것을 단체장의 잘못이라고 판단하게 된다.

지방의원

관료들에 대한 후원자로서의 역할과 예산편성과정에서 차지하는 위치 때문에, 지방의원들은 지방정부에서 공급자로서의 지위를 갖는다.

지방의원들의 가장 큰 목적은 재선이다. 정치인은 선거에 이김으로써 심리적, 금전적 보상을 얻는다. 정책목표가 아무리 훌륭해도 낙선 후보자에 의해서는 달성될 수 없다.

공직을 유지하기 위해서, 정치인은 선거에 이기는 데 필요한 표를 계속적으로 끌어모아야 한다. 그리하여 선거구민과 접촉하여야 하며, 선거

구민의 애로사항을 해결하는 데 앞장서야 한다. 지방정치인들은 선거구
민들에게 양질의 써비스를 제공함으로써 당선의 가능성을 높인다. 그러
나 이 전략이 들어맞기 위해서는 지방세가 낮게 유지되어야 한다. 그러
므로 정치인들은 지역사회의 세원을 확충함으로써 혜택을 얻을 수 있다.
왜냐하면 이렇게 해야 기존의 세율로써 만족을 증가시킬 수 있기 때문이
다.

행정관료

전업 고용인(full-time empolyee)으로서 관료들은 전문성을 갖추고 있
다. 덧붙여 선입견이기는 하지만, 의사결정과정이 밖으로 알려지지 않고
정치적 이해에 의한 압력을 덜 받기 때문에, 관료들은 정치지도자들보다
더 효율적인 것으로 인식된다. 또한 관료들은 중립적이고 공평하여, 의
회의 회의장면에서 흔히 볼 수 있는 정치적 다툼으로부터 초연해 있다고
주장한다. 관료들에 대한 이러한 독립적이고 중립적인 이미지는 현실과
는 거리가 있는 것이 사실이다. 관료들도 이익집단의 지지를 확보하려
노력하고 그러한 지지를 확보함으로써 권력을 발휘하려 하기 때문이다.

니스카넨(Niskanen)은, 관료들은 사회적 필요와는 독립적으로, 공공
자원에 대한 자신들의 통제를 증가시키려 한다고 주장한다(Niskanen,
1971, 1975: 617~43면). 니스카넨의 입장에 따르면, 관료들은 예산팽창이
자신들의 다양한 목적 달성을 가능하게 하기 때문에, 기관의 예산을 극
대화하려 한다. 니스카넨은 "관료는 자신의 예산을 증가시키거나 더 많
은 예산을 가진 다른 기구를 운영할 수 있음을 과시함으로써만이 자신의
보수나 부수입을 증가시킬 수 있다"고 주장한다.

관료들이 이러한 목적을 달성하기 위해 실제로 활용하는 수단은 정보
에 대한 통제이다. 관료들은 써비스의 실제비용에 대한 정보를 독점하고
있으며, 공공정책의 의제를 결정한다(agenda setting). 이러한 정보의 통
제는 관료들의 전문성에 기초하고 있는데(Bendor et al., 1987: 796~828면),
이를 통해 관료들은 지방주민이 객관적으로 필요로 하는 수준 이상으로
지방정부의 지출을 인상한다.

물론, 관료들이 니스카넨이 규정한 것 이외의 다른 목적을 추구하지 않는 것은 아니다. 자원에 대한 니스카넨류의 통제가 불가능한 상황이 있을 수 있다. 관료들은 지역사회의 수요를 만족시킴으로써 오히려 보상을 받는 수도 있다.

3. 지방정치의 민주화

지금까지 지방정치의 본질적 내용에 대해 살펴보았다. 동시에, 지방의 정치과정에서 행위주체인 기업, 주민, 정치인, 그리고 관료 들이 수행하는 역할에 대해서도 분석했다.

그렇다면 한국의 지방정치과정에서 이러한 행위주체들은 각자에게 기대되는 역할을 정당하게 수행하고 있는가? 한국에서 지방의 정책결정과정은 이들 행위주체들이 영향력을 행사할 수 있도록 충분히 제도화되어 있는가?

상이한 이해관계로 인해 발생하는 정치적 갈등에서, 누가 얻고 누가 잃을 것인가는 여러가지 요인에 의해 영향을 받는다. 이러한 요인 중에서 가장 중요한 것은 정책결정과정에 누가 적극적으로 참여하느냐이다. 다시 말하면, 이는 지방정치에 참여하는 각 행위주체 사이의 이해관계와 이들의 활동에 의해 규정된다.

지방정치의 행위주체 중에서 기업과 단체장, 그리고 관료 들은 그동안 한국의 지방정치과정에서 지방의원과 주민에 비해 월등하게 많은 영향력을 행사해왔다.

경제개발을 강조하는 상황에서 지방정부의 정책결정은 경제논리에 의해 지배되었으며, 결과적으로 기업에게는 엄청난 혜택이 부여되었다. 지방정부가 지역경제의 생산성을 유지하고 향상시키려 노력하는 한, 지방정부의 정책적 우선순위는 경제에 주어질 수밖에 없다. 그리하여 지방정부의 권한을 제한하고, 기업의 이익을 보장하였다. 주민의 편익보다는 기업의 투자유인을 앞세워 기업에 유리한 정책이 채택되었다. 기업유치를 강조하여, 공해물질을 배출하는 공장의 입주가 주민의 반대에도 불구하고 일방적으로 허용되었다. 지방정부는 생태계 파괴로 인한 주민에 대한 피해를 걱정하기에 앞서 공단의 지방유치를 우선시해왔다. 기업의 투자의욕을 저하시킬 것을 우려, 공해방지시설에 대한 규제를 완화했다. 주택건설사업에서도 건설목표의 달성만을 위해 부실공사를 방조하기 일쑤였다. 기업 중에서도 중소기업이나 지방기업보다는 대기업에 대한 수혜가 두드러졌다. 실제로 지방공단에 입주하는 대기업에 대해서는 지방정부의 통제가 거의 불가능했다.

경제개발을 통해 주민의 조세부담을 감소시키는 데에 관심을 갖는 정치인들은 본질적으로 친기업적이다. 그러나 이것이 주민의 일방적인 희생 위에서는 불가능한 것이 민주정치의 요체이다. 그런데 한국에서는 아직도 행정책임자인 단체장이 임명되기 때문에, 지방의 정치과정이 단체장의 친기업적 성향을 전혀 견제할 수 없으며, 주민참여제도의 미비로 인하여 지방의원에 대한 주민통제도 불가능하다.

단체장들은 정책의 혁신가(policy innovator)로서 문제에 대한 창조적 해결책을 고안해낼 수 있는 능력을 갖추어야 한다. 단체장들은 지방정부가 필요로 하는 자원을 확보하기 위해 노력하여야 한다. 그런데 한국의 단체장들은 지방의 문제에 대한 해결능력에 의해 선임되지 않으며, 창조적 해결을 시도하지도 않는다. 주민보다는 중앙정부에 대해 책임을 져야 하는 이들에게는 무사안일이 오히려 더 유리하다. 이것이 관료적 타성과 중앙집권적 제도에 기인함은 물론이다. 자치단체장이 임명되고 있기 때문에 지방정부의 정책이 지방의 주민, 기업, 관료, 정치인 사이의 권력관계(power game)에 의해 이루어지지 않고, 중앙정부의 지시에 따라 일방적으로 결정된다. 예산은 정치의 핵심이다. 정책의 내용이 수치로 표현된 것이 예산이라고 말할 수 있기 때문이다. 그런데 한국에서는 자치단체의 예산이 법적 근거가 없는 내무부장관이 시달하는 '예산편성 기본지침'에 따라 이루어지고 있다. 이것은 아직도 지방정부의 정책이 지방의 수요에 의해서가 아니라 중앙정부의 지시에 의해 결정된다는 것을 의미한다.

한국의 단체장들은 입법기관인 지방의회에 대해서도 엄청난 영향력을 행사하고 있다. 지방의회의 의결에 대해 재의요구권을 행사할 수 있음은 물론, 법원에 소를 제기함으로써 의결의 효력을 정지시킬 수 있다. 지방의회에 소속된 사무직원까지도 단체장이 임명한다.

행정관료들은 정책결정과정에 대해 영향력을 행사하는 데 동원할 수 있는 많은 자원을 갖고 있다. 전업 고용인으로서 행정관료들은 정책에 대한 전문성을 확보하고 있는데, 이는 파트 타임(part-time)인 지방의원들이 경쟁할 수 없는 분야이다.

그런데 여기서 더 나아가, 한국에는 정치인에 비해 관료들이 더 효율적이라고 믿는 인식이 특히 강해, 행정관료의 역할이 확대되어왔다. 행정관료들은 비정치적이고 중립적이라고 믿는 반면에, 지방의원들은 특수이익에 지배를 받는다는 강한 의혹을 주민들이 갖고 있다. 이러한 정치에 대한 부정적 인식은 그동안 독재정권이 의도적으로 만들어낸 것이지만, 지방의회가 구성된 직후 일부 지방의원들이 개입된 부정사례들은 지방의원마저도 부정적으로 보이게 했다. 지난 수십년 동안 독재정권하에서 관치행정의 폐해를 경험하고서도 일반주민들은 2년 남짓 활동한 지방의회를 더 부정적으로 인식하고 있는 현실은 민주정치의 발전에 커다란 장애가 아닐 수 없다.

지방의회의 활동에도 문제점이 없는 것은 아니다. 지방의회가 의결한 조례의 90% 이상이 집행기관이 발의한 것이라는 점, 지방의회에서의 질의토론이 형식적이며 구체적인 내용을 결여하고 있다는 점 등은 지방의원의 전문성 내지 자질과 관련지어 흔히 언급되는 비판이다.

법률적으로 지방의회는 지방정부의 입법기관으로서 정책결정기구이다. 그러나 지방의원들은 정책결정자로서의 자신들의 책임을 수행하는 능력에서 중대한 한계를 안고 있다. 그것은 시간의 부족이다. 한국의 지방의원은 무보수 명예직이다. 지방의원들이 자신의 지위를 파트 타임으로 생각하면, 스스로를 자원봉사자로 인식하여 업무수행에 열의가 없게 된다. 아울러 이들은 정치적 야망마저 키울 수 없어 선거구민의 요구에 대응할 필요를 강하게 느끼지 않는다. 이렇게 되면, 지방의회가 일반대중으로부터 격리되게 된다(Prewitt, 1970: 8장).

지방선거에서 후보자가 중앙당이나 지역구 국회의원에 의해 결정되는 한국의 상황은 이러한 격리를 더욱 가속화한다. 이러한 중앙정치에의 예속이 해소되지 않으면, 다른 나라에서 이미 퇴색해버린 보스정치(boss politics)가 창궐할 염려가 있다.

이렇게 되면, 지방의원들은 선거구민의 선호에 의해서가 아니라 지방의원 자신들의 판단에 따라 정책을 결정하게 된다(Downes, 1968: 514~37면). 이는 지방정치의 민주화를 거역하는 것이다.

지방정치에서 주민은 '정치적 목소리'를 통해 정책에 영향을 미쳐야 한다(Hirschman, 1970). 그들은 자신들에게 제공될 재화와 용역에 영향을 미치기 위해, 민주사회라면 선거운동에 참여할 수도 있고, 자신들이 선출한 대표를 접촉하거나, 기타 다른 시민참여의 통로를 이용하여 관료나 기업의 영향을 차단할 수 있어야 한다. 한국에서는 이러한 의미의 주민참여가 제도화되지 않고 있다.

주민들이 통제력을 갖기 위해서는, 주민들의 활동이 있어야 하고 이러한 활동이 법적 구속력을 가져야 한다. 선출된 의사결정자들이 선거구민들의 희망에 대해 고려하도록 동기가 부여되지만, 기업의 그것과는 달리 주민들의 선호가 자명한 것은 아니기 때문에 주민들은 자신들의 의사를 전달해야 한다. 그러기 위해서는 주민들의 정당한 요구를 정치과정에 반영할 수 있는 제도적 장치가 마련되어야 한다. 지방의회 구성 후 정치적 영향력을 확대하려는 주민운동이 활성화되었다. 그러나 이러한 주민들의 요구를 공식적으로 정책에 반영할 수 있는, 법적 구속력이 있는 주민참여제도는 전혀 마련되지 않고 있다. 이것이 지방정치의 민주화에 대한 커다란 장애가 되고 있다.

지금까지의 논의를 종합하면, 현단계에서 한국의 지방정치는 민주화가 요원하다. 지방정치의 의미에 대한 합의마저 이루어지지 않고 있다. 아직도 지방자치를 행정적, 관리적 측면에서만 접근하려는 사람들은 지방자치의 정치적 측면을 도외시하고, 중앙정부의 관치행정의 연장으로 파악하고 있기 때문이다.

지방자치단체가 정부로서의 지위를 보장받고, 지방정부의 정책결정에
참여하는 행위의 주체들이 자율적으로 의사결정에 참여할 수 있는 지방
정치가 활성화되기 위해서는 다음 몇가지 사항이 우선적으로 보완되어야
한다.

1) 자치단체장의 선거

지방정치가 활성화되기 위해서는 우선 중앙정부와 지방정부의 관계가
명확히 설정되어야 한다. 그리고 이것은 무엇보다도 지방자치단체장의
선거로부터 출발하여야 한다. 먼저 지방자치단체장의 선거가 이루어지지
않고서는 지방정치의 존재가 있을 수 없다.

1991년 시·군·구 지방의회와 시·도 지방의회가 구성됨으로써 5·16
군사쿠데타에 의해 중단되었던 지방자치가 30여 년 만에 부활되었다는
것이 일반적인 해석이다. 그러나 중앙정부가 대통령제를 채택하고 있는
것과 마찬가지로 기관대립형을 택하고 있는 우리나라의 지방정부에서 그
장을 주민이 직선으로 뽑지 않는 한, 지방정부가 주민의 의사에 의해 민
주적으로 구성되었다고 말할 수 없으며, 지방자치가 실시된다고도 말할
수 없다.

아울러 지난 2년간의 경험을 바탕으로 지방의원들과 일반국민은 자치
단체장의 선거가 시급하다는 사실을 절실하게 느끼고 있다. 각종 여론
조사에 따르면, 절대다수의 국민이 자치단체장의 선거가 조속히 실시되
기를 바라고 있다. 지방의원들은 소속정당에 관계없이 이러한 사실을 공
감하고 있다. 오직 중앙정부와 집권여당만이 이러한 사실을 부인함으로
써 시대적 흐름에 역행하고 있는 것이다.

더욱이 현행 지방자치법은 지방행정의 실질적인 권한과 책임을 자치단
체장에게 집중시켜놓고 있다. 그리하여 지난 2년 동안 지방의회가 구성
되어 있었으나, 지방행정의 구체적인 내용에서는 지방의회가 구성되기

전과 비교하여 큰 차이를 발견할 수 없다.

그럼에도 불구하고 정부와 여당은 95년에 가서야 지방의원과 함께 단체장을 선거하겠다는 기존의 방침을 고집하고 있다. 일부학계와 야당은 이미 지난 91년에 지방자치단체장과 지방의원을 동시에 선출해야 한다고 주장했었다. 그런데 이제 와서 정부 여당이 지방의원과 통합선거를 하기 위해 자치단체장 선거 시기를 조정해야 한다고 주장하는 것은 자치단체장 선거를 연기하기 위한 한낱 구실에 불과하다.

자치단체장과 지방의원의 선거를 꼭 통합해야만 한다면, 경과규정을 두어 새로 선출되는 자치단체장의 임기를 현 지방의원의 임기와 함께 만료되도록 하면 될 것이다.

2) 지방자치단체의 자율성 보장

자치단체의 사무와 관련하여

지방자치법은 제3조 제1항에서, "지방자치단체는 법인으로 한다"고 하여 모든 지방자치단체에 대하여 법인격을 부여하고 있으며, 제9조 제1항에서는 "지방자치단체는 그 관할구역의 자치사무와 법령에 의하여 지방자치단체에 속하는 사무를 처리한다"고 규정하고 있다. 아울러 제9조 제2항은 57개항에 달하는 지방자치단체의 관할사무를 예시하고 있다. 제9조 제2항에 열거되어 있는 사무를 보면, 지방자치단체의 권한과 책임영역이 대단히 광범위함을 알 수 있다. 뿐만 아니라 제9조 제2항의 사무들은 단지 예시일 뿐 지방자치단체의 권한의 전부가 아니며, 실제로 지방자치단체의 사무는 더 있을 수 있다는 점이 이해되어야 한다.

이와같이 겉보기에는 만능인 것처럼 보이는 지방자치단체의 기능이 실제로 그러한 것은 아니며, 특히 우리나라의 지방자치법에 규정된 지방자치단체의 기능은 여러 측면에서 제한을 받고 있다.

우선, 지방자치법 제9조 제2항은 지방자치단체의 사무를 광범하게 예시하고 있지만 개괄적으로 표현하고 있어 어디까지가 국가사무이고, 어디까지가 자치단체의 사무인지 구분이 명확하지 않다. 뿐만 아니라 "법률에 이와 다른 규정이 있는 경우에는 그러하지 않는다"는 예외규정(제9조 제2항 단서)에 따라, 지방자치단체의 사무로 규정된 것일지라도 그에 관한 지방자치단체의 관할권은 크게 제한을 받는다. 이러한 예외는 지방자치의 이념이나 규정의 취지로 보아 부득이한 최소한의 경우에 한정하여 제한적으로 인정되어야 한다. 그러나 우리나라의 경우에는, 그동안 중앙집권적인 행정체계로 인하여 지방자치단체가 처리하는 사무를 규제하는 법률이 많기 때문에, 지방자치단체의 사무를 예시한 제9조의 취지가 크게 제한을 받을 위험이 있다. 수도권정비사업법, 주택건설촉진법, 도로법, 중소기업기본법, 도시계획법, 지방공기업법 등이 그것이다.

예를 들어 도시계획은 분명 지방자치단체의 사무이다. 그러함에도 불구하고 도시계획은 도시계획법에 의해 건설부장관의 소관사무로 되어 있다. 그리하여 시장 군수가 도시계획을 입안할 때나 건설부장관이 도시계획을 결정할 때, 지방의회의 간여는 배제되어 있다(도시계획법 제12조 제1항).

마찬가지로, 공동주택의 입지 선정이 주민의 생활과 밀접하게 관련되어 있음에도 불구하고 주택건설촉진법에 따라 자치단체장에게 위임되어 있는 기관위임사무라는 이유로 지방의회의 간여를 배제하고 있는 것도 시정되어야 한다. 이는 '광주직할시 서구 주택건설사업계획입지심의회운영조례(안)'(이하 '입지심의회운영조례안'이라 한다)와 관련한 대법원의 판례를 살펴보면 도움이 될 것이다. 광주직할시 서구의회는 1991년 12월 31일 입지심의회운영조례안을 의결하여 1992년 1월 3일 광주직할시 서구청장에게 이송하였다. 광주직할시장은 1992년 1월 10일 지방자치법 제159조 제1항의 규정에 의하여 서구청장에게 재의를 요구하도록 지시, 서구청장은 1992년 1월 14일 서구의회에 재의를 요구하였으나 서구의회는 1992년 1월 20일 원의 결과 같은 내용으로 재의결하였다.

입지심의회운영조례안은 주택건설사업계획 승인에 따른 주택건설입지의 적정 여부를 광주직할시 서구청장이 결정함에 있어 소관사항을 사전 심의하기 위한 주택건설사업계획입지심의회의 설치와 그 운영에 관하여 필요한 사항을 규정함을 목적으로 하고(제1조), 주택건설촉진법 제38조에 의하여 사업계획서 승인을 득하여야 하는 공동주택을 심의대상으로 하며 (제3조), 주택건설사업계획의 승인과 관련된 법령의 종합검토, 건축적지 여부 등 14가지 사항을 심의하고(제4조 제1호와 제14호), 그밖의 심의회의 구성 등을 규정하는 내용으로 되어 있다.

서구청장이 재의 요구를 하면서 내세운 이의사유는 입지심의회운영조례안은 법률의 위임근거가 없이 주민의 권리의무에 관한 사항을 규정한 것이고 또 주택건설촉진법 제33조 제1항에 의한 주택건설사업계획 승인은 건설부장관의 권한으로써 직할시장에게 위임된 기관위임사무이므로 조례제정의 대상이 아니라는 것이다.

공동주택의 사업계획 승인은 건설부장관의 권한으로 되어 있다(주택건설촉진법 제33조). 건설부장관은 이 권한의 일부를 시·도 지사에게 위임하고, 시·도 지사는 이를 다시 시장·군수와 자치구의 구청장에게 위임할 수 있게 되어 있다(주택건설촉진법 제50조 제2항, 동시행령 제45조 제5호). 그런데 이에 따라 광주직할시장은 300세대 미만의 주택건설사업계획 승인에 관한 권한을 서구청장에게 재위임하였다.

결국 대법원은 사업계획 승인은 서구청장에게 위임된 기관위임사무이므로 조례제정 범위에 관한 지방자치법의 규정에 위반되어 위법이라 판시하였다.

서구의회는 300세대 미만의 주택건설사업계획 승인은 국가사무라기보다는 주민의 거주와 관련된 것으로 자치사무로 보는 것이 타당하다고 주장했으나, 대법원은 주택건설촉진법에서 주택건설계획 승인사무를 국가사무로 보고 있는 이상, 그 입법의 타당성 여부는 별문제로 하고, 그 사무가 주민의 거주와 관련된 것이라는 이유만으로 자치단체사무로 해석하는 것은 법령해석의 한계를 벗어나는 것이어서 부당하다는 것이다.

위에서 본 바와 같이, 지방자치를 제대로 실시하려면 지방자치단체의 사무를 규제하고 있는 법을 개폐하여 부득이한 경우를 제외하고는 중앙정부의 간섭을 축소해야 한다. 앞으로 기관위임사무나 단체위임사무는 단체위임사무 또는 고유사무로 전환되어 그 사무 처리가 대폭 지방자치단체에 이관될 것이다. 그러나 사무만 위임하고 이러한 사무의 처리와 관련된 법률을 개폐하지 않으면 지방자치단체의 기능은 크게 축소될 것이다.

자치단체장의 명령 처분에 대한 취소·정지권의 삭제

현행 지방자치법은 1. 지방자치단체의 사무에 관한 그 장의 명령이나 처분이 법령에 위반되거나 현저히 부당하여 공익을 해한다고 인정될 때에는 시·도에 대하여는 주무부장관이, 시·군 및 자치구에 대하여는 시·도 지사가 기간을 정하여 서면으로 시정을 명하고 그 기간 내에 이행하지 않을 때는 이를 취소하거나 정지할 수 있다. 이 경우 자치사무에 관한 명령이나 처분에서는 법령에 위반하는 것에 한한다. 2. 지방자치단체의 장은 제1항의 규정에 의한 자치사무에 관한 명령이나 처분의 취소 또는 정지에 대하여 이의가 있는 때에는 그 취소 또는 정지 처분을 통보받은 날로부터 15일 이내에 대법원에 소를 제기할 수 있다"(제157조)고 규정한다.

그러나 이는 대단히 부당하다. 주무부장관이나 시·도 지사에게 위법 여부의 판단까지 맡기는 결과가 되기 때문이다. 취소·정지에 대해 이의가 있을 때 자치단체장에게 소를 제기할 수 있게 한 것도 법상식에 어긋난다. 왜냐하면 위법임을 주장하는 자가 소를 제기하는 것이 일반적이기 때문이다.

따라서 주무부장관이나 시·도 지사가 시정을 명할 수 있도록 하되, 불이행시 주무부장관이나 시·도 지사가 취소·정지케 할 것이 아니라 주무부장관이나 시·도 지사가 고등법원에 소를 제기할 수 있게 해야 한다. 재판 결과 위법·부당함이 밝혀지면, 그때 가서 취소 또는 정지시키는 방향으로 개정되어야 한다.

이와 동일한 맥락에서, "지방의회에서 재의결된 사항이 법령에 위반된다고 판단될 때 시·도 지사는 내무부장관, 시장·군수 및 자치구의 구청장은 시·도 지사의 승인을 얻어 재의결된 날로부터 15일 이내에 대법원에 소를 제기할 수 있다. 이 경우 의결의 효력은 대법원의 판결이 있을 때까지 정지된다”는 지방자치법 제159조도 개정되어야 한다.

즉, 시·도 지사 및 시장·군수·구청장은 내무부장관이나 시·도 지사의 승인을 얻지 않고 곧바로 소를 제기할 수 있도록 하되, 의결의 효력은 판결이 있을 때까지 인정되는 방향으로 개정되어야 한다.

조례에 의한 벌칙부과의 확대

지방자치법 제20조는 “시·도는 당해 지방자치단체의 조례로써 3월 이하의 징역 또는 금고, 10만 원 이하의 벌금, 구류, 과료 또는 50만 원이하의 과태료의 벌칙을 정할 수 있다”고 되어 있다.

죄형법정주의를 내세워 이 조항을 삭제해야 한다는 주장이 있는데, 이는 옳지 못하다. 이런 주장은 국회가 제정하는 법률만이 엄격한 의미의 법이고, 지방의회가 제정하는 조례는 법이 아니라는 형식주의적이며 중앙집권적인 사고의 결과이다. 국회를 통과한 법은 전국토 그리고 전체국민에 대해 구속력을 가짐에 비하여, 조례는 특정지역과 그 지역에 거주하는 주민에 한정하여 효력을 갖는다는 차이가 있을 뿐이다. 조례도 법률과 마찬가지로 구성원의 대표로 구성된 입법기관이 만든다는 사실만은 부정할 수 없다. 조례라는 특별한 용어를 사용함으로써 그 법률적 지위를 격하시키려는 시도는 한국과 일본에서나 나타나는 현상이다.

조례에 의해 일반적, 포괄적 형벌을 인정하는 이 규정이 죄형법정주의에 어긋난다는 주장은 일본에서도 제기됐었는데, 일본의 학설과 판례는 이를 합헌으로 본다.

따라서 지방자치법 제20조를 삭제해서는 아니되며, 오히려 시·군 및 자치구까지도 조례에 의해 벌칙을 정할 수 있도록 제20조를 개정해야 한다.

여론의 지지를 받고 시·군에서 제정된 ‘담배자동판매기금지조례’가 벌칙규정을 둘 수 없어 유명무실한 상태에 놓여 있는 것만 보아도, 이것은 분명하다.

아울러 지방자치법 제35조 제1항 4의 조례에 의한 지방세 부과도 삭제해서는 아니된다. 제35조 제1항 4에 의해 지방의회는 “법령에 규정된 것을 제외한 사용료, 수수료, 분담금, 지방세 또는 가입금의 부과와 징수”
를 의결할 수 있다. 다시 말하면, 지방의회는 지방재정법에 명시된 법정
지방세 외의 새로운 지방세를 조례로 부과할 수 있다.

이 조항이 조세법률주의에 어긋난다는 지적이 있으나, 이는 잘못이다.
원래 조세법률주의는 국민의 조세부담에 대한 예측 가능성과 법적 안정
성을 보장하기 위한 원칙으로 조세의 부담이 대의기관의 의사결정에 따
라야 한다는 것이다. 그러므로 조례에 의한 지방세 부과가 조세법률주의
에 어긋나지 않는다고 이해해야 한다. 국가의 경우, 법률에 의한 과세가
요구되듯이 지방정부에서는 조례에 의한 과세가 ‘대표 없이 과세 없다’는
원칙을 위반하지 않는다고 보아야 한다.

3) 의회기능의 활성화

자치입법권의 확대

헌법 제117조는 “지방자치단체는 주민의 복리에 관한 사무를 처리하고
재산을 관리하며, 법령의 범위 안에서 자치에 관한 규정을 제정할 수 있
다”고 규정하고 있다. 이에 따라 지방자치법 제15조는 “지방자치단체는
법령의 범위 안에서 그 사무에 관하여 조례를 제정할 수 있다. 다만 주
민의 권리 제한 또는 의무 부과에 관한 사항이나 벌칙을 정할 때에는 법
률의 위임이 있어야 한다”고 되어 있다.

이러한 헌법과 지방자치법의 규정은 조례제정에서 법률유보의 원칙을
요구하는가? 만약 법률유보의 원칙을 요구한다면 그 범위는 어느 정도
인가?

청주시의 행정정보공개조례에 관한 1992년 6월 23일의 대법원 판례에
서 가장 중심적인 논점이 조례제정권과 법률유보에 관한 것이었으며, 서
울특별시의회의 보좌관제 도입에 대한 재의 요구의 주된 이유도 그것이
법률유보의 원칙에 어긋난다는 것이었다는 점에서 이 문제는 중요하다.

헌법과 지방자치법의 이러한 규정이 법률유보의 원칙을 요구하는 것이

라면 지방자치단체는 법률로 권한을 부여받은 경우에만 조례를 제정할 수 있다. 다시 말하면 조례제정권의 범위에 관한 헌법과 지방자치법의 규정을 엄격하게 적용할 경우, 지방자치단체는 법률이나 명령에 의해 명시적으로 위임받지 않은 한, 특정한 사무에 관하여 조례제정권을 갖지 못한다. 새로운 행정수요가 발생하더라도 법령에 의해 지방자치단체에 명시적 위임이 있을 때까지, 지방자치단체는 그 사무의 처리를 유보해야 한다. 이는, 새로운 행정수요가 발생할 때마다 중앙정부의 명백한 위임행위가 있어야 하기 때문에 중앙정부의 업무량을 증대시킬 것이며, 동시에 지방자치단체의 자율성을 크게 저해할 우려가 있다.

그런데 지방자치단체의 사무는 국가의 규율로부터 분리되어 자기책임하에 수행되는 업무이므로 지방자치단체는 국민 전체의 의사인 법률에 반하지 아니하는 한, 이에 대한 규율을 할 수 있다. 즉 국가의 입법지침에 근거하지 아니하고 독자적인 판단에 따라 조례제정권을 갖는다고 보아야 한다. 따라서 법률유보의 원칙은 조례의 제정에 있어 적용되지 아니함이 원칙이며 지방자치단체는 특별한 근거가 없더라도 조례를 제정할 수 있다. 더 나아가 일부 학자들은 주민의 권리 제한 또는 의무 부과, 벌칙에 관한 조례 제정에 대해 법률의 위임을 요구하고 있는 지방자치법 제15조 단서의 규정이 위헌이라고 주장하기도 한다. 대법원은 현행의 법체계상 지방자치단체는 주민의 권리·의무에 관한 사항이거나 벌칙에 관한 것이 아닌 한, 법률의 위임이 없더라도 조례를 제정할 수 있다고 해석한다.

대법원은 청주시의 정보공개조례안과 관련하여 이러한 입장을 취하고 있다. 즉 청주시의회가 의결한 정보공개조례안은 주민의 권리를 제한하거나 의무를 부과하는 조례가 아니므로 반드시 법률의 개별적인 위임이 필요한 것은 아니라는 것이다. 물론 대법원의 판례는 지방자치법 제15조 단서조항이 헌법에 위반되지 아니함을 전제로 하고 있다는 사실을 기억해야 한다.

물론 대법원의 이러한 입장이 당분간 자치입법권의 범위를 규정할 것이다. 그러나 앞으로는 조례제정권의 범위가 전향적으로 더욱 확대되어야 할 것이다. 법령에 근거가 없는 영역이나 중앙정부가 법제정을 미처 하지 못한 분야에 대해서도 지방자치단체가 조례를 제정하여 적극 대응할 수 있도록 해야 할 것이다.

회의일수의 연장과 의원에 대한 보수지급

권위주의적 정권은 정치의 활성화를 바라지 않는다. 권위주의정권이 오래 지속된 결과, 한국에서는 파행적 의회의 운영이 아무런 의심 없이 당연한 것으로 받아들여진다. 그리하여 국회의 회의일수가 정권에 따라 많은 변화를 보였다. 정권이 독재적일수록 감출 것이 많아, 국회가 열려 시끄러워지는 걸 바라지 않았다.

원칙적으로 국회는 상시 열려 있어야 한다. 그렇다고 1년 365일 날마다 본회의를 열어야 한다는 얘기는 아니다. 상임위원회를 중심으로 활동하되, 상임위원회의 결정사항이 본회의 의결을 거쳐야 할 필요가 있으면 그때마다 본회의를 소집하면 된다.

지방의회의 회의일수도 지나치게 규제하고 있는 것이 현행 지방자치법이다. 서울특별시와 다른 시·도의 회의일수를 동일하게 한 것도 문제이지만, 지방의회의 회의일수까지 지방자치법에 규정, 일률적으로 통제하려는 발상 자체가 지방자치의 본질에 어긋나는 것이다.

물론 무보수 명예직으로 되어 있는 지방의원의 지위를 고려, 일비나 여비를 통제하기 위한 수단으로 회의일수를 제한했을 수도 있다. 그러나 이는 대단히 치졸한 발상이다. 일본만 하더라도 연간 4회 이내의 정기회의를 할 수 있다고 규정할 뿐 지방자치법이 회의일수까지 규정하지는 않는다. 지방의회의 회의일수는 각 지방자치단체가 스스로의 조례에 의해 정하도록 위임하는 것이 타당할 것이다.

지방의원은 지방의 정치인이다. 그들이 정치인인 이상, 정치활동에는 반드시 비용이 필요하게 마련이다. 한국의 정치문화가 미국이나 서구의 그것과는 판이하게 달라, 현실적으로 정치활동에 비용이 필요하다는 사실을 부인할 사람은 아무도 없다. 그러나 무보수 명예직을 고집할 경우, 지방의회는 기업인, 변호사 등 경제력있는 사람들에게 장악되어 진정한 의미에서 주민대표의 기능을 수행하지 못할 것이다.

따라서 지방의원들을 유급직으로 하되, 그 보수의 수준은 각 지방자치단체의 재정능력에 따라 자율적으로 정할 수 있도록 해야 한다. 따라서 지방자치법은 지방의원에 대해 보수를 지급할 수 있다는 원칙과 기준만 정하고, 그 구체적인 수준은 각 지방자치단체의 조례에 위임하는 것이 타당할 것이다.

최근 민자당이 지방의원에 대해 보조금을 지급하는 방향으로 지방자치법을 개정하겠다고 밝힌 바 있다. 시·도 의원은 부이사관, 시·군·구 의원에 대해서는 서기관에 해당하는 보조금을 지급하겠다는 것이다. 이는 진일보한 것으로 평가받을 수 있으나, 지방자치단체의 재정능력에 관계없이 일률적으로 활동비를 책정하려는 의도는 바람직스럽지 못하다.

의회 사무직원의 임명

지방의회의 업무수행의 독자성을 보장하기 위하여 지방의회는 그 조직과 구성 및 의사에 대하여 중앙정부나 지방자치단체의 집행기관으로부터 영향을 받지 아니하고 규제할 수 있는 자율권을 갖는다. 이를 위하여 지방자치법은 지방의회의 내부조직권, 회의운영 및 질서유지, 의원의 신분 등에 관한 규칙을 제정할 수 있는 권한을 지방의회에 대하여 인정하고 있다.

그런데 지방자치법 제83조 제2항은 사무처의 사무직원을 자치단체장이 임명하도록 함으로써 지방의회의 자율권을 침해하고 있다. 사무직원을 지방자치단체의 장이 임명해야 하는 법이론적 근거나 실제적인 타당성은 존재하지 않는다.

따라서 지방의회 의장이 사무처(국)에 근무하는 사무직원에 대해 임면권을 갖게 하는 것이 타당할 것이다.

4) 주민참여의 제도화

현대의 행정은 복잡할 뿐만 아니라 전문화되어간다. 아울러 선거권을 통한 일반주민의 정치참여는 겨우 몇년에 한번씩 가능할 뿐이다. 따라서 지방행정에 대한 주민의 의사를 민주적이고 즉시적으로 반영하되, 선거와 투표 이외의 방법에 의할 때 이것을 일반적으로 주민참여(시민참여)라고 한다.

주민통제의 문제는 이러한 통제가 결정의 질을 향상시킬 수 있기 때문에 중요하다. 의사결정의 집중을 요구하는 것으로 믿어지는 효율성과 의사결정의 평등성을 이분법적으로 구분하는 사람들이 있지만, 이 두 가지는 동시에 이루어진다고 주장된다. 어떤 사람들이 자신들의 견해를 밝히는 것을 방해받는다면, 사회에 제공될 수 있는 대안이 제약을 받는다. 효율성의 증가라는 이름으로 평등을 제한하는 것은 잘못이다(Bachrach 1967: 69면). 따라서 주민통제의 다양한 수단을 법적으로 보장해야 한다.

선진국에서는 공청회, 주민광장, 주민투표, 주민질의 등 다양한 방법으로 주민들의 행정참여를 보장하려는 노력이 이미 60년대부터 있어왔다. 우리나라에서는 도시계획법이 공청회를 인정하는 등 극히 제한적으로 주민참여가 제도화되었다. 주민참여의 일반적인 형태로는 반상회와 각종 위원회가 있었으나, 그 기능을 제대로 수행하지 못했다.

현행 지방자치법은 청원만을 인정하고 있는데, 이것도 지방의회 의원의 소개로 지방의회를 상대로 할 수 있게 되어 있어, 지방자치단체의 집행기관을 상대로 하는 본래적 의미의 주민참여는 제도화된 것이 거의 없다는 것이 일반적인 해석이다.

일본의 지방자치법은, 주민이 조례의 제정 및 개폐의 청구(선거권자 1/50의 연서로 청구), 의회의 해산 청구(선거권자 1/3의 연서로 청구), 장(長)의 해직 청구, 주요공무원의 해직 청구, 주민감사 청구, 주민소송 등을 할 수 있도록 함으로써 주민참여를 광범하게 인정하고 있다.

한국에서는 지방자치의 실시와 더불어 주민의 정치의식이 발달하고 동시에 주민운동이 활발하게 이루어지고 있는데, 이러한 요구를 공적으로 수용할 수 있는 주민참여가 제도화되어 있지 않아 갈등과 마찰이 확대될 뿐이다.

한국의 지방자치법도 최소한 조례제정 및 개폐의 청구, 주민감사의 청구, 주민소송, 주민투표, 주민소환 등의 제도는 도입하여야 한다. 그런데 야당이 국회에 제출한 지방자치법 개정안마저도 주민참여의 제도화에 대해서는 소극적이다. 뿐만 아니라 시민단체나 주민들도 주민운동에는 적극적이지만, 자신들의 주장을 지방행정에 반영할 수 있는 제도의 도입에는 무관심하다. 오히려 최근 내무부가 주민투표제의 도입을 검토하는 것으로 알려졌는데, 이번 기회에 더욱 확대된 주민참여의 제도화가 이루어져야 한다.

5) 정당정치의 활성화

지방선거와 정당참여, 그리고 다음 항에서 논의하는 교육위원회와 지방의회의 관계는 지방자치법의 내용은 아니다. 그러나 지방자치와 관련지어 자주 언급되는 분야이므로 그 개선방향을 간단히 지적하고자 한다.

과연 시·군·구의 지방자치에는 정치가 존재하지 않는가? 그리고 지방자치는 정치가 아닌 것인가? 영국에는 "성(性)을 배제하고 생식(生殖)을 생각할 수 없는 것과 마찬가지로 정부에서 정치를 배제할 수는 없다"는 속담이 있는데, 이는 어떤 형태로든 지방정부에서도 정치가 항상 존재함을 의미한다. 다만 지방정부는 그 추구하는 목표가 중앙정부와 다르기 때문에 정치의 구체적인 내용에는 차이가 있다. 중앙정부의 목표가 평등의 실현이라면, 지방정부는 효율성을 추구하는 점에서 양자는 차이를 보이는 것이다. 실제로 지방정부든 중앙정부든 모든 정부는 2가지 기능을 수행한다. 그것은 써비스 기능과 정치적 기능을 의미한다. 써비스 기능은 공공부문을 통한 재화나 용역의 제공을 의미한다. 정치적 기능은 재화와 용역의 제공에 관련된 쟁점 그리고 비용을 조달하는 갈등의 관리와 해결이다.

이 기능은 공공용역의 범위, 규모, 그리고 비용을 조달하는 방법 등을 포함한다. 만약 정치적 기능을 지방정부로부터 제거하면 지방정부는 그 기능을 멈추게 된다.

제공할 써비스, 배분할 자원, 그리고 결정해야 할 사항이 있는 정부는 어떠한 것이든 갈등의 관리와 해결이라는 업무에 개입하게 되는데, 이것은 정당에 의해 조직적으로 이루어질 수도 있고 그렇지 않을 수도 있으나, 정치적 기능 자체는 없어질 수 없다.

지방의원이 모두 무소속으로 구성된 지방의회도 정당인들로 구성된 의회와 마찬가지로 정치적이다. 제공되는 써비스의 규모가 다를지 모르나 양자 모두 예산과 지방세뿐만 아니라 주택문제, 오락시설, 주차장, 중심지 재개발에 관한 결정을 내려야 한다. 이러한 결정이 정당기구를 통해서 이루어지든 무소속 의원을 중심으로 한 위원회나 본회의에서 이루어지든 정치적 결정임에는 분명하다. 우리나라의 시·군·구 의원 선거가 정당의 개입을 금지하고 있음에도 불구하고, 선거 결과 당선자는 대부분이 정당과 직간접으로 연결되어 있다. 이는 지방행정에 있어 정당정치의 영향을 배제할 수 없음을 의미하는 것이다.

미국이나 독일, 일본 등에서 무소속 지방의원이 상대적으로 많다는 지적이 있고, 이에 따라 시·군·구 선거에서 정당참여를 배제했으나, 이는 사실을 잘못 파악한 결과이다. 현실적으로 무소속 지방의원이 많은 이들 모든 나라에서, 법적으로 지방선거에서 정당의 활동을 원천적으로 금지한 나라는 없으며, 무소속 지방의원이 많은 지방정부는 그 인구가 몇천명밖에 되지 않는 소규모라는 것이다.

우리나라 시·군·구는 인구로 볼 때, 비교적 큰 규모의 지방정부이며 이러한 규모의 지방정부의 선거에서 정당참여가 법적으로 금지된 나라는 하나도 없다.

따라서 앞으로의 선거에서는 모든 지방선거에 정당활동을 최소한 법적으로 금지해서는 아니된다.

　　다만 지방선거에 정당참여를 인정한다고 해서 당의 지방조직을 통해 중앙당이 지방의회를 지배해도 좋다는 얘기는 아니다. 지방자치가 발전하기 위해서는 지방정부가 중앙정부에 대해 '아니오'라고 말할 수 있어야 하는데, 이와 동시에 지방당도 중앙당에 대해 '아니오'를 주장할 수 있어야 한다. 이러한 조건이 충족되어야만 지방의 일이 그 지방의 사정을 잘 아는 지방의 정치인들에 의해 주도되는 진정한 의미의 지방자치가 활성화될 수 있을 것이다.

　　현재 한국의 지방당은 독립적인 활동영역을 확보하지 못하고 있다. 국회의원이나 대통령의 선거를 위해 조직되고 운영되며, 중앙당의 지시에 따라 활동을 하고 있다. 그러나 지방당은 이러한 모습에서 하루빨리 탈피하여 지방정치의 중심이 되어야 한다. 지방정치의 중심이 되어야 하지만, 동시에 보스정치의 중심이 되어서는 아니된다. 지방정치에서 보스정치의 폐해는 이미 미국에서 경험한 바이다. 우리가 이를 되풀이할 필요는 없다. 물론 이러한 보스정치 내지는 파벌정치의 폐해를 방지하기 위해서는 시민운동이 활성화되고 시민들의 의사가 지방의 정치과정에 반영될 수 있는 통로가 마련되어야 한다.

4. 맺 음 말

　　한국의 지방자치는 처음부터 그 본래적 의미를 살릴 수 없는 상황에서 출발하였다. 1952년에 처음 실시된 지방의원선거가 이승만의 장기집권 야욕에 이용되었음은 물론, 그후로도 지방자치의 자생적 발전의 기회는 주어지지 않았다. 1961년 5·16군사쿠데타에 의해 해산되었던 지방의회가 1991년 다시 구성되었으나 중앙정부에 대한 지방자치단체의 종속성은 계속되고 있으며, 지방자치는 자율적 발전의 기회를 확보하지 못하고 있다.

　　지방정치의 민주화는 지방정치에 참여하는 모든 행위주체가 자신의 이익증진을 위해 자유롭게 활동하고, 각 행위주체의 요구가 정당하게 지방정치에 반영되어야 한다. 그런데 한국에서는 기업과 관료, 단체장은 지방정치과정에서 객관적으로 요구되는 수준 이상의 역할을 수행하는 반면에, 지방의원과 주민의 역할은 상대적으로 위축되어 있다. 이에 대한 해결책은 우선 법적, 제도적 보완이 우선되어야 한다.

그리고 지방자치단체의 권한이 확대되어야 한다. 지방정치가 활성화되기 위해서는 지방정부가 중앙정부의 간섭을 받지 않고 지역실정에 맞는 정책을 수립, 집행할 수 있어야 하기 때문이다.

또한 주민들의 요구가 정당하게 그리고 제도적으로 정치과정에 반영될 수 있도록 다양한 형태의 주민참여제도가 도입되어야 한다.

아울러 지방의회의 입법기능이 강화되어야 하며, 중앙정치인으로부터 독립적인 지방정치인의 양성이 필요하다. 지방정치가 중앙정치에 종속되지 않기 위해서는 민주적인 지방의 정당조직의 육성이 필요하다.

마지막으로 자치단체장에 대한 선거가 하루빨리 실시되어야 한다. 단체장이 선출되어야 지방주민의 요구가 지방정치에 반영된다. 아울러 중앙정부와 지방정부의 관계도 정상적으로 정립된다. 중앙정부의 부당한 간섭이 있을 때, 이에 불복하는 지방자치단체가 출현하여 법원에 소를 제기하여야 옳고 그름이 판가름된다. 뿐만 아니라 시·도의 부당한 간섭이나 감독을 거부하는 시·군·구가 출현하여 법률적 다툼을 야기해야 법원이 개입하게 되고 그 결과에 따라 양자의 관계는 법적으로 분명해진다. 결국 지방자치에 대한 경험이나 전통이 없는 우리나라에서 중앙정부와 지방정부, 시·도와 시·군·구 사이의 관계는 법원의 판례에 따라 결정될 수밖에 없다.

그런데 임명된 지방자치단체장은 중앙정부 또는 시·도에 대해 자신의 권한을 주장하고 부당한 간섭을 거부할 수 있는 용기가 없다는 데 문제가 있다. 반면에 직선된 자치단체장들은 자기의 권한 및 지방자치단체의 자율성 확보를 위해 끊임없이 법정투쟁을 벌이게 되고, 그 과정에서 잘못된 조항은 무효화될 것이다. 따라서 독소조항이 많은 현행 지방자치법은 지방자치단체장의 직선을 통해 자연스럽게 고쳐지게 될 것이다. 그러

므로 지방자치단체장의 직선은 지방자치의 온전한 발전을 위해 필수적이
며 시급하다고 하겠다.

참고문헌

Bachrach, P.(1967), *The Theory of Democratic Elitism*, Boston: Little Brown.

Bendor, J., S. Taylor, and R. Van Galen(1987), "Politicians, Bureaucrats, and Asymmetric Information," *American Journal of Political Science* 31.

Downes, B. T.(1968), "Municipal Social Rank and Characteristics of Local Political Leaders." *Midwest Journal of Political Science* 12, November.

Hirschman, A. O.(1970), *Exit, Voice, Loyalty*, Cambridge: Harvard University Press.

Mollenkopf, J.(1983), *The Contested City*, Princeton, N.J.: Princeton University Press.

Niskanen, W. A.(1971), *Bureaucracy and Representative Government*, Chicago: Aldine.

___________(1975), "Bureaucrats and Politicians," *Journal of Law and Economics* 18.

Prewitt, K.(1970), *The Recruitment of Political Leaders: A Study of Citizen Politicians*, Indianapolis: Bobbs-Merrill.

사법과정 민주화의 과제

박　홍　규
민주주의법학연구회

1. 문 제 점

1) 재판불신과 최근 제기된 사법부개혁론의 한계

재판내용에 대한 불신 —— 재판 자체의 계급성

재판이 공정성을 잃는다면 사법부는 국민의 신뢰를 받을 수 없고, 독립과 권위도 있을 수 없으며, 사회정의와 법질서가 수립될 수도 없다. 사법의 독립성과 공평성의 상실은 특히 공안사건의 성역화현상을 초래한 공안관계법(긴급조치 제9호, 국가보안법, 집시법, 노동쟁의법 등)의 무차별적용과 구속의 남발로 나타난다. 그런 예는 1992년 7월의 강기훈 유서대필사건의 유죄판결, 1992년 3월의 한맥회사건과 안기부 직원 흑색선전물살포사건에 대한 집행유예 판결 등 수없이 많았다. 한국판 드레퓌스 사건으로 불리는 강기훈사건에서 변호인측의 증거는 철저히 배척된 채 허위감정으로 구속된 국립과학수사연구소 직원 등의 증언만으로 유죄가

朴洪圭: 영남대 법대 교수.

선고되었다. 안기부 직원 흑색선전물살포사건에서 법원은 모범공무원임을 이유로 집행유예를 선고하고 피고인들을 석방했는데 배후와 범행동기가 전혀 밝혀지지 못한 채 30분 만에 재판은 끝났다. 그것은 안기부가 국가와 법 위에 있는 성역임을 실증했다. 한맥회사건도 마찬가지로 30분만에 끝났고 검사의 신문시간은 불과 5분이었다. 변호인 접견을 불허한 경찰관에 대해서도 법원은 국가기여도를 이유로 재정신청을 기각하였다. 가진 자에 대한 사법의 특혜는 수서사건, 5공권력비리사건, 고문관련사건, 공해사건 등에서도 잘 나타나고 있다.

특히 문제되는 것은 국가보안법 위반사건이다. 1992년 5월 국가보안법이 개정되었으나 동년 9월 기준으로 그 위반사건이 시국사범의 40%를 넘을 정도로 그 적용이 강화되었다. 또한 노동사건도 36%를 차지했다. 시국사건에 대한 영장기각률은 1% 정도에 이르러 사법부의 보수화를 웅변하고 있다. 정치적인 사건만이 아니라 노동사건 등에서도 검찰과 법원의 보수적인 자세는 뚜렷이 나타나고 있다. 예컨대 단순한 절차법규 위반을 이유로 한 쟁의행위의 민·형사 소송은 거의 대부분 노동조합과 근로자의 패소나 유죄로 종결되고 있으며 해고무효소송에서도 원고인 근로자들의 승소율은 25% 정도에 불과하다.

또한 공안사건을 위시한 형사사건은 물증이 아니라 고문, 장기불법구속, 강압밀실수사에 의한 진술증거 위주로 행해졌고 고문사실에 대한 증거보전신청도 각하되기 일쑤였다. 길고 긴 공소사실의 특정을 위한 피고인측의 석명요구는 검찰과 재판부에 의해 무시되고 병합심리요구도 묵살된다. 재판은 피고인의 방어권 보장 등 절차적 정의를 철저히 무시한 채 행해지고 있다.

이러한 사례는 사법부가 독립되지 못해서라거나 또는 보복인사 탓이라기보다도 대부분의 법관들이 정치적, 사회적 편견에 사로잡혀 있는 탓으로 짐작된다. 법원은 사법적극주의를 포기하고 종전 판례에 구속되어 사법의 왜소화, 소극화, 보수화 경향을 보여왔다. 곧 가치판단의 기준 및 내용이 왜곡되어 있는 이유가 사법부나 검·경찰의 본질적 비민주성에 있는 것으로 보여진다. 따라서 사법관료주의 및 권위주의의 타파가 법관

선임절차의 민주화 및 독립성의 보장 등과 함께 확보되어야 사법민주화가 가능할 것으로 생각된다. 그러나 문제는 그런 정치적 사건에만 그치는 것이 아니라 모든 재판의 경우로 보아야 한다. 곧 억압시대의 권력에 의한 사법기능 통제만이 아니라 사법기구 자체의 계급성문제로 보아야 한다. 특히 무죄추정이 재판의 기본이나 실제로는 유죄추정의 원칙에 의해 유죄율은 거의 100%에 가깝다. 이는 관료주의에서 비롯되는 것으로 구체적으로는 판결문구조가 증거반박을 불허한다는 제도적 문제점에서부터도 비롯되고 있다.

재판절차에 대한 불신 —— 재판이용의 계급성

더욱 심각한 문제는 재판에 대한 가치판단의 기준과 함께 가치판단의 절차 혹은 형식이 제도적으로 왜곡되어 있다는 점이다. 곧 민중이 재판을 할 경우 엄청나게 과소한 변호사수의 결과인 과다한 비용문제와 과소한 법관수와 검사수의 결과인 재판 지연으로 인하여 제대로 재판을 받지 못한다는 점이다. 예컨대 1심 피고인의 70% 이상이 변호인 없이 재판을 받는다. 헌법상 국선변호인제도가 재판을 받을 권리를 위하여 규정되고 있으나 활용되는 경우는 거의 없고, 활용되어도 지극히 소극적으로 기능하고 있다. 예컨대 1991년에 1, 2심에서 국선변호인이 선임된 경우는 각각 21, 24명에 불과했다. 이러한 문제는 우리의 사법이 근본적으로 비민주적인 계급적 사법임을 웅변하는 것이다.

민중이 재판을 이용하기 어려운 것은 변호사를 '사는' 돈문제 탓만이 아니다. 변호사와 함께 법관과 검사도 수적으로 절대적으로 부족하다. 그것이 늑장재판과 번개심리를 결과하고 있다. 정치적 사건의 속결도 그러한 이유 때문인 점이 있다. 따라서 법조인구의 대폭 증원, 법조인 양성제도의 개선, 재정적 기반이라는 인적·물적 제도의 확립 없이는 사법민주화란 불가능하다. 이와같이 재판의 내용과 형식이 사법의 비민주적 권위주의에 의해 민중을 종속시키고 있다. 그렇다면 문제는 종속의 지양을 위한 사법의 민주개혁 없이는 해결될 수 없다.

법원 사법개혁론의 문제점

그러나 1971년의 소위 사법파동, 1988년 6월의 판사들에 의한 성명, 그리고 금년 6월 30일의 서울민사지법 판사들의 사법개혁안 그리고 최근의 법원에 의한 사법개혁론은 그러한 문제점의 해결과는 본질적으로 무관하게 보인다. 예컨대 1992년 5월 대법원은 업무과중을 이유로 하여, 1990년에 폐지된 상고허가제의 부활을 추진하겠다고 발표했다. 곧 3심제를 2심제로 축소하겠다는 것이다. 이는 국민이 재판을 받을 권리를 침해한다는 이유에서 폐지된 것을 다시 인정하려는 것으로서 위에서 본 졸속재판의 문제점을 보완하기는커녕 그것을 더욱 굳히려고 하는 착상으로밖에 볼 수 없다.

대법원이 1992년말 발표한 법관인사제도 개선안도 같다. 그것은 법조실무에 5년 이상 종사한 사람을 판사로 임용하자는 것이다. 특히 사법연수원 수료자를 사법보좌관(명칭은 부판사)으로 임명하여 다른 법조인(검사, 변호사, 군법무관)과 함께 5년 이상 경력자를 판사로 임명한다는 것이다. 그 이유는 법관들의 연륜부족, 업무능력 미비, 업무부담 등을 개선하기 위해서라고 한다. 또한 법관을 고등법원지역별로 선발하여 각 고법원장에게 법관보직권을 주고 법관의 근무지도 원칙적으로 고정시키자고 제안되고 있다. 그 이유는 잦은 인사이동으로 인한 업무중단 및 생활불안정 등이라고 한다. 따라서 대법원 개선안은 업무의 효율성과 생활안정이라는 차원에서 제기된 것이지 재판에 대한 민중이용의 증대 등과는 아무 상관이 없는 것이며 특히 재판의 민주화와는 전혀 관련이 없다.

1993년초 대법원이 행정지방법원을 신설하여 국민의 재판을 받을 권리를 존중하겠다는 제안은 환영할 만한 것이나 행정소송을 비롯한 재판에 대해서는 아무런 개혁이 제기되지 않고 있다. 1993년 5월 대법원은 전관예우와 골프, 변호사와의 유착(변호사의 판사실 출입금지), 검사의 판사실 방문, 영장청구 등을 금지하고 법관회의를 활성화한다는 등을 내용으로 하는 개혁안을 발표했다. 단독판사들이 주장한 인사위원회와 법관회의의 의결기구화, 인사제도 개선(현 6개 직급을 정년시까지 단일직급화)

은 현재의 비민주적 의사결정과 인사를 개선하는 방안이기는 하나 그것도 재판민주화의 본질과는 거리가 있다. 우리는 법관이 독립된 헌법기관이므로 현재의 직급, 직계, 승진 제도가 철폐되어야 한다고 생각한다. 그리고 법조일원화와 인사권의 공정성이 보장되어야 한다고 본다. 그러나 그것만으로 문제는 해결될 수 없다.

이상 기존의 사법개혁론은 정도의 차이는 있으나 지엽적인 사법제도에 관한 것으로서 재판 자체의 문제점에 대해서는 아무런 이의가 제기되지 않고 있다. 소위 문민정부 이후 제기되는 개혁안에도 개혁다운 개혁이 없다. 특히 변호사회가 전혀 지도력을 발휘하지 못하고 있다. 기껏 당번변호사제와 같은 왜식 기술모방에 그치고 있다. 게다가 그 어느 것이나 법원에 의한, 법원을 위한 위로부터의 내부개혁이지 민중적 기초에 입각한 밑으로부터의 것이 아니다. 최소한 민중을 '위한' 것도 아니다. 그것은 철저히 민중과 유리되어 있다. 이는 사법 자체가 그러하므로 지극히 당연한 결과라고 보여진다. 그렇다면 개혁은 사법부의 체질을 근본적으로 변화시키는 것이어야 하지 않겠는가?

2) 이 글의 범위와 한계

사법제도와 사법과정의 민주화의 구별과 이 글의 범위

사법민주화는 사법제도와 사법과정의 민주화로 나누어볼 수가 있다. 앞에서 보았듯이 최근 사법제도의 민주화(그것도 주로 제도 내부의 법관 인사방법의 개혁)가 주로 논의되고 있으나 이 글은 사법과정을 중심으로 한다. 그 이유는 사법과정이 거의 논의되지 못하고 무시되고 있다는 점, 사법과정이 사법제도보다 더욱 중요하다는 점, 사법개혁의 기본이 사법과정에 있어야 한다는 점 등이다. 물론 사법과정은 사법제도와 여러가지로 연관된다. 따라서 이 글에서도 사법제도에 대한 논의를 사법과정과 관련되는 한 언급하나 그것은 전혀 체계적인 것이 아니다. 곧 사법제도에의 본격적인 비판은 제외되었다.

사법과정도 광의로는 수사단계부터 검·경찰 및 행형까지를 포함한다. 그러나 이 글에서는 협의로 재판과정에만 한정한다. 또한 이 글은 우리 나라의 법구조에서 비롯된 사법과정의 본질적인 비민주성과 법에 대한 물신적 신화의 직접적인 비판을 목적으로 하는 것은 아니다. 도리어 이 글은 사법과정을 둘러싼 지극히 주변적인 몇가지 민주적 제도화의 가능 성을 검토하려는 것이다. 또한 이 글에서는 민사소송, 형사소송, 행정소 송 등 구체적인 소송개혁론을 다루지 못했고 변호사, 법무사는 물론 검·경찰 등의 문제도 거의 언급하지 못했다. 또한 사법민주화의 필수요 건인 법조양성 방법(사법연수원 교육) 및 법과대학의 교육문제도 여기서 특별히 다루지 않았다.

특히 연수원 수료자의 반 이상이 바로 변호사가 되는데도 불구하고 그 러한 준비에 대한 교육은 전무한 채로 관료주의적 교육이 행해지고 있으 며 엄격한 성적순에 따라 성골(판사), 진골(검사), 육두품(변호사) 식의 계급분화가 행해진다. 이는 판·검사 중심의 관료주의를 고착시키고 변 호사의 열등감을 조장하여 사법민주화를 더욱 어렵게 한다. 사법의 관료 주의는 변호사의 스트레스를 증대시키기도 한다.

민중적 입장의 결여

무엇보다도 중요한 점은 사법개혁을 민중의 입장에서 바라보아야 한다 는 점이나 그것에 대해서도 이 글의 내용은 빈약하다. 곧 그것이 법률전 문가만의 문제가 아니라 사법을 재판당사자인 민중에게 되돌려주기 위하 여 그들과 함께 생각하고 행동해야 한다는 것이나 그 점에 대한 논의도 이 글에서는 충분하지 못하다. 다만 원칙적으로 민중을 '위해서'가 아니 라 민중에 '의한' 개혁을 도모해야 한다는 점을 전제한다. 민중 스스로 개혁의 주체가 되어야 하나 현실적으로 그러한 기대는 어렵기 때문이다. 적어도 밀실에서 단기간에 행해지는 위로부터의 것이어서는 안된다는 것 이다.

사법 제도 및 과정의 문제점을 근본적으로 검토하기 위해서는 역사적 및 비교법적 고찰이 당연히 요구된다. 특히 우리의 사법제도가 프랑스,

독일 및 미국 제도를 혼합한 일본제도를 모방한 것이어서 더욱 그러하다. 그 점에서 우리의 사법제도는 기본적으로 비민주적인 것이었다. 곧 사법제도의 수립에 역사적 전통이나 현실에 대한 고려 또는 국민으로부터의 요망이나 비판이 처음부터 존재하지 않았다. 이 점이 외국의 사법제도와 우리의 사법제도를 민주성의 차원에서 근본적으로 구별하는 표지가 될 것이다. 사법제도만이 아니라 법 자체가 그러하다.

곧 우리의 사법제도는 위로부터 일방적으로 강요된 것이었다. 그것이 사법의 권위주의와 관료주의를 낳은 가장 근본적인 원인이다. 사법제도는 무엇보다도 민중적 기초에 서서 수립되고 발전되는 것이거늘 우리의 사법제도는 철두철미 비민중적인 것으로 생성·전개되어왔다. 그 결과 사법은 철저히 민중과는 무관하고 두려운 것이 되어왔다. 따라서 사법의 민주화는 근본적으로 그러한 점에서 조명되어야 하나 그것은 이 글이 다루는 범위를 훨씬 넘는 것이다.

여기서 주의할 것은 소위 민중의 법의식론이다. 곧 동양식 덕치주의로부터 법의식이 박약하여 재판을 즐기지 않는 탓으로 현재와 같은 규모가 작고 권위주의적인 사법이 결과되었고 그것으로 충분하다는 속설이다. 그러나 사법이 민중적 기초를 전혀 갖지 못했으므로 민중 일반의 무관심이 결과되었다고 보아야 할 것이다. 또한 법원의 과잉부담에 의한 소송지연과 변호사 부족에 의한 과다한 소송비용이라고 하는 제도적 문제가 민중을 재판으로부터 유리시켰다고 봐야 한다. 사법은 전문가를 위한 것이 아니라 민중을 위한 것이라는 보편적 의식을 일반화하는 것이야말로 사법의 민주화이다. 민중과의 유대를 강화하여 그 신뢰를 회복하는 것이야말로 사법민주화의 첩경이다.

한국의 사법제도는 흔히 대륙법의 사법제도, 특히 독일의 전통에 입각한 것이라고 한다. 그리고 영미법과 비교하여 그 특징은 권위주의적인 것으로 이해되고 있다. 그러나 독일의 사법제도는 적어도 우리의 사법제도와 비교하는 경우 아예 비교가 안된다고 할 정도로 민주주의적이고 인간주의적이다. 여기서 하나의 타산지석으로 독일의 경우를 검토하고 본론에 들어가도록 하자.

2. 하나의 타산지석 —— 독일의 사법개혁

1) 서설 —— 발상의 전환을 위한 하나의 보기

양국 사법개혁논의 대두의 유사성

60년대 독일의 사법개혁은 현재의 우리와 30년 정도의 시차를 보이는 것이나 보수반공정권이 끝나고 민주화와 통일 논의가 시작된 독일의 60년대와 90년대의 한국은 여러가지로 유사하다. 경제적으로 고도성장의 단계가 일단 멈추고 자기반성을 시도하는 시점인 점에서, 사회적으로 다양한 민중계층이 출현하여 사회가 다양화하고 특히 진보운동을 비롯한 여론이 사법을 비판하는 점에서 유사하다. 학생들의 재판거부와 진보법조인의 등장이라는 분위기에도 정도의 차이가 있으나 유사한 점이 없지 않다.

한국의 특수성

그러나 60년대의 독일사법보다 지금 우리의 사법은 더욱 보수적이며, 권위주의적이고 관료주의적이다. 법관이 되는 길은 상류계층에 편입되어 벼락출세하는 코스로 인식됨은, 독일의 60년대는 물론 19세기의 법관의 식보다 더욱 속물적이다. 그것은 학생들의 재판거부를 자기반성의 계기로 삼아 사법개혁을 시작한 독일의 경우와는 달리 한국에서는 판사들이 법정모독으로 엄벌에 처하는 권위의식으로도 나타나고 있다. 그런 만큼 한국에서의 사법개혁이란 더욱 요원한 문제인 듯하면서도 그 필요성이 더욱 절감되고 있는 것이다.

독일 사법개혁의 특징

독일에서도 사법개혁은 19세기 이래 끊임없이 논의되어왔으나 이 글의 직접적인 대상은 60년대에 본격적으로 시도되어 지금까지 계속되고 있는 가장 최근의 사법개혁이다. 그것은 무엇보다도 '민주주의에 적합한 인간화된 사법'에로의 변혁, '전문가가 아닌 민중을 위한 사법'에로의 변혁이라고 할 수 있다. 여기서 우리가 특히 주목해야 하는 것은 그것이 '인간화된, 민중을 위한 사법'이라고 하는 점이다. 최근 『동아일보』를 비롯한 우리 언론의 논의는 주로 검찰과 법원이 정치권력의 압력을 받는다든가 부패했다든가 하는 논의에 그치고 있다. 그러나 독일의 경우 사법개혁의 중요한 쟁점은 재판의 권위주의와 관료주의의 극복 등에 쏠려 있다.

2) 사법개혁의 내용

초기개혁의 내용

60년대 이전의 사법개혁은 '업무를 가장 적절하게 처리할 수 있는 재판권력의 조직화'를 목표로 하여 재판권의 통일과 유능한 소수법관의 창출이라는 과제에 집중되었다. 이는 부분적으로 지금 한국과 일본에서 제기되는 사법개혁론과 유사하다(한국은 일본을 모방하고 있다). 그러나 60년대 이전의 개혁으로는 1953년의 사회법원법과 노동법원법의 제정에 의한 사회법원과 노동법원의 개설 외에 별것이 없다. 이 두 법은 '민사소송법보다도 신속하고 적절하게, 형식적이 아닌 절차를 정한 현대적이고 짧은 법률'이었다. 두 법률은 노동부 소관이었으나 전자는 행정소송법, 후자는 민사소송법의 하나였으므로 다른 민사 및 행정 소송법의 운용에도 상당한 영향을 미쳤다. 한국에서는 그러한 특수법원의 설립이 아직 거론조차 되지 못하고 있으나, 노동사회문제의 특수성은 물론 노동자들의 일반재판 이용불가의 현실에서도 검토되어야 할 문제이다. 우리의 노동위원회제도 등은 노·사·정 모두에 의해 불신을 받고 있다.

60년대의 '안으로부터의 개혁' —— 개혁이념의 전환

우리가 독일의 경험에서 중요시해야 하는 것은 발상의 전환 문제이다.

1964년에 와서 재판관 자신들에 의한 '안으로부터의 사법개혁'이 논의되기 시작했는데 그것은 종래의 개혁이념이 사법 자체를 위한 개혁인(따라서 이기적이고 귀족주의적인 것이라고도 비판되었다) 점에 대한 반성으로부터 비롯되었다. 그리하여 이념적으로 개혁의 사회적 중요성, 곧 법원과 민중을 더욱 긴밀하게 하여 민중에 밀착된 사법을 만든다고 하는 목적이 명확하게 제시되었다. 이는 첫째 사법정책을 비밀주의로부터 해방하여 사회와 관련하여 어떤 문제가 있는가를 민중에게 알기 쉽게 알리는 것을 과제로 삼고, 둘째 개혁이 전문기술적인 것에 그치지 않고 사회변화가 요구하는 것에 합치되도록 포괄적이어야 한다는 것을 또 하나의 과제로 삼는 것이었다. 예컨대 우리는 당시의 다음과 같은 보고를 볼 수 있다.

우리들의 법질서와 재판절차는 시민으로부터 유리된 것이다. 기술적 규율의 복잡함, 제정법의 과잉, 절차의 지연과 중압, 그리고 낡은 전통과 폐습의 고집도 불쾌감과 거부감을 불러일으키고 있다. 그것들은 모두 재판에 결과된 분명한, 또한 잠재적인 신뢰의 감소로 나타나고 있다. 민중은 법원에 대해 불안을 느끼고 있다. 그들은 가능한 한 법원을 멀리하고자 한다. 사법과 민중 간의 틈을 메우고자 하는 시도에도 불구하고 우리의 재판은 여전히 전문가들만 이해할 수 있는 제도가 되고 있다. 그것은 민중으로부터 철저히 유리되고 있다.

그러한 현실인식하에 새로운 이념을 정립하여, 개혁은 철저히할 것, 개혁의 사회적 편익(민중을 위한 사법)과 정치민주주의의 관계를 명확하게 할 것(사법과 민주주의), 기술중심주의가 아닌 의식개혁을 제1차적 목표로 삼을 것, 조직 및 절차의 개혁은 부차적인 것으로 삼을 것 등이 구체적인 방법론으로 제시되었다. 이는 종래의 제도 중심적인 사법개혁론으로부터의 이탈이자 그 자체의 변혁을 의미했다.

재판관 자신에 의한 자아비판과 다양한 제안

모든 개혁에는 지도자가 필요하다. 당시(66~70년)의 독일법조회의 의장은 공공부문 가운데 사법만큼 관료주의적인 특징을 갖는 부문은 다시 없다고 비판했다. 당시의 연방사법부장관도 사회가 급변하고 모든 부문이 진보하고 있으나 사법만큼은 19세기식이라고 비판했다. 이러한 지적은 오늘의 우리에게도 그대로 적용된다고 할 수 있으나 우리에게는 그런 지도자가 없다.

당시의 독일법관들은 19세기식 국가중심철학에 젖어 추상적 신격으로 자신을 절대화하나 실제로는 구체적인 정치적, 사회적 조건의 변화에 따라 변신하는 관료국가의 봉사자였다. 그러한 법관들에 대한 비판은 먼저 법관 자신에 의해 제기되었다. 곧 출세욕에 눈이 멀어 상급심의 판시와 같은 판결만을 내리는 판사들을 비웃고, 변호사에서 판사가 선출되므로 '승진'이 없는 영국(법조일원화)이나 상급법원의 판사 월급보다 하급법원의 월급이 높은 프랑스에 비하여 독일이 얼마나 후진적인지를 비판했다. 그리고 사법시험에 경제학이나 사회학 등을 대폭 도입하고 판사의 최저연령을 35세로 하여 현실경험을 쌓은 사람을 임용하자는 주장도 제기되었다. 재판은 시민이 쉽게 찾을 수 있도록 수많은 지부에서 수시로 열리고, 판결이유는 구두로 신속히 알려주며, 합의부의 재판장은 교대되고 소수의견이 언제나 반영될 것, 법원장은 선거에 의해 선출될 것 등이 제안되기도 했다.

또 새로운 재판관상은 첫째 '자신이 재판관으로서 독립하고 있다는 것은 어떤 것인가라는 문제를 의식하고 있는 재판관'이며, 특히 무의식적으로 자기의 판결에 미칠 수 있는 다양한 법외적 영향을 의식하고 있는 재판관이라고 주장되었다. 곧 다른 국가권력에 대하여 사법권을 강화하는 것만이 아니라 재판관 자신이 사법부 내에서 실제의 종속상태로부터 자기를 해방시키는 것을 과제로 삼는 재판관이어야 한다고 주장되었다. 새로운 재판관의 둘째 요소는 공동결정의 참가원칙에 입각하여 사법영역에서도 민주화를 진전시키는 것을 의식하는 것이다. 곧 재판관은 과거와

같이 관청의 비호하에 행동하거나 법령의 배후에 숨어서 익명으로 존재해서는 안되고 당당하게 자기를 밝혀야 한다는 것이다. 셋째 민중과 자유로운 관계를 수립하고 언론에도 적극 참여해야 한다고도 주장되었다.

새로운 재판관은 또한 기본적 인권과 인간의 존엄을 갖는 민주주의헌법을 재판절차에 도입하여 법정의 민중을 더이상 통치와 권력행사의 객체가 아니라 공정한 절차를 거쳐 권리를 실현받아 함께 사는 시민으로 보는 재판관, 기술자가 아니라 민중이 위탁한 일을 하며, 또한 자신의 판단과 행동을 시민이 이해하도록 언제나 노력하여야 한다고 주장되었다. 곧 법이 개정되지 않아도 재판관은 피고를 포함한 모든 소송당사자가 법원을 신뢰하도록 편견없이 과학적으로 심리하고 인간적으로 결정하는 특별한 신뢰관계를 만들도록 노력하여야 한다고 주장되었다.

법원의 권위에 대한 재인식

사법개혁의 실천은 법관들에 의해 68년부터 적극화되었다. 첫째 법원의 권위란 무엇인지가 논의되었다. 전통적으로 법원의 권위란 통치권과 연결되어 무조건적인 것으로 인식되었다. 이에 대해 개혁론자들은 법원의 권위는 그러한 허위의식이 아니라 업무의 내용, 지식, 체험화된 전문지식에 의해 보증된 참된 권위에 의해 재판은 합리적으로 정당화되어야 한다고 주장했다. 위로부터의 명령에 의한 권위가 아니라 자유로운 논의의 힘이 재판판결의 존엄을 창출하여야 한다는 것이었다.

예컨대 민사소송에서 재판장이 필요한가가 그러한 측면에서 논의되었다. 합의제의 경우 상하구분은 불필요하고, 재판장은 교대로 근무하여야 하며, 배석재판관의 지위가 재판장과 동등하여야 한다고 주장되었다. 이는 소수의견의 공개와도 연관되는 문제였다. 또한 재판관사회의 상하를 낳는 인사제도도 문제되었다. 나아가 행정제도의 민주화, 임용과 승진에 관한 인사위원회의 전국적 설치와 재판관조직의 인사참여, 재판관직의 공모제도, 법원장의 선거제도, 연수의 실무 중심화와 기회증대 등도 주장되었다.

절차의 신속화와 간소화

독일의 재판은 우리의 재판과 비교하여 훨씬 신속하고 간소하다. 그러나 아직도 많은 문제가 있는 것으로 지적되고 있다. 예컨대 민형사의 일원화와 행정소송의 통일은 여전히 수행되지 못하고 있다. 독일에서는 소송비용이 모두 보험으로 처리되므로 우리의 경우처럼 돈문제로 인하여 재판을 이용하지 못하는 문제는 거의 생기지 않는다.

독일에서는 도리어 법원이 냉엄한 관료기구로서 시민에게 군림하는 점이 중요하게 인식되고 있다. 따라서 인간주의적인 공동심리의 채택이 요구되었다. 사법개혁은 재판관의 지위문제가 아니라 민중이 어느정도의 이익을 얻는 것이냐에 있다는 주장은 끊임없이 반추되었다. 이 점은 우리의 사법개혁 논의에서도 제1의 목적으로 삼아야 하는 과제일 것이다.

앞에서도 언급했듯이 심리 스타일의 변화에는 68년 학생운동으로 인한 학생소송이 중요한 자극이 되었다. 그 소송에서 반항적인 피고인들이 재판관을 도발했다. 학생소송이 정점에 달한 1969년, 소송 개시 때의 기립명령, 법정의 배치, 법복 등이 비민주적이라는 관점에서 문제되었다. 또한 법원의 건축도 논의되었다.

민중의 사법참가

민중의 사법참가에 대해서도 문제가 제기되었다. 개혁론자들은 종래 유지되어온 참심제 이상으로 참심원인 민중이 적극 사법에 관여할 수 있는 가능성이 모색되어야 한다고 주장했다. 또한 사법교육을 중고교육과정에서부터 조기에 실시하고 재판소는 완전히 공개함을 원칙으로 하여야 한다고도 주장되었다. 그리고 나찌시대의 사법을 반성하여 그 희생자들을 기념하는 시설을 법원 안팎에 설치하는 것도 논의되기 시작했다.

70년대 개혁론

70년대에 와서 사법조직이나 심급제의 문제보다 판결의 질이나 절차의 신속화가 사법개혁의 급선무라고 하는 주장이 제기되었다. 곧 절차법의 개선만으로는 훌륭한 재판관일 수 없다는 주장이었다. 기존의 개혁안에는 사법에 대한 접근의 곤란함을 극복해야 한다는 시각, 소송절차에 적극적으로 참가해야 한다는 시각, 소송을 이해할 수 있어야 한다고 하는 시각이 결여되었음이 비판되었다. 새로운 입장은 결코 '놀라운 판결' 같은 것이 있어서는 안된다고 주장했다.

제도적인 변화

절차법이나 법원조직법 등의 포괄적인 개혁은 좌절되었으나 60년대말 이래의 여러 법률에 의해 중요한 개혁이 계속되었다. 첫째, 사법써비스 기능이 현대화하고 확대되었으며, 법에 대한 민중의 접근이 쉬워졌다. 곧 소송비용 원조와 포괄적인 법률상담이 저소득층에게 대폭 확대되었고, 공적인 원조를 받는 법률상담이 법원이나 변호사사무실 등에서 행해지고 있다. 둘째, 급여체계도 독자적으로 개선되어 급여차별은 존재하지 않는다. 셋째, 법복은 폐지되지 않았으나 법복착용이 강제되지는 않는다. 재판관의 법대도 완전히 당사자석과 높이가 같아진 것은 아니고 약간 높은 경우가 있긴 하지만 많은 법원이 평등한 테이블 위에서 재판을 진행하고 있다. 넷째, 법원행정직의 선거나 고위 재판관직의 공모제도도 완전하게 실현되지는 못했으나 재판관인사위원회와 재판관협의회에서의 공동결정과 법원행정처의 교체에 의해 민주화를 촉진하는 조건은 정비되었다. 그러나 법원장의 선거제, 재판관의 출세주의를 거부한다는 의미에서 주장된 변호사로부터의 재판관 채용도 제도화되지 못했고 인사에 대한 재판관의 참가도 불충분한 것으로 평가되고 있다. 또한 30세 최저연령제 등도 제도화되지 못했다. 그러나 재판장의 교대제, 행정회의의 공개 등은 일부 주에서 실시되고 있다. 다섯째, 판결문에 소수의견을 공개하는 제도도 실현되지 못했다. 참심제에는 70년대에 와서 상당한 개선이 이루어졌으나 진보파가 기대한 정도에는 미치지 못했다.

의식적인 변화

재판관의 의식변화에 대한 평가는 다양할 수 있으나 여기서는 몇가지

기본적인 점만을 정리하도록 한다. 첫째, 재판관의 자기인식의 확립이다. 사회와 사법의 전통적인 거리는 단축되었고, 국가와 사회 속에서 재판관이 자기의 특수한 직무의 의미를 분명하게 의식하게 되었다. 곧 관료가 아닌 전문가라는 인식은 복무감독을 후퇴시켰으며, 그 결과 국가로부터의 사법의 독립은 과거 어느 시기보다 확보되어 있다. 재판관 사이에서도 평등의식이 확보되어 상하위계질서의 의식은 찾아볼 수 없다. 둘째, 전통적 재판관의 계급성이 반성되었다. 과거의 재판관은 대부분 상류계급 출신이었다. 최근에는 그러한 계급성이 극복되어 재판관은 국민을 대표하여야 한다는 의식이 보편화되어 있다고 할 수 있다. 셋째, 재판관 사이에서 재판이 정치성을 가지며 재판관이 사회의 형성자라는 의식이 깊어졌다. 넷째, 심리시의 시민과 재판관의 의사소통의 진보, 민주적인 소송문화의 창조 또는 재판과정 자체의 인간화이다. 오늘날 독일의 법원은 참으로 인간적이다.

독일의 시사점

앞에서도 언급했듯이 독일에서 성공한 사법개혁은 정부에 의한 것이 아니라 재판관들에 의한 '안으로부터의' 개혁이었다. 재판은 재판관이 하며, 재판관 자신에 의한 내면적인 개혁이 없으면 국민이 재판을 받을 권리는 충분히 보장될 수 없고 결국 사법개혁은 있을 수 없다. 따라서 우리도 다른 모든 개혁의 경우와 같이 결국 재판관에 의한 사법개혁이 없이는 참된 사법개혁은 불가능하다고 보아야 하지 않겠는가?

물론 우리의 조건은 독일의 30년 전보다 더욱 후진적이고 악조건이다. 따라서 안으로부터의 개혁이 논의될 가능성이 있을지 의문이다. 특히 한국의 경우 사법부의 독립을 비롯한 기초적인 문제의 해결이 전제되지 않으면 안된다고 생각된다. 그러나 그렇다고 하여 재판관 자신에 의해 가능한 상당수의 개혁을 권위주의적 습성으로 인하여 계속 거부한다면 우리의 사법은 역사의 준엄한 심판을 면하지 못할 것이다.

앞에서도 강조했듯이 사법위기의 내용이 사법개혁의 내용을 결정한다. 독일의 경우도 그러했고 우리의 경우도 다르지 않다. 따라서 우리는 우리의 사법위기의 내용에 대하여 철저히 관심을 기울일 필요가 있다. 그런데 위기에 대한 대응이 아니라 기술적인 차원의 사법개혁론이 정부나 학자측에서 제기되고 있는 것은 참된 개혁안이 아니다. 참된 개혁은 안으로부터의 자기변혁인 것이다.

독일의 사법개혁은 특히 68년도의 학생운동에 의해 촉진되었다고 할 수 있다. 그런데 한국의 경우 학생운동의 역사는 더욱 길고 비참했으나 그것이 사법개혁에 아무런 영향을 끼치지 못한 것은 어떻게 이해되어야 하는가? 한국에서는 사법부의 개혁은커녕 그 일부의 진보화조차 거의 찾아보기 힘들다. 사법시험이 학생운동과 철저히 무관한 집단에 의해 추구된 탓인가?

독일의 사법부가 역사적으로 상층계급에 의해 지배되어온 것과 비교하여도, 사법시험이 순수히 능력에 의해 판정되는 한국의 경우 사법부의 진보화는 더욱 가능성이 큰 것이었다고 할 수 있다. 그러나 사법부는 도리어 더욱 보수화되고 있다. 어디에 어떤 문제가 있는가? 가난한 합격자들이 곧 보수화되는 이유는 무엇인가? 가난은 오히려 보수화의 지름길인가?

한국의 민주화는 해방 직후의 경우 서독의 민주화보다 더욱 진보적이었다고 할 수 있다. 사회 전반에 사회주의화의 열망이 있었고 사법도 그 예외일 수가 없었다. 그러나 사법부는 철저히 보수화, 권위화, 관료화되었다. 몇명의 청렴결백한 판사가 있었다고 그들이 사법의 민주화에 관심을 가진 것은 아니었다. 그들은 오직 꼬장한 관료상으로 살았다. 그 결과 사법은 국민으로부터 철저히 유리되었고 관료화에 더욱 빠지게 된 것으로 이해된다.

따라서 우리의 사법문제 개혁을 위해서 선진국은 물론 대부분의 나라가 채택하고 있는 민중에 의한 재판참여가 모색되지 않을 수 없다. 그러나 그 어떤 외부적인 감시제도도 재판관 자신에 의한 개혁을 대신할 수 없고 재판관 자신에 의한 변혁 없이는 사법의 진실된 개혁이란 있을 수가 없다. 왜냐하면 법과 재판관이 국민에게 권리를 창조하여주기 때문이다.

따라서 재판관이 스스로 자유와 인권을 향유하고 수호하는 존재가 되어야 한다. 재판관 자신이 참된 자유를 향수함으로써 비로소 헌법의 정신에 따라 타인의 인권을 이해하고 그것을 지키고자 노력할 것이기 때문이다. 독일에서의 사법개혁이나 우리의 사법개혁은 바로 그러한 재판관 자신에 의한 인권의 신장을 목표로 하는 것이지 않으면 안된다.

3. 사법제도 민주화의 범위와 한계

1) 헌법과 사법민주화의 한계

민주주의의 다수결원리와 무관한 사법부

국민이 주권자이고 모든 권력이 국민으로부터 나온다고 민주주의의 원리를 규정하는 헌법(제1조 제2항)은 기본적으로 다수결원리를 인정하는 것이다. 민주주의는 국민의 다수의사를 대표하는 국회의 우월을 전제로 하여 그 다수당이 정부를 조직하고 사법도 국회의 감시하에 두는 것을 말한다. 그러나 다수당이 전제로 흐를 위험이 있고 사법도 계급사법이 될 수 있다. 여기서 기본적 인권의 확립이 요구되고 사법이 그것을 수호하는 사명을 갖게 된다. 그러나 그것은 어디까지나 소극적이며 수동적인 것에 그친다.

민주주의사회에서 사법부가 그 힘을 정당화하고 그 정통성을 유지한다는 점에는 근본적인 문제점이 있다. 곧 사법부는 다수자인 민중의 의지에 근거한 제도도 아니며, 다수자가 선택하여 조직되는 것도 아니고, 민중의 의지를 표현하거나 실현하는 것을 그 이념으로 정립하고 있지도 않기 때문이다. 그리하여 민주주의는 사법에서 계모와 같다는 비유가 있다.

비민주적 사법이 민주주의의 보루가 될 수 있는 근거

사법이 비민주주의적인 조직이나 민주주의의 보루로 인정되고 있는 이유는 다수결에 의한 압력으로부터 소수자의 인권을 지키는 안전판으로서의 기능이 인정되기 때문이다. 곧 민주주의에서 입법이나 행정이 정당화 내지 계급화되는 것은 다수결에 의한 한 어쩔 수 없다고 하여도 사법은 그것에 의해 피해를 입는 국민을 보호하기 위하여 비민주적 조직을 갖는 것이라고 역설적으로 말할 수 있다.

재판은 법관이 법에 의해 양심에 따라 독립적으로 수행하는 것으로 헌법은 규정하고 있다(제103조). 여기서 '법'은 정치, 경제, 사회, 문화, 판사의 가치관 등과는 '독립'된 것이라고 한다. 또한 '양심'도 주관적인 것이 아니라 객관적인 무엇이라고 생각한다. 그러나 양심이란 구체적인 내용을 명확하게 갖는 것이 아니다. 문제는 '법'과 '독립'에 대한 것이다. 그것이 사법부의 정당성과 정통성을 유지한다.

사법부의 법운용에 대한 인식의 한계

사람들은 법이란 전문가인 '법'관이 다루는 것으로서 과거로부터 존재한, 어떤 명확하고 예측 가능한, 공정한 것이라고 생각한다. 그리고 재판은 사무적으로 법을 사실에 적용하는 것이고 판사는 그러한 존재 또는 그래야 하는 존재로 생각한다. 재판에 대한 중요한 여론은 그러한 존재로 기능하지 못한다고 판단되는 경우이다.

그러나 모든 판사의 재판은 처음부터 끝까지 사회, 정치, 제도, 경험, 인격 등의 주관적 복합체이다. 그럼에도 불구하고 판사는 객관성을 주장하며 여론도 그것을 추상화하여 기준으로 삼는다. 여기서 법에 대한 현실도피가 자리잡는다. 법은 중립적이며 반드시 그래야 한다고 하나 이는 신화에 불과하다. 그 절정이 소위 자연법론이다. 그러한 신화조작을 통하여 지배중심의 사회관계와 권력관계를 통용시키고 반영하고 형성하고 정통화한다. 따라서 법치주의 또는 법의 지배라고 하는 것은 사람의 지배를 은폐하는 가장 중요한 관념이 된다. 여기서 사람의 지배를 제한하는 제도가 요구된다.

2) 법관의 지위 —— 인구증대, 법조일원화,
선거제, 신분보장, 민주적 통제

법조인구의 증대와 법조일원화

외국에 비해 법조인구가 인구비례로 수백분의 1 이상 적고 사법량이
급증되어 법조인구의 증대는 아무리 강조해도 지나치지 않으나 현 법조
인들은 직업이기주의에 철두철미 물들어 이를 반대하고 있다. 관료재판
제도와 반대되는 법조일원화는 변호사 중에서 법관을 선출, 임명하는 영
미식 방법을 말하는데 그것은 변호사수의 증대와 배심제를 전제로 한다.

선거제

사법의 민주화를 위해서는 법관의 공선이 필요하다. 법관의 선거제는
혁명 후의 프랑스를 위시하여 미국의 대다수 주, 스위스 그리고 구소련
등에서 행해졌다. 미국의 그것은 민주주의의 철저화, 행정부로부터의 독
립, 자기책임의 강조를 위한 것이다. 그러나 인기영합 등의 문제점이 있
어서 연방대법원판사를 비롯하여 각 주에서는 임명제, 또는 추천기관의
추천에 의한 임명과 소환투표를 병행하는 주도 많다. 그러한 방식에 힌
트를 얻어 일본에서도 대법원판사의 국민심사제도가 도입되었다. 한국에
서도 고려할 필요가 있다고 본다. 예컨대 시민대표위원회가 변호사, 검
찰관, 교수 등의 전문가 중에서 법관으로 추천하는 것을, 다른 시민대표
위원회가 통제하는 제도보장과 함께 고려할 필요가 있다.

신분보장과 민주적 통제

사법권의 독립은 법관의 신분보장, 특히 행정부와 입법부의 자의적 간
섭에 의한 법관의 면직 및 인사이동 등의 불이익처분 금지를 요구한다.
그러나 그것은 동시에 기존 질서유지의 보수성을 담보하여 국민의 뜻과

유리되고 국책 단행에 저해되는 결과를 빚을 수도 있다. 따라서 사법의 보수반동화는 언제나 경계되어야 하고 그것을 저지하기 위하여 임기, 정년제와 민주적 감시방법이 강구되어야 한다. 또한 사법제도의 민주화는 법조인구의 대폭 증대, 법관 대우의 평등 및 시민적 자유의 확보를 전제하여야 한다.

3) 사법과정의 민주화 —— 권위주의적 재판의 불식

권위주의적 재판의 불식

우리의 재판은 어렵고 느린 것으로 정평이 나 있다. 민사소송법 교수가 실제의 민사소송을 이해할 수 없고, 그러한 사정은 형사소송이나 행정소송의 경우에도 마찬가지이다. 이는 이론과 실무의 괴리라고 하는 우리 법조계의 근본적인 고질적 문제로서 이 글의 범위를 벗어나는 것이나, 여하튼 교수도 아닌 일반시민의 경우 재판을 직접 담당하기란 거의 불가능하고 재판이 어떻게 진행되고 있는지를 알 수도 없을 정도로 그것은 복잡하고 난해하다. 특히 민사의 경우 구두변론, 신문, 현장검증은 거의 행해지지 않아 변호사 외의 방청인은 전혀 알 수가 없고 심리와 판결에서도 기본절차가 생략되기도 한다.

이러한 문제는 분명히 근본적으로 법제도의 문제와 법관의 재판 과중 부담으로 인한 것이므로 법개정과 법관의 증원을 절대적으로 필요로 한다. 그러나 소송지연과 구두변론의 포기에는 법관과 변호사의 나태와 교만 및 시설(법정) 부족에도 책임이 있다. 이 점도 법조인 증대에 의한 자유경쟁제로 극복되어야 한다.

구두와 공개의 원칙

우리의 사법과정은 문서조서주의에 근거하므로 법률가가 아닌 일반인은 무슨 일이 진행되는지 알 수가 없다. 따라서 사법민주화의 제1보는 그것을 구두주의로 전환시키는 것이다. 그것은 공개주의와 함께 민중이 재판에 친숙할 수 있게 하고 사법관료주의를 극복하는 방안일 수도 있다. 구두주의의 철저는 심리 도중의 안이한 법관교대를 방지할 수도 있다. 또한 계급적 인사제도를 개선할 수도 있다. 구두주의를 철저하게 시행하기 위해서는 절차진행상황을 사후에 검증할 수 있어야 하므로 선진국에서 시행되는 녹취제도, 속기제도 등을 도입하여야 한다.

법용어의 민주화

사법의 민주화는 무엇보다도 민중이 사법을 이해하는 것으로부터 출발하여야 한다. 우선 재판상의 전문용어나 법률과 판결문의 문장이 국민학교를 졸업한 정도의 시민이라면 이해할 수 있는 정도가 되어야 한다. 그러나 법률의 전문용어는 법대를 졸업해도 완전히 깨치기 어려울 정도이고, 게다가 구체적인 내용이 없는 추상적인 규정들이 비일비재하다.

특히 판결문이 길고 난해하기란 우리 것에 버금가는 것이 없다고 해야할 정도이다. 외국의 경우 대부분의 생활사건이 취급되는 하급심에는 판사가 구두로 판결을 내리는 것이 보통이나, 우리의 경우 판결문은 몹시 두텁고 어렵다. 한편 외국의 경우 상급심의 판결은 이론적으로 풍부하고 심원한 내용으로 상세하게 서술되나, 한국의 판결은 내용도 알 수 없을 정도로 추상적이고 간단하다. 특히 사건의 개요조차 설명되지 않고 판시도 논리적인 설명을 일체 생략한 채 선언적인 서술로 끝나는 경우가 대부분이다. 그것은 위헌이 문제된 경우나 정치적인 쟁점이 포함된 경우 더욱 두드러지게 나타나고 있다. 그것은 우리의 법조가 기본적으로 주관은 물론 논리조차 없이 정치 또는 계급적인 편견에 사로잡혀 있음을 보여주는 것이다.

재판의 모습

판검사의 수를 비교해보면 한국의 경우 소송이 주로 형사에 집중되어 있음을 보여주나, 실제로도 국민수에 비례한 민사소송건수와 행정소송건수는 한국의 경우 어느 나라의 경우와도 비교할 수 없을 정도로 낮다. 특히 행정소송은 최근 행정의 비대화에 따라 모든 나라에서 그 어떤 소송보다도 많이 제기되고 있으나 한국의 경우 그 사건수도 수천분의 일에 지나지 않으며 국민의 승소율도 지극히 낮다.

민사 및 행정 소송의 건수가 적은 것을, 사람들은 한국인의 민족적 특성론이나 속물적 법사회학이론을 끌어와, 한국에서는 인정의 차원에서 분쟁이 해결되기 때문이라고 본 견해가 한때 유행한 적이 있다. 그러나 위에서 본 바와 같이 민중이 소송을 제기할 여건이 되지 못하여 소송률이 낮았다고 하는 이유 이외에 어떤 이유도 이해할 수 없다. 곧 소송이 민중과 너무나 멀고 비싼 것이었다는 이유 외에 그것을 합리화할 수 있는 어떤 이유도 없다.

한국에서의 소송이란 곧 패가망신을 의미한다. 이 세상의 어떤 나라에 이런 기막힌 재판제도를 아직도 옛날 그대로 유지시키고 있는 나라가 있는가? 다른 나라의 소송은 우리와는 비교도 할 수 없을 정도로 쉽고 짧고 값싸다. 소송비용은 거의 국가부담으로 무료이고 재판은 몇달 정도로 제한되어 있다. 그리고 외국의 재판은 일반시민이 참여하여 세미나를 방불하게 할 정도로 일상적으로 자유롭게 진행된다. 그리고 보통의 재판은 반나절로 끝난다. 그러나 우리의 재판은 엄격하고도 난해하며 몹시 느리다.

우리의 재판은 판사의 입장과 함께 내려지는 '기립'이라는 구령으로부터 위압적으로 시작된다. 판·검사의 얼굴은 언제나 굳어져 있으며 위엄과 권위가 흘러넘친다. 그리고 숫제 반말이다. 그러나 외국의 법정에는 그러한 구령이 없다. 판사는 걸어나오면서 먼저 인사를 한다. 기다리던 원·피고는 앉아서 목례를 하는 것으로 재판은 시작된다. 착석한 판사는 이 법정이 무슨 재판을 하는 곳이고 자신이 누구인지를 소개한다. 그리고 당사자를 확인하고 재판에 들어간다. '기립'이라는 구령이 없는 것은 그것을 외칠 사람이 없는 탓이다. 우리가 정리라고 부르는 관리는 더이상 외국에서는 보기 어렵다.

민사소송

광의의 민사소송에는 민사조정, 가사조정 및 심판, 노동위원회 등의 준사법적 행정절차도 포함되나 어디까지나 민사소송이 중심이다. 현 민사소송은, 첫째 소송 지연과 비용, 곧 과도한 시간소요와 비용으로 인하여 국민이 소송 외의 해결방법을 찾게 되어 소송이 기피되며 헌법상 소송권이 사실상 포기되는 상황을 낳고 있고, 둘째 구두변론의 형해화로 인하여 양 대리인이 준비서면만으로 소송을 진행하여 소송당사자가 그 내용을 알 수 없으며, 셋째 심리와 판결이 과도하게 소략하여 소송을 통한 정의의 실현에 문제점이 야기되고 있다.

특히 셋째의 문제와 관련되어 많은 문제가 있다. 증인이나 당사자 신문 대신에 진술서로 시간을 절약하려는 관행이 행해지고 있는데, 진술서는 유도에 의한 공술이라고 볼 수 있으므로 증거가치가 낮고 따라서 이는 제한됨이 옳다. 또한 현장검증이 거의 채택되지 않고 있다. 나아가 재판시작과 동시에 화해가 권유되는 경우도 많다. 이러한 현상은 편리를 이유로 하여 소송절차 보장을 형해화시키는 요인이 된다. 판결문도 당사자의 주장기재를 생략하고 이유도 중심논점만을 기재하는 간략한 방식이 일반화되고 있다.

이러한 문제점은 법관의 과중부담으로 인한 것이므로 법관의 증원, 보조기관의 증원, 법정 등 물적 설비의 확충을 요구한다. 또한 소송관행의 개선도 필요하다. 변호사의 준비부족도 문제이다. 그러나 무엇보다도 민사소송법 자체의 개혁이 요구된다.

법정은 권위주의적인 분위기가 아니라 토론 중심의 실질적이고 공개적인 분위기이어야 한다. 충분한 사전준비와 시간을 들여 활발한 구두심리가 가능해야 한다. 심리는 원·피고간의 구두심리로 시작되어 쟁점과 증거의 확인 및 정리, 집중적인 증거조사, 최종 구두변론으로 이어져야 한다. 화해는 당사자의 의사를 존중하여 증거조사 후에 행해져야 한다. 그리고 진행과 판결은 국민이 알기 쉬워야 한다. 소송이 법원의 편리를 중심으로 하는 것이 아니라 재판의 적정과 당사자의 이해를 중심으로 진행되어야 한다.

행정, 노동, 사회보장 소송

한국에는 행정, 노동, 사회보장 법원 등이 없으나 외국에서는 별도로 인정될 뿐만 아니라 한국의 행정소송절차에 비하여 모든 것이 시민 중심이다. 특히 시민의 가보호권리를 인정하는 비율은 한국의 수만배에 이른다. 그러한 법원이 처리하는 생활보호사건의 소송수수료는 거의 무료이고, 우리나라와는 비교도 할 수 없는 소송원조나 변호사 비용부조도 1년에 수천억원을 훨씬 넘고 있다. 사회보장소송의 경우 소장이나 심사청구서는 어떤 관청에나 제출할 수 있다.

한국의 경우 여러가지 이유로 기각판결이 많고 심리기간이 길며 행정측의 승소율이 너무 높다. 만성적인 소송지연은 승소의 경우에도 실질적인 구제를 불가능하게 하고 있다. 그 결과 대부분의 나라에서 일반적인 소송건수의 증대가 한국의 경우에는 볼 수 없다. 이론적인 차원에서도 소위 학설과 실무의 괴리가 두드러진다.

형사재판과 교도소

우리의 형사재판은 민사, 행정 재판보다 더욱 심각한 지경에 있다. 강제수사와 밀실취조로 조작된 증거에 근거한 수박 겉핥기식 재판이기 때문이다. 곧 조서재판, 경찰사법이다. 조서중심주의의 철폐는 관료사법을 극복하는 근본이다. 형사절차는 원칙과 예외가 전도되는 구속과 보석 등으로부터 피의자와 피고인의 인권 무시(특히 수사 및 소송 기록의 열람권 부인), 기소 전의 보석과 국선변호인제 부재, 수사단계의 변호권 무시와 수사권의 압도, 조서의 증거능력 인정, 당사자주의의 포기 등 수많은 문제점을 지니고 있다. 특히 구속에 대한 통제가 필요하다. 영장발부에 대한 시민통제가 전무하므로 영장신청시 당사자에 유리한 사항은 제외된다. 따라서 서류상 영장을 기각할 만한 사유를 발견하기란 거의 불가능하며 법원은 영장실질심사권을 갖지 않으므로 구속적부심은 유명무실하다. 따라서 구속 이후 무혐의 처리하는 경우는 거의 없다.

구속된 피의자에게는 신속하게 변호인이 선임되고 자력이 없는 경우 국가가 무상으로 변호인을 지원해야 한다. 또한 피의자에게는 취조에 응할 의무가 없음이 명증되어야 하고 변호인의 취조입회권도 인정되어야 한다. 나아가 원칙적으로 불구속을 기본으로 하고 구속기간을 단축하며 기소 전 보석제도가 시행되어야 한다. 서양의 형사재판은 불구속을 원칙으로 하여 진행된다. 멀쑥한 정장차림의 피의자 또는 피고인이 출퇴근하며 출석하는 형사법정은 보편적인 풍경이다. 그러나 우리나라의 형사법정은 포승줄과 수갑으로 꽁꽁 묶인 피고인을 두고 지극히 위압적인 분위기로 재판이 진행된다. 수사단계에서부터 구속이 원칙이다. 구속장소도 유치장이 아니라 구치소로 하여야 한다. 구속에 대한 불복신청제도도 확충될 필요가 있다. 현재의 구속적부심사제도는 불충분하다고 보여진다.

국가는 모든 증거를 전면 제시해야 하고, 피고인은 변호인과 함께 앉아 자신을 변호하도록 법정구조를 전환하여야 한다. 피고인은 당사자로서 대등하게 소송에 참여하는 것이지 법관의 관찰대상이 아니다. 또한 충분한 시간을 들여 집중심리를 하여야 하고 전문증거는 철저히 배제되어야 한다. 그리고 검찰관의 상소는 금지되어야 한다.

한국에서는 피고인의 혐의부인사건, 곧 무죄주장사건은 구속을 원칙으로 하고 개전의 정이 없는 것으로 간주되는 경향이 있다. 결국 조서주의와 사회적 경험이 없는 판사의 자유심증주의가 결합되어 형사사건은 철저히 관료주의적인 형식적 기준에 의해 판결된다. 검찰은 모든 수사서류를 제출하고 법원은 그것을 통하여 판단하는 경향이 있는데 조서만 제기되도록 규제할 필요가 있다.

서양의 경우 최근의 교도소에서는 죄수는 물론 간수도 사복을 입고 있다. 따라서 복장으로서는 누가 죄수이고 간수인지 구별이 불가능하다. 겨우 구별된다면 간수가 열쇠를 가지고 있다는 점 정도이다. 그러나 대부분의 감방에는 자물쇠가 없다. 보통 두 사람을 수용하는 2인용 감방에는 침대, 세면대, TV, 가족사진, 서적과 잡지가 있고 벽에는 누드 포스터가 그득하다. 그곳은 대학의 기숙사와 거의 다름이 없다.

그러나 한 평 남짓한 우리의 감방은 조악한 변기 이외에 거의 아무것도 허용되지 않는다. 서양의 감방에서는 죄수들이 모여 카드놀이도 하고

넓은 접견실도 있으며 열대어의 수족관도 곳곳에 있다. 우리나라의 교도
소에서는 최소한의 방어권 행사를 위한 서면친술(변론서, 탄원서, 경위
서 등) 준비도 원칙적으로 금지 혹은 제한되어 있다. 재판시 메모의 요
구에 대해서도 구치소장 허가사항이라는 이유로 금지되고 암기를 하여야
할 정도이다. 게다가 일반적인 집필허가는 엄청난 제한을 받고 있다.

서양에서는 수감자에게 한 달 정도의 휴가도 주어진다. 요컨대 신체의
자유가 구속당하고 있다는 점 이외에 시민으로서의 기본적인 생활이 보
장되고 있다. 우리 헌법 제27조 제4항에도 "형사피고인은 유죄판결이 확
정될 때까지는 무죄로 추정된다"고 규정되어 있다. 그렇다면 무죄의 시
민에게 수의를 입히는 것만이라도 재고되어야 하지 않겠는가?

4) 사법과정에의 민중참여
—— 관료재판의 극복을 위한 배심제와 참심제

서 설

한국의 재판절차에서 민중은 오직 재판의 객체, 곧 피재판자일 뿐이
다. 그것이 한국에서는 당연한 것으로 인식되고 있으나 한국을 제외한
어떤 나라에서도 그것은 당연한 것이 아니다. 곧 이 세상의 대부분의 나
라들에서는 재판민주주의 또는 사법민주주의의 기본으로서, 어떤 형식으
로든 재판절차에 민중이 참여하고 있다. 민주국정에 국민이 참여하는 것
이 민주주의의 원리이듯이 시민이 사법과정에 참여하는 것도 민주주의의
당연한 전제이다.

한국에서도 전통적으로 재판은 민중의 주도하에 민중에 의해 수행되어
왔다. 마을의 문제를 마을의 어른들이 모여 상의하고, 분쟁도 그들에 의
해 판단되었다. 그것이 일제에 의해 파괴되었고, 국가제도로서의 법원에
모든 분쟁이 이관되었다. 재판의 민중참여는 어느 공동체에서나 볼 수
있는 고유한 법칙적인 것으로서 다른 사회에서는 그것이 발전·유지되어
왔으나, 일제와 그후의 군부정권은 그러한 고유성을 철저히 무시했다.

일제가 남긴 잔재 중에 친일 사법관이나 사법구조의 계승도 중요한 문제이나 일제 특유의 군사독재에 의한 해방 후 군사독재의 체질화 그리고 그 편린으로서의 재판에 대한 민중참여의 완전한 배제는 한국적 전통의 차원이 아니라 어느 공동체에서나 인정되어야 할 구조인 것으로서 재인식되어야 한다.

나아가 한국의 서양법 계수(繼受)에서도 적어도 일제시의 파행적인 그것은 문제삼지 않는다고 하더라도 해방 후에는 민중의 재판참여가 분명히 논의되어야 했으나 정부는 물론 학자들도 그것을 철저히 무시했다. 해방 후 법제도의 변화에서 우리는 일제의 법제도를 거의 그대로 계수했으나 북한은 철저히 거부하고 참심제를 채택했다. 한편 일본은 상당한 범위에서 민주적인 개혁을 시도했다. 그중 하나가 검찰의 민주화를 위하여 1947년부터 시행한 검찰심사회이다. 이는 추첨으로 뽑힌 11명의 시민이 독립적으로 관계자의 신청에 근거하여 검찰의 불기소결정을 재심사하는 제도로서 현재 207개소에 설치되어 있고 현재까지 약 8만여 건이 취급되었다(30여만 명 참가). 이는 사법에의 참여가 아니라 행정에의 참여이나 그 경험에 근거하여 일본에서는 1988년부터 대심원의 주도에 의하여 미국식 배심제의 도입이 신중하게 검토되고 있다.

그러나 한국에는 그러한 논의가 전혀 없다. 아마도 우리의 법조인들은 배심제라는 말만 들어도 기절할 것으로 상상된다. 1년에 5만 명이 훨씬 넘는 법대 졸업생들이 졸업 후 몇년간 다시 죽자사자 공부하여 2백 대 1에 가까운 경쟁을 뚫고 사법시험에 합격하고 2년의 전문연수와 3년의 군법무경험을 쌓고 법조인이 되어도 질이 낮다고 하면서 1980년대에 3백 명씩 늘어난 사법시험 합격정원을 줄여야 한다고 아우성인 그들이 일자무식의 농부나 어부가 배심원이 되어 자신과 함께 재판에 참여한다는 소리를 들으면 아마도 개중에 정신병자나 자살자가 상당수 나올 것임에 틀림없으리라. 그러나 한국에서도 노동위원회를 비롯하여 비법률가가 준사법적 결정에 참여한 경험은 결코 짧지 않다.

한국은 흔히 독일형의 대륙법에 속한다고 하나 사실상 그 내용은 극히 피상적인 몇개의 법률 모방에 그친 것에 불과했고 민중의 재판참여를 비롯한 법문화의 차원에서는 거의 비교할 수 없는 정도의 것이었다. 도리어 적어도 학문적인 양심에 충실하다면 한국의 법문화는 일제식민지시대의 법문화에 그치고 우리는 있음을 솔직히 인정해야 한다. 그것은 한국의 봉건적 씨족질서(가족, 노동, 국가)에 근거한 일제식 자본주의 법제도(민사법, 형사법)의 강제였다. 일제식민지의 법문화는 서구법은 물론이고 일제의 법문화조차 왜곡한 것이었으나, 해방 후 그것은 독일, 프랑스의 법문화란 이유로 방치되었고, 나아가 군사독재체제의 강화에 따라 일제의 법문화로 되돌아갔다. 일제시대의 일본 국내에서는 배심제도가 시행되었고, 오늘에 이르러서도 끊임없이 논의되고 있으나 한국에서는 배심제도가 전혀 논의된 적이 없음은 그 한가지의 보기이다.

한국의 사법제도는 극도의 관료적 권위주의에 입각한다는 점에서 그 유례를 찾아보기 어렵다. 그것은 민중으로부터 철저히 격리되어 권력적인 성향을 더욱 강화하고 있다. 한국의 재판절차에서 민중은 오직 재판의 객체, 곧 피재판자일 뿐이다.

무엇보다도 한국의 사법제도는 재판에 대한 국민의 직접참가를 철저히 거부한다는 점에서 세계에서 거의 유일한 비민주적 형태이다. 한국의 관료적 사법을 근본적으로 치유할 수 있는 방법은 민중이 직접 재판에 참여하는 길밖에 없다.

배심제와 참심제

민중이 재판에 참여하는 방식에는 크게 두 가지가 있다. 곧 민중이 사실심을 담당하는 배심에 참여하는 영·미형과, 민중이 판사의 일원으로 전문법관과 함께 재판을 담당하는 독일·북유럽 및 사회주의형이다. 그 어느 것이나 더욱 공정한 재판의 실현을 위하여 직업재판관이 정치적 또는 계급적으로 재판할 수 있다는 점에 대한 민중의 비판의식에서 비롯되었다고 할 수 있다. 그리고 그것은 결과적으로 국민의 법률교육에 중대한 영향을 초래했다. 그것은 공동체의식과 주체정신의 함양에 의해 고질적인 이기주의를 극복하게 했으며, 통치의 공유라고 하는 만족감까지 시민에게 부여한 것으로 평가되었다.

외국영화에서 흔히 보듯이 그곳에서는 수백년 전부터 배심제 또는 참심제가 채용되어 시민이 재판에 직접 참여하여왔다. 배심제란 일반시민 중에서 추첨으로 선발된 12명의 배심원들이 사실인정 또는 유죄평결을 하면 직업재판관이 법을 적용하여 판결을 내리는 제도이고, 참심제란 시민이 재판관(직업재판관의 2배수)으로서 직업재판관과 함께 동등한 자격으로 재판을 담당하는 것이다. 그외에도 가벼운 사건을 일반인이 재판하는 지역법원 또는 사회법원 등은 어디에서나 인정되고 있다.

배심제와 참심제의 인정근거는 다양하게 설명되고 있다. 그러나 무엇보다도 그것은 재판에 대한 민중의 통제를 통한 재판의 독립강화에 있다. 곧 앞에서 설명한 재판의 독립을 위하여 그것은 필수불가결한 제도로 인정되고 있다. 이 점은 특히 우리나라에서도 강조되어야 한다. 물론 그외에도 민중의 자치, 전문지식의 제공, 사회집단의 다양한 견해의 전달 등의 여러 측면에서의 기능도 인정되고 있다. 요컨대 배심원과 참심관은 심리의 모든 과정에서 민중을 대표하여 절차의 공정한 진행을 감시하고, 재판의 관료화와 정치화를 통제한다.

한국에서 채택 못할 이유가 있는가?

그러한 민중의 재판참여는 체제의 구별과도 무관한 범세계적으로 보편적인 사법제도이나, 한국에서만은 논의조차 없다. 그러나 우리나라에서 그것이 채택되지 못할 이유는 없다. 나는 한국의 현행 제도에 비추어 유럽형의 참심제가 우리나라에 적합하다고 생각하나, 배심제도 못할 이유는 없다. 모든 민중에게 재판참가를 인정해야 하고 재판관과는 독립하여 민중이 독립적으로 결정하여야 하는 것으로 본다면 참심제보다 배심제가 더욱 완벽하다. 참심제는 민중 중에서 일정한 추첨과정을 거쳐 참심원을 선발하고 재판관과 협조하여 재판하기 때문이다.

배심제나 참심제는 대통령직선제보다도 훨씬 중요한 법치민주주의의 요체이다. 그것은 법의 생활화에 있어서도 무엇보다도 좋은 제도이다. 법이 민중에게 내려오고 그들에게 봉사할 수 있게 만드는 유일한 방법이다. 민중이 사법절차에 직접 참여하여야 민중의 사법, 사법민주주의가 가능해진다. 사법의 민주화는 민중의 사법이용이 용이하게 되고 나아가 민중의 재판참여가 제도화되어야 비로소 이룩될 수 있는 것이다.

  5) 사법과정에 대한 견제, 감시와 비판

  민주주의국가의 사법은 민주적 기초를 지녀야 하며 법관도 국민 전체에 대한 봉사자로서 그 직무를 수행하여야 하므로 당연히 국민의 감시를 받아야 한다. 여기서 국가권력 내부의 견제기능 및 여론에 의한 감시가 요구된다.
  민주주의의 원리상 국회의 최고기관성은 국회로 하여금 사법권의 행사를 조사하고 재판의 내용을 심사하도록 요구한다(영국, 미국, 독일 등). 권력분립의 원칙상 국회가 재판에 대해 지휘명령을 하거나 심사 후 취소 변경을 요구할 수 있는 권한은 없으므로 직접 사법권에 간섭할 수는 없으나, 구체적 사건에 관하여 법원의 사실인정의 타당성을 자신의 증거조사에 의해 조사하거나 당사자나 법관을 증인으로 신문하는 것은 인정된다. 또한 국회는 법관에 대한 탄핵권도 행사할 수 있다. 그러나 이러한 권한은 우리나라 헌법에서는 인정되지 않고 있다. 우리나라에서 가능한 비판은 언론출판의 자유에 의한 것뿐이다.
  한국에서는 공소나 재판상의 실수가 있었다고 하여도 그에 대한 책임을 묻는 제도가 없다. 국회는 실제로 사법부에 사건해결을 부탁하는 것이 관행화되어 있어서 감시와 비판이 불가능하다. 따라서 언론과 재야, 민중과 지식인에 의한 재판비판을 통하여 사법민주화가 가능해진다고 볼 수 있다.

교육민주화와 교육개혁의 과제

황 인 성 외
한국교육연구소

1. 들어가는 말

김영삼정부가 들어선 이후 지금까지의 정치과정은 정부의 '개혁정국'이 주도해왔다고 해도 과언이 아니다. 공직자 재산공개를 비롯하여 현정부가 취해온 일련의 개혁조치들은——그것이 비록 '평화의 댐'이나 '율곡 사업' 등에 대한 최근의 감사원의 태도 등에서 나타났듯이——구기득권 세력과의 타협과 절충이라는 한계를 명백히 드러내고 있음에도 불구하고, 정부의 개혁에 대한 국민들의 지지율은 높게 나타나고 있다. 적어도 '여론'과 관련해서 보자면, 현정부의 '개혁과 민주화'를 위한 노력이 국민들로부터 인정받고 있다고 볼 수 있다.

현 한국사회의 정치적인 특징은 '민중적, 진보적인 민주주의운동의 퇴조 속에서, 정부 주도하에 개혁이 이루어지고 있다는 점'으로 요약되며, 이와같은 현실이 의미하는 것은 다음과 같다. 김영삼정부의 개혁조치는 그것이 부르조아민주주의적 제도의 확장개혁이라는 내용과 방향을 가지

黃仁成: 한국교육연구소 연구원, 鄭有盛: 한국교육연구소 연구원.

고 있다고 하더라도, 한편으로는 현실정치적 과정 속에서 기존의 기득권 세력과의 끊임없는 알력과 절충, 타협이 불가피하게 나타나고 있다. 이로 인해 '개혁'의 속도와 철저성에서 한계를 드러낼 수밖에 없으며, 근본적으로는 부르조아적인 계급적 한계에 의해 규정당할 수밖에 없다는 점이다. 시민운동의 영역과 내용이 확장되고 활성화되고 있는 현실을 고려하면, 시민운동이 자본주의적 이데올로기를 강화시키는 중요한 토대이기도 하지만, 다른 면에서 보면 부르조아적인 개혁을 요구하는 양측면을 모두 가지고 있다는 점도 고려되어야 한다.

이와같은 전체적인 조건을 고려하면서 현재 진행중인 개혁의 본질을 폭로하고, 개혁의 내용을 실질적으로 진전시켜내는 속에서 새롭게 각 부문에서의 운동을 활성화시켜야 한다. 현정부의 부르조아적 개혁을 비판하면서 효과적으로 활용하고, 동시에 각 부문 내에서의 이러한 '체제내적'인 개혁의 철저화에 대한 요구를 논리적이고 현실적인 대안으로 제시하여야 한다.

이 글은 이러한 문제의식에 기초해서 김영삼정부의 교육정책의 내용과 한계를 지적하고, 교육부문에서의 민주화의 진전을 위한 방향과 내용, 그리고 과제를 제기하고자 한다. 논의의 진전을 위하여 우리는 우선 교육민주화의 의미를 재정립하려고 하며, 이를 위해서 교육권의 개념을 새롭게 해석하고 도입하고자 한다. 교육민주화의 의미를 교육권 개념을 통해 설명하고자 하는 것은 현정권이 추진하고 있는 개혁의 올바른 수행을 촉구하는 것으로, 교육민주화를 구체적으로 진전시키기 위한 하나의 방법이다. 또한 '교육권의 확보'라는 내용으로 우리 교육의 제반 문제점을 조명하고, 그 개혁의 기본방향을 시론적이나마 모색하는 것은 교육문제의 중요한 한 측면을 일관된 논리로 설명하고자 하는 시도이다. 이 글에서는 교육민주화와 교육권 개념에 대하여 학생, 학부모를 포함한 일반국민, 교사, 국가가 지니는 각각의 교육권에 대하여 설명하고, 교육권의 관점에서 현정부의 개혁의 한계를 지적하며, 몇가지 기본적인 사안과 관련하여 개혁의 방안을 제시하려고 한다.

2. 김영삼정부의 교육개혁과 한계

김영삼정부의 개혁의 한계는 교육부문에서도 이미 구체적으로 나타나고 있다. 6공 말기부터 시작된 6차 교육과정의 개정방향은 확실히 이전의 반공, 안보 이데올로기의 수준을 지양하고 있으며, 김영삼대통령 자신이 교육대통령을 자임하고, 교육재정의 확충을 위해 GNP 대비 5% 수준의 교육비를 확보하겠다고 공약한 것이나 교육부패관료의 축출, 사학의 비정상적 행태에 대한 일정한 제동, 대학수학능력시험의 실시 등은 교육문제에 대해서 '공교육의 정상화'라는 방향으로 개혁하고자 하는 시도의 일단을 보여준다고 할 수 있다. 그러나 전교조의 불법화와 해직교사의 복직 문제에 대한 해결방식이 교육개혁이나 교육민주화의 관점을 결여하고 있다는 문제점을 가지고 있다. 또한 부패한 교육관료의 문제에서도, 입시부정의 처리에서도, 나아가 교육재정의 실제적인 확보계획에서도, 기득권집단의 반발과 스스로의 계급적인 한계에 의해서 실질적으로 유의미한 개혁적 진전을 가져오지 못하고 있는 것이 사실이다. 즉, 교육민주화와 관련된 핵심적인 사안인 전교조의 문제는 교육계의 기득권집단이자, 관행처럼 되어온 교육비리의 당사자들이라고 볼 수 있는 교육관료들의 집단적인 저항에 밀리고 있는 추세이다. 그러므로 사회 각 부문의 부패관료가 개혁의 대상이 되고 있는 현실을 고려해본다면, 교육부조리에 앞장서고 교육황폐화의 현장을 이끌어온 교육계의 부패관료들도 최소한 이에 준하는 책임을 져야 할 것이다.

하지만 이에 대한 진보적 혹은 시민운동 차원에서의 대응은 실천적으로나 이론적으로 대단히 저급한 수준을 벗어나고 있지 못한 것 또한 현실이다. 현시기의 한국사회의 변화와 관련지어서 교육의 변화 문제를 역사적, 구조적인 관점에서 조명해내고 있지 못할 뿐만 아니라, 구체적인 개혁적 대안을 제출하는 데에도 통일적, 총체적인 관점 속에서 교육문제의 각각의 사안에 문제점을 드러내고, 이에 입각한 전체적인 교육민주화의 방향을 제시해내기보다는, 여전히 각각의 분절된 사안에 대한 대안의 차원을 벗어나고 있지 못하다.[1]

3. 교육민주화와 교육권 개념

우리는 이 글에서 '교육권의 보장'을 현단계 교육민주화의 중심내용으로 제시한다. 교육권은 그동안 단지 '교육받을 권리', 즉 좁은 의미로는 '취학권'과 동일한 의미로 사용되어왔으나, 이 글에서는 교육을 둘러싼 각 주체들이 고유하게 가지는 권리로 그 개념을 확장하고자 한다. 교육권의 보장이라 함은, 각 교육주체들이 지니는 교육권이 이전에는 그냥 지나쳐왔지만 이제는 그들 집단에게 돌려주어야 한다는 것을 의미한다. 이 장에서는 학생와 학습권과 학부모를 포함한 일반국민의 교육통제권, 교사의 교육권, 국가의 교육권으로 각각 나누어 설명하고, 각 주체간의 권리의 통합과 조정 기능으로서 국가의 역할에 대하여 논의한다.

1) 학생의 학습권

교육은 기성세대에 의해서 그 내용과 방법이 조직되고 시행되는데, 이것은 '현재적인' 삶의 주체를 대상으로 하는 것이 아니라, '다음 세대'의 삶의 주체를 대상으로 하는 것이다. 여기서 교육이 긴장관계를 형성하게 되는 것은 '누구의 관점에서 교육이 이루어져야 하는가'의 문제이다.

---

1) 통일적인 관점에서 각각의 개별적인 교육의 제문제를 이론적으로 인식하고 있지 못한 것은, 진보적 관점에서 제시된 교육개혁안 가운데에서 가장 구체적인 것 중의 하나로 볼 수 있는 전교조의 교육개혁안도 마찬가지로 안고 있는 문제이다. 전국교직원노동조합, 『6공화국의 교육현실과 교육개혁의 과제』, 1992.

그러나 역사적으로 나타난 일반론은 '교육자'가 중심이 되어서 교육을 '해주는 것'이었다. 그런데 이때 넓은 의미에서 '교육자'란 '기성세대'를 의미하는 것이고(좁은 의미에서는 개인으로서의 교수자를 의미하지만), 한 사회의 공식적 혹은 형식적인 교육을 조직하고 시행하는 주체로서의 기성세대는 구체적으로는 그 사회의 정치적, 경제적, 문화적인 지배계급을 의미한다. 따라서 교육자를 중심으로 하는 교육은 결국 역사적으로나 사회적인 의미에서 보자면, 기존의 지배계급의 지배구조를 정당화하고 다음 세대로까지 지속시키기 위해 지배계급의 문화를 학습자에게 내면화시키는 장치로서 기능해온 것임을 말해주기도 한다. 하지만 이와같이 교육자가 교육에 대한 모든 결정권을 가지고 학습자를 단순히 '교육자가 원하는 바의 교육'을 주입시킬 대상으로 설정하는 교육[2]은 계급적 지배를 정당화하는 도구로서의 교육이 될 수밖에 없으며, 그러한 의미에서 '올바른 교육'은 실현될 수 없다.

역사적, 사회적인 의미에서 논자가 전제하고자 하는 '올바른 교육'이란, 이와같이 결국은 지배구조를 다음 세대에까지 정당화, 유지시켜내는 교육에 대한 반정립을 의미하는 것이다. 왜냐하면 그것은 다음 세대에게 기존의 사회와 역사가 지닌 모순과 갈등을 지양해나가는 진전된 '다음 세대의 사회적 삶'을 위한 것이 되도록 해야 한다는 것으로서의 의미를 지녀야 하기 때문이다.

교육은 사회적 과정인 동시에 독자적인 개인의 삶과 성장의 과정이기도 하다. 이때 학습자로서 개인의 성장은, 그 학습자의 삶의 과정을 통하여 그 학습자의 향후의 삶과 관련된 과정이어야 한다. 그렇기 때문에 '인간의 전면적 발달을 지향하는 교육' 혹은 '전인교육'의 필요성과 그 의의가 도출된다. '전면적으로 발달한' 혹은 '전인적'인 개인은 기존의 사회 역사적 제도나 그를 규정하는 사회적 집단 혹은 개인에 종속되고 고착된 개인을 의미하는 것이 아니라, 새로운 문제상황에 대한 주체적인 삶의

---

2) 이와같은 우리의 관점은 프레이리의 지배자의 교육에 대한 인식과 가까운 것이다. P. 프레이리, 성찬성 역, 『뻬다고지』, 한국천주교 평신도사도직 협의회 참조.

태도와 능력을 가지고 자신의 삶을 풍부하게 형성해나가는 개인을 의미
한다. 이러한 개인의 형성 문제 역시 '누가 교육의 중심'이 되어야 하는
가의 문제에서 기존의 '교육자가 규정하는 개인 혹은 인격의 형성'과 대
립될 수밖에 없다.

즉, 올바른 교육은 비록 그 용어가 여전히 '규범적' 성격을 많이 담고
있기는 하지만 사회적·역사적인 의미에서 기존의 지배적인 구조를 변
화·발전시키고 새로운 사회적 삶의 형성을 위한 개방적인 교육이며, 개
인적인 의미에서 전면적으로 발달한 주체적인 개인의 형성과정으로서의
교육을 의미한다. 이러한 관점에서 제기하는 교육이라는 것은 사회적 실
천이 가지고 있는 교육자-학습자의 관계에 대해서 기존에 당연시되어오
던 교육자 중심의 논리에 정면으로 문제제기를 하는 것이다. 이러한 문
제제기는 학습자를 교육의 중심에 놓는 것으로 전환되어야 함을 제시하
려는 데 있다.[3] 여기에서 '학습권'[4]의 문제가 제기된다.

따라서 학습권은 단순히 '특정의 내용을 공부할 수 있는 권리' 혹은
'취학의 기회보장'을 의미하는 협소하고 소극적인 권리를 말하는 것이 아
니라 '존엄성을 가진 인격적 주체로서 교육의 과정 속에서 대상화되거나
도구화되지 않을 권리'이자, '자신의 개인적, 사회적인 삶의 내용을 풍부
하게 형성해나갈 수 있는 권리', 이를 위해 스스로에게 유의미한 교육을
받을 수 있는 권리라는 면에서 근대적인 의미의 인권의 일부로서 이해되
어야 하고, '지배계급의 파당적 지배문화 주입에 대한' 저항권의 하나로
서 위치지어야 한다.

---

3) 교육자와 학습자 간의 관계가 학습자를 중심으로 변화되는 것이 교육의 민주
  화의 기본적인 요소가 된다는 견해로는 김신일, 『교육사회학』(개정증보), 교육
  과학사, 1993, 42~44면 참조.
4) 기존의 학습권이론의 전개과정과 개념에 대해서는 조상희, 「교육권의 이론과
  학습권의 이론」, 서울대 석사논문, 1986 참조.

2) 국민의 교육에 대한 통제권

앞에서 우리는 교육자와 학습자 관계가 학습자 중심으로 변화해야 하며 그러한 의미에서의 학습권의 보장은, 교육의 본질적 요구에서만이 아니라, 사회와 역사의 민주적 발전과 관련되는 것으로서 교육민주화의 기본적 방향을 이루는 것으로 제기하였다. 하지만 이것이 교육자-학습자의 관계를 배타적인 관계로 파악하는 것을 의미하지는 않는다. 즉 학습자가 중심이 되어야 한다고 할 때, 교육자는 학습자에 대한 단순한 보완적 지위에 머물러야 하며 교육에 대한 모든 판단과 결정을 학습자가 내려야 한다는 것을 의미하지는 않는다. 현실적으로 모든 교육은 그 내용에서 '이전까지의 역사적, 사회적 산물'로 만들어질 수밖에 없으며, 또한 이것을 조직하여 운영하는 주체 역시 '교육자'가 될 수밖에 없다. 학습자가 살아가는 사회적 삶 또한 기존의 역사적, 사회적 삶의 조건과 무관할 수 있는 것이 아니라 거기에 터해서 발전될 수밖에 없다는 점에서도 학습자가 '기존의 것'으로부터 '배워야 하는 것'은 불가피한 일이다. 그러나 우리가 제기하고자 하는 문제는 그것이 '열려진 것'으로서 제시되어야 하며, 그래서 기존의 것을 배우되 '새로운 것을 만들어나가는 것'으로 배우도록 해야 한다는 것이다.

그런데 기성세대에 의해서, 보다 구체적으로는 기존의 사회와 문화에 지배적인 지위를 점하고 있는 집단에 의해서 교육내용이 조직되고 교육을 실현하는 제반 수단과 조건이 부여될 수밖에 없다고 할 때에, 이와같은 것이 어떻게 보장될 수 있는가 하는 점이 문제로 제기된다. 지배적인 지위를 차지하고 있는 집단들은 필연적으로 자신의 지위와 지배를 정당화하려 하고 지속시키고자 하는 경향을 가지는데, 이러한 집단적 이해관계에 의해 학습권이 왜곡되고 그러한 이해관계의 도구로 교육이 이용되는 것을 어떻게 막을 수 있을 것인가? 이와 관련하여 제기되는 것이 국민에 의한 민주적인 교육의 통제, 즉 국민의 교육통제권과 교육의 정치적 중립성의 보장, 그리고 교사의 교육권의 보장 문제이다. (여기서는 교육의 정치적 중립성[5]의 문제를 별도로 다루지는 않는다.)

　시민혁명과 근대국가 성립 이후에 국가권력은 적어도 '모든 시민의 형식적 평등'에 기초한 '민주적 공권력'으로서 자신의 지위를 설정해왔다. 그러나 현실에서는 '형식적 평등'[6]이 '실제적 평등'으로 구현되어온 것은 아니었으며, 자본주의사회의 발전에 따른 시민사회 내의 필연적인 계급분화를 반영하여 경제적, 정치적, 문화적으로 지배적인 지위를 점하고 있는 자본가의 이해관계가 중요하게 관철되어온 것이 주지의 사실이고, 경우에 따라서는 정치권력을 장악한 특정한 파당적 세력이 '국민을 억압적으로 지배'하는 기구로서의 성격을 지녀오기도 하였다. 따라서 형식적 평등에 기초한 '모든 권력의 국가위임'이라는 사고는 사실상 국민적 주권과 지배의 원리에 대립되거나 배치되는 것으로 인식되기 시작했으며, 국가권력에 대한 민주적인 통제를 확대하기 위한 조치들의 강화와, 직접적 민주주의를 최대한 실현하기 위한 노력과 투쟁이 지속되어왔다. 그러한 의미에서 국민의 교육통제권 확보를 위한 노력은 근대국가의 발전과정 속에서 '시민의 형식적 평등'과 '국가권력에 의한 국민의 소외'를 극복하고 진정한 '국민에 의한 지배'를 실현하기 위한 민주주의 확보와 확대의 투쟁과정이기도 하였다.

　이 가운데 국민의 직접적 민주주의의 실현을 위한 제도적 장치가 지방자치제의 확대이다. 요컨대 민주주의사회의 국민적 지배원리는 '공'권력으로서 국가권력에 대한 국민의 민주적인 통제를 확보하기 위한 제반 민주적 권리의 보장과 제도의 확보, 국민의 직접적 통제권을 최대화하기 위한 지방자치제의 강화로 요약될 수 있다. 교육에 대한 국민의 통제권도 이와같은 맥락에서 파악된다.

---

5) 교육의 정치적인 중립성에 대한 글은 桑原作次, 「교육의 정치적 중립성」, 교육출판기획실 편, 『교육현실과 교사』, 청사, 1986을 참고할 수 있다.
6) 근대시민혁명에 의한 형식적 평등의 의의와 한계에 대해서는 김세균, 「자유민주주의의 역사, 본질, 한계」, 한국정치연구회 사상분과 편저, 『현대민주주의론 1』.

교육에 대한 국민의 지배권의 확보는 크게 세 가지 경로를 통해서 관철된다. 하나는 공교육 제공의 권한과 임무를 지니고 있는 국가권력 자체에 대한 민주적 통제를 통해서이고, 둘째는 교육자치제의 실현과 이를 바탕으로 교육에 관한 의사결정에서 국민통제의 원리를 실현하는 것이며, 셋째는 학부모집단이라는 형식을 통해서 각급 학교 및 각 교육행정 단위에 참여하여 의견을 제시하는 방식이다.

일반적으로 학부모의 교육권이라고 할 때, 이것은 학생의 학습권에 대한 후견권 혹은 친권으로서의 의미로 이해된다.[7] 우리는 여기에 터해서 학부모의 교육권을 '자신의 자녀에 대한 친권'으로서만이 아니라 국민의 기본권으로서 교육에 대한 지배권의 일부로 이해하여야 한다고 본다. 왜냐하면 '어떤 교육이 이루어져야 하느냐'의 문제는 교육을 받는 학습자가 어떤 내용의 교육을 받아야 하느냐 하는 문제만이 아니라, 그러한 교육이 실현되는 것이 현재의 사회에서 어떤 정치적인 의미를 지니고 있는가의 문제이기도 하기 때문이다.

따라서 여기서 우리는 학부모의 교육권을 따로 설정하여 다루지 않고, 국민의 교육에 대한 통제권이 실현되는 하나의 방식으로 설명한다. 요컨대 교육의 민주화는 교육에 대한 국민의 통제권이 얼마나 실현되고 있는가의 문제를 기본적인 내용으로 포함하는 것이며, 실천적인 부문에서 그것이 얼마나 민주적인가 하는 것은 제도적으로 국민의 참여와 통제 경로가 얼마나 보장되고 있는가의 문제이다. 직접적으로는 교육자치제가 어느정도 주민통제의 원리를 실현하고 있는가의 문제이기도 한 것이다.

3) 교사의 교육권

교육에 대한 국민의 통제권의 원리가 실현된다고 해서 국민 개개인 혹은 학부모가 교육의 직접적 담당자가 되는 것은 아니다. 즉 교육과정의

---

7) 조상희, 앞의 글, 65면.

결정과 조직화, 교수방법, 교육평가를 포함한 구체적이고 직접적인 교육행위의 담당자는 교사일 수밖에 없으며, 국민의 통제권은 이에 관한 그리고 교육의 조건에 대한 포괄적인 의사결정권일 수밖에 없다. 따라서 여전히 직접적인 교육행위에 연관되는 이러한 제사항에 대한 결정권은 누가, 어떤 원리에 의해서 가지고 있어야 하는가 하는 문제가 된다. 만일 국가권력이 교육 내용, 방법, 평가를 모두 독점하고 있다면 사실상 교육에 대한 국가의 통제원리는 허구화될 수밖에 없을 것이다. 여기서 교사의 권리 문제가 제기된다.

흔히 교사는 공무원으로서의 지위라는 논리로 국가권력에 복종하기를 요구받는다. 그러나 이는 교육에 대한 국가권력의 독점적 지배를 위한 논리에 불과하며, 이러한 성격의 국가권력이 민주적이지 않음은 자명하다. 구체적인 교육행위와 관련된 교육과정의 조직, 교육내용의 선정, 교육 방법·평가에 관한 결정권은 교육전문가인 교사에게 보장되어야 할 권리이다. 한편으로 교사는 학습권과, 국민의 교육을 담당하는 전문가로서의 소양과 양심에 따라서 교육을 수행해야 하는 권리와 의무를 함께 지니고 있어야 한다.

교사의 권리는 교육권의 논의를 통해서만 도출되는 것은 아니다. 교사는 교육전문가임과 동시에 사회의 구성집단의 일부를 이루고 있는 시민의 일원이기도 하다. 따라서 교사의 권리는 한편으로는 시민으로서의 권리보장이라는 것에서도 주어진다. 공민권적 기본권을 포함하여 스스로의 권익을 보장하기 위한 단체결성의 자유와 권리 등이 보장되어야 한다.[8] 그러므로 교사의 권리확보 문제 또한 교육민주화의 중요한 구성요소가 된다.

---

8) ILO-UNESCO의 교원의 지위에 관한 권고 79~84조는 교사의 권리를 교육전문가로서의 측면과 시민으로서의 측면에서 구체적으로 제시하고 있다. 또한 교사의 권리의 두 가지 측면에 대한 이론적인 기초를 교육노동의 특수성에서 구하고 있는 논의는 勝野尙行, 이철국 역, 『교사론』, 거름, 1989이 있고, 이와 유사한 관점에서 한국에서의 교사의 권리를 논하고 있는 글로는 전국교사협의회 편, 『교사와 교원단체』, 미래사, 1988, 29~32면을 참고할 수 있다.

4) 교육의 한 주체로서의 국가

앞에서 우리는 교육민주화의 핵심적인 요소를 학습권과 교육에 대한 국민의 통제, 교사의 권리의 확보와 신장으로 규정했다. 그러나 이것은 국가가 교육과 관련하여 방관자적 위치에 놓여야 함을 말하는 것은 아니다. 현실에서도 공교육제도가 기본적인 교육형식으로 존재하는 한 국가는 교육과 관련한 한 주체일 수밖에 없다. 오히려 앞의 세 가지 교육주체의 권리, 특히 그 가운데 교육의 목적 혹은 본질과 관련된 근본적인 내용인 '학습권'의 올바른 보장을 위한 국가의 역할은 점점더 확대되어왔으며, 또한 그래야만 한다.

교육의 한 주체로서 국가의 역할은 크게 두 가지이다. 하나는 학습권과 관련하여 평등한 교육기회의 보장, 양질의 교육조건의 정비, 학습자에게 유의미한 교육이 보장되게 하기 위한 제반 조건을 확보하는 것이다. 이런 의미에서 교육의 민주화와 국가가 운영하는 공교육은 서로 배타적으로 대립될 성질의 것이 아니다. 오히려 공교육이 학습권을 충분히 보장하여 이것을 잘 실현할 수 있도록 하기 위하여 국가의 역할은 더욱 풍부하게 확대되어야 한다는 것이다. 둘째, 국가는 각 교육주체들의 권리와 요구를 조정하고 통일해내는 역할을 수행하여야 한다. 왜냐하면 현실적으로 앞에서 말한 각 교육주체들의 교육권은 상황과 경우에 따라서 서로 대립적인 관계를 형성할 수 있기 때문이다. 예컨대 학생의 학습권과 교사의 교육권, 학습권과 학부모의 개별적·이기적인 친권적 요구, 교사의 교육권과 학부모의 교육권, 국가의 교육에 대한 행정적·재정적 지원 및 이를 둘러싼 교사, 학부모의 요구와의 대립 등이 언제든지 생겨날 수 있다. 이와같은 각 교육주체들간의 교육권이 상호조정되고 통일되는 것은 교육이 정상적으로 운영되는 데에 기본적인 조건이 될 것이다.

그러므로 이러한 조정과 통합을 수행할 수 있는 제도적 기구는 교육자치단체와 지방자치단체, 중앙의 국가기구 등이 될 수밖에 없으며, 교육자치단체와 지방자치단체 또한 국가기구의 일부임을 고려할 때 국가의 중요한 역할의 하나는 이러한 조정과 통합의 기능이다. [9] 이와 관련하여 각 교육주체의 교육권이 상호 조정되고 통일되는 과정이 민주적으로 진행되는 것 또한 교육민주화의 중요한 내용임이 지적되어야 할 것이다.

4. 교육민주화와 교육제도의 개선

우리는 앞에서 교육권의 논의에 기초한 교육민주화의 개념을 재정립하고자 시도하였다. 이에 따르면, 교육의 민주화란 '교육의 각 주체에게 부여되어야 하는 기본권이 확보되는 것이며, 교육의 각 주체들이 확보한 교육권이 민주적인 방식으로 상호 조정, 통합되어 교육이 운영될 수 있도록 하는 것이다.' 이와같은 교육의 민주화가 정당화되는 근거는 그것이 '올바른 교육'의 실현을 위한 근본적인 전제조건이 된다는 데 있다.

교육민주화를 위한 교육제도의 개선 혹은 개혁이라고 하면 일반적으로 교육을 둘러싼 구체적인 제조건이나 조건을 규정하는 법규 등의 제도의 개선을 의미한다. 예컨대 교육재정의 문제, 교육행정구조의 문제, 교육환경의 문제, 학제, 교육과정을 결정하는 원리와 제도, 교원의 양성 및 권리에 대한 제도 등을 개선함을 말한다. 이렇게 볼 때, 교육의 민주화는 구체적인 교육제도가 개혁되어야 할 방향을 규정하며, 어떤 점이 어떻게 개선되어야 하는지에 관한 개선의 내용을 규정하고, 실제로 현재의 혹은 개선된 교육제도가 얼마나 민주적인지를 판단하는 평가의 잣대가 되기도 한다. 또한 교육민주화는 실질적으로 교육제도의 구체적인 개선을 통해서만 현실화된 자신의 의의를 실현시킬 수 있으며, 교육개혁은

---

9) 흔히 교육자치제를 논하는 많은 글들은 대부분이 교육자치제에서 이러한 교육권의 조정과 통합 모색을 위한 기제를 제기하고 있지 않으나, 우리의 견해로는 교육권의 보장과 이것의 상호조정과 통합이라는 관점에 설 때에 교육자치제에 기초한 교육자치단체는 이러한 조정을 위한 장치를 공식화시켜야 한다고 본다.

그런 한에서 의의를 지닌다고 볼 수 있다. 그러나 개혁을 위한 개혁으로서의 교육개혁 혹은 개선조치가 교육의 민주화를 앞당기는 데 항상 기여하는 것은 아니다. 예컨대 국가독점적인 교육 운영구조와 내용을 완고하게 유지하면서 교육에서의 민주적 발전이 봉쇄된 조건에서도 국가규모의 확대의 정도에 조응하여 공교육의 제반 조건을 변화시키는 조치들은 얼마든지 가능하기 때문이다.

1) 한국교육의 문제와 현정부의 교육개혁

우리나라 교육문제의 심각성은 몇가지 특징적 양상들로 널리 지적되어 왔다. 즉 거대학교, 콩나물교실로 표현되는 열악한 교육환경, 지옥 같은 입시전쟁, 과열과외, 부정입학, 촌지문화로 대변되는 학교사회의 부패 등이 일반에 의해서도 늘 제기되는 문제들이다. 여기에 더하여, 학교문화의 군사문화적 획일성과 권위주의, 교육행정의 관료주의적 경직성, 교육행정의 비전문성, 사학의 파행적 운영과 부정부패, 구태의연한 반공·안보 이데올로기의 주입, 나아가 정권안보의 도구화가 된 교과서와 교육현장 등의 문제는 역시 우리 교육이 가지고 있는 문제의 심각성의 일단을 보여주는 것들이다. 이와같은 각각의 교육문제들이 이론적으로 인식되는 데 있어서뿐만 아니라, 실천적으로 해결책이 모색되는 데에도 올바른 내용과 방향을 견지하기 위해서는 각각의 현상적 사안들이 고립적으로 파악되어서는 안되며, 통일적·총체적으로 인식되고, 또 그런 만큼 구조적이고 총제적인 개혁방향이 모색되어야 한다고 본다.

객관적으로도 이와같이 고립적, 개별적으로 존재하고 있는 것은 아니다. 각각의 문제들은 교육을 둘러싼 본질적 관계의 방식으로부터 근거지어진 것들이며, 그것은 근본적으로 국가권력의 국가독점적·파행적 지배에서 기인한다. 요컨대 한국교육의 본질적인 문제는 학습자가 교육의 대상화·도구화되고, 교육에 대한 국민의 통제권이 부정되고 소외되며, 교사들의 교육전문가로서의 지위와 권리가 인정되지 않고 단지 국가교육의 충실한 대변자로서의 역할 수행을 강요받아온 것에서부터 비롯되는 것이다. 이러한 비정상적 교육현실은 해방 이후 외세의존적이고, 반민주적인 독재권력과 그에 뒷받침하는 예속독점적 자본가계층에 의해 교육이 억압적으로 지배되어온 결과의 반영이기도 하다.[10] 즉 교육이 지배계급의 경제적, 정치적, 이데올로기적인 이해관계를 대변하는 첨병으로서 위치지어진 사회적 현실의 반영이었던 것이며, 이렇게 형성된 교육을 둘러싼 본질적인 관계가 현상적으로 표출된 것들이 위의 제반 문제들이라고 할 수 있다.

따라서 우리 교육의 근본적인 개혁은 교육주체들의 교육권을 확보하는 것을 기본적인 방향과 과제로 하고, 이를 뒷받침하는 것으로서 제반 조건의 개선이 뒤따를 때 가능한 것이다. 바꿔 말하면 그동안 교육과 관련된 개별적인 여러 문제들에 대한 나름대로의 조치들이 있어왔음에도 불구하고 그것이 교육문제를 해결하는 데 본질적으로 기여해오지 못한 근본적인 이유는, 교육민주화의 방향과 결합되지 못하고 오히려 지배계급의 당파적 이해를 극대화시키는 것으로부터 주어진 것이기 때문이다.[11] 현정부의 교육개혁에 대한 기본적인 한계도 여기서 주어진다.

아직 새정부가 출범한 지 6개월여밖에 경과하지 않았기 때문에 현정부의 현실화된 교육정책은 부분적일 수밖에 없기는 하지만,. 그러나 대통령 선거 때의 공약 그리고 지금까지 정부에 의해 추진된 교육정책이나 또는 정책구상들은 현정부의 교육개혁의 방향을 가늠하게 하는 근거가 될 수 있을 것이다. 그 가운데 몇가지 중요한 내용을 보면 우선 교육재정의 확충 공약과 계획, 입시부정을 계기로 한 사학비리부정에 대한 개혁, 부패 교육관료에 대한 처벌의지, 교육자치제에 대한 부분적 보완, 전교조에 대한 불법화 지속, 대학수학능력시험 실시 등을 들 수 있다. 그러

---

10) 이종태 편, 『분단시대의 학교교육 2』 도서출판 푸른나무, 1990 중에서 성혜령, 「제5공화국의 교육통제와 교육기구의 역할」; 신인순, 「한국의 경제개발정책과 교육사회구조」; 이인규, 「한국 교육과정의 변천과 외세」 참조.

11) 이런 의미에서 우리는 '학습권'의 올바른 실현이 교육의 본질적 요구라고 할 때에, 교육의 본질적인 요구는 사회의 민주화와 불가분의 관계라고 본다.

나 이러한 조치들이 안고 있는 문제는 매우 비계획적인 수준에서 진행되고 있다는 점이며, 근본적으로는 교육민주화의 관점과 방향 속에서 개혁의 과제가 도출되고 있지 않다는 점에 문제의 본질이 있다.

현정부의 개혁계획 어디에도 학생의 학습권을 확대시키고자 하는 의지가 없으며, 교육에 대한 국민의 통제권 확대의 문제도 교육자치제에 대한 사소한 수준의 개선방향을 제시하고 있을 뿐이고, 교사의 교육권 확보 문제에 대해서도 적대적인 태도를 보이고 있는 것에서 그 한계가 드러난다. [12] 따라서 현정부의 교육개혁에 대한 주장 혹은 구상은 그것이 교과내용의 이데올로기적 성격에서 세련화와 부분적인 지방분권화, 교육재정 확충을 통한 사학의 정상화 등을 통하여 기존교육의 파행성을 해결하고자 하는 일련의 조치들을 담고 있지만, 교육의 민주화와는 사실 거의 관계가 없거나 오히려 적대적이기도 하다는 점이 지적되어야 한다.

교육주체의 교육권이 보장되는 것으로서 교육민주화의 방향이 주어지지 않을 때, 개별적인 교육제도의 개선은 지배계급의 이해관계에 의해 추진되어 교육을 도구화시키는 방식을 세련되게 하고 지배를 더 강화하는 것을 의미하는 것에서 벗어나지 못한다.

2) 교육민주화를 위한 교육개혁의 기본방향

교육권을 바탕으로 하는 교육개혁의 기본방향으로서 본 연구에서 제기하고자 하는 것은 다음과 같다.

① 교육자치: 교육에 대한 국민의 통제기제

교육자치제는 교육민주화와 관련하여 교육에 대한 국민의 통제권이 실현되는 직접적 통로라는 점에서 가장 중요한 개혁의 과제 가운데 하나이

---

12) 지난 6월말에 발표된 해직교사 복직에 대한 정부의 방침은 여전히 전교조탈퇴를 전제조건으로 하고 있을 뿐만 아니라, '선별'까지 하겠다는 것은 5공이나 6공의 정책과 차별이 없으며, 오히려 문민정부하에서 후퇴한 것으로 평가된다.

다. 현행 교육자치제는 1990년 12월 지방자치법이 개정됨에 따라 지방의
회에서 교육위원을 선출함으로써 1991년 3월부터 본격적으로 실시되었
다. 이것은 교육자치제가 거의 30년 만에 부활되었다는 점에서 환영할
만한 일이다. 그러나 현재의 교육자치제는 많은 문제점을 가지고 있어
교육에 대한 국민통제의 원칙을 구현하지 못하고 있으므로 매우 제한적
인 수준에 머물러 있다고 볼 수 있다.

  교육에 대한 국민통제의 원칙이라는 관점 속에서 현행 교육자치제가
개선되어야 할 중요한 방향은 다음과 같다. 첫째, 주민의 최대한의 직접
적 참여를 보장해야 한다. 이는 교육자치제의 원리 자체가 요구하는 원
칙이다. 그러나 현행 교육자치제에는 교육자치단위가 시도에 국한되어
있음으로 해서 사실상 주민의 직접적 참여와 통제의 실현을 어렵게 하고
있으며, 더욱이 교육위원과 교육감의 선출을 간선제로 하도록 하고 있어
서 교육자치제의 기본적 의의가 어디에 있는지조차 알 수 없도록 되어
있다. 둘째, 교육자치제를 통해 교육에 대한 자치단체 내의 제반 결정이
내려질 수 있어야 함은 교육자치제의 존재이유이기도 하다. 그러나 현행
교육자치제는 교육위원회의 독자적 의결권을 보장하고 있지 않을 뿐만
아니라, 자치단체 내의 교육에 관한 결정에서· 여전히 협소한 권한밖에
가지고 있지 못하다.[13] 셋째, 학부모와 교사와 학생의 교육권이 상호 조
정되고 통일되는 장이어야 한다. 교육자치단체는 기본적으로는 주민이
직접 선출한 교육위원들이 교육에 관한 제반 결정을 하도록 하여, 교육
에 대한 국민의 통제원리를 실현시키는 기구임과 동시에 각각의 교육권
이 구체적이고 민주적으로 상호 조정되고 통일됨으로써 원만한 교육이
실현되도록 하는 기구가 되어야 한다. 따라서 교육위원회 내에서 해당
지역의 교사단체들과 학부모단체의 의견을 수렴하는 공식적인 제도나 장
치가 준비되어야 한다. 마지막으로, 교육이 실제로 진행되는 교육의 장
인 학교에서 교사, 학생, 학부모의 참여가 보장되는 학교자치의 문제가

---

13) 현재 교육위원회는 예·결산안, 조례안 등 중요한 사항에 대해서는 그것을
    지방의회에 제출할 것인지의 여부만을 의결할 수 있도록 하고 있다. 전교조,
    앞의 책, 55면.

교육자치제의 중요한 내용으로 평가되어야 한다. 학교자치는 교사가 학교운영에 결정권자로서 참여하도록 하여야 하며, 이를 위하여 교무회의를 의결기구화하는 것이 기본적인 출발점이 된다. 학교장은 교사의 의결권에 따른 집행기관으로서의 행정적인 책임을 맡게 함으로써 이전과 같은 학교장의 관료적인 전횡도 근절될 수 있다. 이를 위해서 교장은 교무회의에서 민주적으로 선출되어야 한다.[14] 이밖에 학생들의 학사운영 참여를 위하여 학생들의 자치활동을 보장하는 것이 필수적이다. 또한 특별활동이나 동아리활동 등 학생들의 자율적인 활동이 장려되고 적극적인 지원을 받아야 한다. 학부모의 학교운영 참여를 위해서는 민주적이고 자주적인 학부모기구가 제도적으로 마련되어야 한다.[15]

② 의무교육의 확대와 학제개편[16]

'학습권' 보장의 가장 기본적인 내용은 '교육기회를 보장'한다는 것이다. 그것은 '최소한 보장되어야 한다'는 점에서, 그리고 그 위에서 제반 교육권의 '질적'인 성격[17]을 논의할 수 있다는 점에서 중요하다. 학제와 관련한 개혁의 기본원칙은 바로 이 교육기회의 보장이다. 이것은 교육기

---

14) 전국교직원노동조합은 87년 전교협 시절부터 교무회의 의결기구화와 교장의 선출 임기제를 학교민주화의 핵심적인 요소라고 지적해왔다. 이에 대한 자세한 내용은 전국교사협의회 편, 『교사와 교원단체』, 미래사, 1988 중에서 제3부 참조.

15) 지난 1991년 참교육학부모회에서는 그동안 학교에서의 학부모조직은 단지 재정적 의무만을 짊어진 채 교육당국의 일방적 주도하에 반민주적으로 운영된 것이 문제점이라고 지적하고 교사대표와 동수로 학부모대표가 참여하고 교장, 교육행정가 및 고등학교의 경우 학생대표가 준회원으로 참여하는 '학교운영협의회'를 제안한 바 있다. 이때 학부모대표는 학부모들의 진정한 의사를 대변할 수 있고 대표성을 가질 수 있도록 학부모들이 모여서 민주적으로 선출해야 한다.

16) 여기서 학제는 학교제도 혹은 학교교육제도를 의미한다. 학제는 학교계통, 학교단계에 따른 교육목표, 교육내용, 수업연한, 취학연령, 학교간의 종적 연결, 계열간 학교간의 횡적 연결 등에 관한 제도와 운영 등으로 한 사회의 형식교육의 기본적인 틀을 말한다. 장기옥, 『학교교육제도』, 대한교과서주식회사, 1991, 13면.

회의 평등을 실현하는 것으로, 특히 학생의 사회경제적 배경에 따라 교육기회의 불평등 문제를 해결하기 위한 방안으로 교육기회에 차별을 받지 않아야 한다는 것을 의미한다.

그러므로 학습권의 보장은 제도적으로는 학제의 개혁과 직결되는 문제이다. 학습권의 기본적인 보장, 즉 교육기회의 보장을 위한 학제개혁은 우선 '의무교육연한의 확대'[18]로 나아가야 한다. 최소한 의무교육기간에는 가정의 경제적 형편 정도에 관계없이 '기본적'으로 평등한 교육을 받을 수 있는 조건에 놓여질 수 있으며, 따라서 무상의무교육의 취지를 제대로 반영할 수 있기 때문이다.

국가교육의 근간인 학제는 경제적, 사회적 여건과 그 변화의 추세에 적합하게 짜여져야 한다. 즉 산업구조의 변동에 따른 인력의 수요변화와 공급의 가능성, 국민경제의 교육비 부담능력, 교육인구의 구조적 변화와 지역간 이동추세, 사회변동의 과정에서 생성되는 사회계층구조의 변화, 이 변동의 과정에서 국민의 사회적 행동을 규제하는 가치변화, 교육관의 변화, 과학기술의 혁신과 지식의 급격한 팽창, 국민의 교육에 대한 욕구, 평생교육체제를 지향하는 국내외의 흐름 등 끝없이 변화하는 교육에 대한 사회적, 개인적인 요청과 현실 간의 갈등 속에서 학제의 기능, 학제로서의 효율성 및 새로운 학제 발전의 가능성 등이 모색되어야 할 것이다.[19]

학제의 개혁을 통하여 유아교육을 의무교육화하여 제도교육에 포함시

---

17) 사실 우리는 학습권의 새로운 해석의 중심적인 내용을 '학습의 질적인 보장', '학습자에게 유의미한 교육기회의 보장' 문제로까지 확대되어야 한다고 본다. 하지만 현실적인 제도와 조건이 '양적인' 면에서의 교육기회의 보장도 충분히 실현하고 있지 못한 상태에 비추어볼 때, 우선적인 문제는 '기본적인 학습기회의 평등한 보장'을 실현하는 데 강조가 놓여질 수밖에 없다. 학습의 질적인 성격을 학습자에게 있어서의 유의미성에서 찾아야 한다는 논의는 이돈희, 『교육정의론』, 고려원, 1992, 32~35면 참조.

18) 최희선, 「의무교육제도의 성격과 과제」, 『한국교육행정의 과제와 이론적 접근』, 교육과학사, 1983 참조.

19) 장기옥, 『학교교육제도』, 대한교과서주식회사, 1991, 11면.

켜야 하는 이유를 몇가지 들면, 사회적 측면으로는 사회의 변화와 경제적 발전과정에서 나타난 도시화와 산업화 현상으로 부모의 취업이 확대됨에 따라 그 필요성이 증대된 것이다. 사회복지의 측면으로 가정환경이 적절치 못하여 가정의 혜택을 받지 못하는 유아들을 보호하는 동시에 가정교육을 보강하는 기능도 있다. 이는 교육의 기회균등을 보장하려는 조치이기도 하다. 대부분의 국가에서는 교육기회균등의 원칙 확립, 교육권의 법적 보장 등이 되어 있다. 그러나 현대에는 인간평등의 정신을 바탕으로 이와같은 원칙과 이념을 보다 충실히 실질화시키려 하고 있다.[20] 그러므로 유아교육은 교육, 탁아, 후생복지의 기능을 복합적으로 가지는 역할을 담당해야 한다. 현재의 유아교육은 주먹구구식으로 교육내용과 교육방법 등에서 천차만별의 교육이 이루어지고 있는 조건을 고려할 때 유아교육의 공교육화와 의무교육으로의 확대를 위한 사회적인 관심과 제도적 개선이 시급히 요청된다. 세계 각국의 경향을 보면, 조기 교육화 및 취학 전 교육의 공교육화 현상이 일반화되고 있는데 이는 사회복지의 제공이라는 측면과 4세 또는 5세 아동의 취학률이 증가하고, 교육학적 실험의 성과 등에 배경을 두고 있기 때문이다.

중등교육은 전통적으로 소수만을 위한 것이었으며, 대학의 예비교육기관으로 존재하여왔다. 그러나 20세기초부터 중등교육의 이념이 변화하고, 특히 학생인구의 증가에 따라 제도적인 면에서 뚜렷하게 나타나는데, 이는 보통교육의 연장과 의무교육연한의 연장이다. 이는 고도의 산업화로 인한 경제성장과 새로운 정치집단의 출현, 그리고 새로운 이데올로기의 탄생 등으로 사회적 평등과 교육기회의 확대를 요구하였다. 이러한 여러가지의 이유가 중등교육의 폭발을 가져와 중등교육의 보편화 또는 대중화를 이룩하였다.

중등교육의 보편화에 따라 종합화와 코스의 다양화가 또하나의 뚜렷한 개혁의 방향으로 나타나고 있다. 중등교육의 종합제 운영을 전제로 하는 종합고등학교의 이론적 근거는 신분, 인종, 성별, 지역, 종교 등에 구

---

20) 유인종, 『한국교육의 전통과 개혁』, 도서출판 창, 1992, 24면.

애됨이 없이 균등하게 교육받아야 한다는 사회적, 정치적 이념에 있다. 세계는 전통적인 중등학교에서 종합제중등학교로 전환되어가고 있는 추세이다. 따라서 종합제고등학교 운영에 필수조건인 교육내용도 다양화되어가고 있다. [21]

각국의 의무교육 실시연한은 최장 12년에서 최단 4년까지 찾아볼 수 있는데, 서독이 12년, 영국이 11년, 일본을 비롯한 대개의 국가가 9년 정도이다. 따라서 중등교육은 모든 청년을 대상으로 하는 보통교육기관으로 바뀌고 있다.

이런 점에서 현재 무상의무교육이 시행되고 있는 국민학교조차도 공교육비 가운데 많은 부분을 사적으로 부담하도록 되어 있는 것은 엄밀한 의미에서 완전무상교육이라고 볼 수 없다. 또한 부분적으로 시행되고 있는 중등교육의 의무교육도 확대하여 실시하여야 하며, 실질적인 의무교육이 되도록 해야 한다. 의무교육연한은 유아교육 1년, 초등교육 5년, 중등교육을 종합중등학교화하여 5년 등 11년을 의무교육화해야 한다.

③ 교육재정구조의 개혁

현재 교육재정분야의 구조적 문제로는 크게 보아 교육재정에 대한 관점 자체가 '투자로서의 교육'에 치우쳐 있다는 것과 교육비의 사부담 비율이 과도하다는 것을 들 수 있다. 교육을 일종의 투자로 보는 '투자로서의 교육'이라는 시각에서는 교육이 노동자의 생산성을 향상시키고 경제발전을 가져온다는 생각을 갖게 하여 필연적으로 공교육비의 영세성이라는 문제를 제기하게 한다.

과도한 사부담교육비의 문제는 근본적으로 공교육비의 영세성에 기인하는 것으로, 그동안 정부가 모자라는 교육비를 학부모에게 떠넘겨왔다는 것을 의미한다. 그래서 중등 이상의 교육에서는 '수익자부담 원칙'이라는 명목으로 공교육비의 반 이상을 학부모가 부담해왔으며 여기에 더하여 막대한 사교육비까지 지출하여왔다. 교육재정은 학습권을 평등하게 보장하기 위한 물적 토대일 뿐만 아니라, 양질의 조건에서의 학습권을

---

21) 같은 책, 32면.

보장하는 토대이며, 교사의 교수활동의 여건 개선이라는 점에서도 학습권 및 교사의 권리에 직결되는 문제이다. 이러한 관점에서 교육재정 개혁의 원칙은 적어도 다음과 같은 방향을 견지하는 것이어야 한다. 첫째 교육재정에 대한 '복지적 관점'의 정립, 둘째 실질적인 의무교육제도의 확충, 셋째 학습자가 양질의 교육을 받을 수 있는 권리 보장, 넷째 교사가 전문적·자율적으로 가르칠 수 있는 조건의 보장이다.

교육은 국민의 기본권이다. 국가는 국민에 대해서 양질의 교육을 보장해야 할 의무가 있다. 국가는 교육을 국민복지의 차원에서 바라보아야 하며 재원배정에서도 최우선적으로 고려해야 한다. 우선 의무교육연한을 확대하여 실질적인 의무교육의 형식을 갖추어야 하고, 교육환경을 개선하는 것 역시 시급한 문제인데 이것을 해결하는 데 있어 교육재정의 확충은 필연적이다. 현재와 같은 우리 교육환경의 열악함은 양질의 교육이 이루어질 수 있는 터전과는 거리가 멀다. 또한 학교에서 실제로 교육을 담당하고 있는 교사의 처우를 획기적으로 개선하지 않고서는 학생들의 학습권이 올바르게 보장될 수 없는 것은 물론이며, 양질의 교육을 기대하기는 어려울 것이기 때문이다. 아울러 법정교원수를 확보하여 학급당 학생수의 규모를 줄이고, 교사의 수업시간수를 줄여서 교사가 전문적인 연구를 할 수 있는 여건을 보장해주어야 한다.

이와 관련하여 우선 당면한 과제는 새정부가 공약한 공부담 공교육비를 최소한 GNP 5%선까지 확충하기로 한 것을 시기적으로 앞당길 필요가 있다. 현재 교육부는 연차계획을 세워 98년까지 교육비를 5%로 끌어올리는 계획을 내놓은 바 있다. 그런데 이는 그 확보기간도 대단히 멀게 잡아놓았다는 문제를 갖고 있을 뿐만 아니라,[22] 나아가 최근 경제기획원에서는 사부담 공교육비(학부모가 내는 납입금)까지를 공교육비로 보아 현재 우리나라의 공교육비 규모는 GNP의 4.3%에 달한다는 숫자놀음 같은 입장을 견지하고 있어 그 실효성 자체에 대해서 회의를 하게 만드는

---

22) 98년은 김영삼정부의 임기가 끝난 다음이며, 따라서 이런 식의 계획은 진정으로 교육재정 확보의 시급성을 인식한 행정적 조치이기보다는 대통령선거 당시의 공약이라는 인상이 짙다.

것이다.[23] 왜냐하면 이런 식으로 본다면 GNP 5%로 공교육비 규모가 확충된다고 하더라도 실질적인 교육재정 확충효과는 거의 없는 것이기 때문이다.

④ 교육과정

우리나라의 교육과정 결정의 제도적 특징은 우선 교육과정이 철저히 중앙정부의 통제를 받는다는 점이다. 교육과정은 대통령이나 교육부장관령으로 만들어진 '교육과정'을 기초로 하여 교육부의 교과서 편찬·집필지침에 의거하여 집필세목을 만들고, 그후 집필 및 수정 등 전절차를 편수관이 감독한다. 교육과정 및 교과서 작성에서 이러한 과정을 밟는 것은 교육과정에 일반국민, 교사의 참여가 배제된다는 점을 그 특징으로 한다.[24] 또한 교육과정 및 교과서가 정부에 의해 독점될 뿐만 아니라, 학교의 수업현장에서는 교과용 도서 이외의 도서는 수업중에 사용할 수 없음이 '교과용 도서에 의한 규정'에 명시되어 있음으로 인하여, 교사가 자신의 수업에서 다양한 교재와 내용을 선택하고 조직할 수 없도록 되어 있다.

교육과정의 결정과 교과서의 제작을 국가가 독점하고, 교사와 학생, 학부모 등이 전적으로 배제되어 있는 것이 현실이다. 그리고 이러한 국가독점은 국가의 성격에 따라서, 교육내용에 특정한 이데올로기를 편협하게 제시하는 방식으로 교과내용을 구성하게 하기도 한다. 그동안 한국의 교과서에 실려 있는 교과내용은 지배이데올로기를 명시적 혹은 암시적으로 내면화하는 기능을 수행하였다. 그 내용은 국가주의, 반공, 봉건성, 식민지성, 전체주의, 남성 중심, 도시 중심, 자본가 중심의 논리를 정당화하는 것을 그 특징으로 한다.[25]

---

23) 1991년 기준으로 GNP 대비 정부교육예산은 3.3%에 불과하다. 전교조, 앞의 책, 79면.

24) 우리나라 교과서 편찬과정의 기본적인 특징에 대해서는 박부권, 「교과서 편찬과정의 사회학적 분석」, 서울대 석사논문, 1981년을 참고할 수 있다.

25) 윤구병 엮음, 『교과서와 이데올로기』, 천지, 1988 참조.

교육과정의 내용선정과 조직화의 문제는 '누가', '어떤 내용을', '누구를 위하여' 가르쳐야 하는가의 문제이므로, 교육권의 문제에서 전개되는 교육의 '내용'을 결정하는 것으로서 중요한 의미를 갖는 부분이다. 앞에서 말한 우리나라 교육과정의 특징은 지금까지 우리나라의 교육이 지배계급의 관점에서 학습자를 어떻게 대상화해왔는가를 극명하게 보여주는 것에 다름아니다. '학습권'의 보장을 위한 교육과정의 개혁은 크게 다음과 같은 원칙이 견지되어야 한다. 첫째, 학습자에게 '유의미한 내용'을 가르칠 수 있도록 조직되어야 한다는 것이다. 이것은 학습자의 '학습권'을 실질적으로 보장하는 것으로서 교육과정 가운데 학습자가 부분적으로 자신이 교육받을 내용을 선택할 수 있도록 하는 것이다. 이것은 현재와 같이 모든 학생들이 자신의 적성과 흥미, 수준에 상관없이 일정한 기간에 동일한 내용을 학습하여야 하는 현재 교육과정의 문제를 해결하는 방향으로 나아가는 것이다. 둘째, 교사가 전문적 능력을 최대한 발휘할 수 있도록 수업과 관련된 제반 권리를 확장시켜야 한다. 대부분의 선진국에서는 교사들이 교육과정을 부분적으로 구성하고 교과서를 선정할 수 있는 권리를 지니고 교사가 수업의 전반적인 과정을 전적으로 주관하는 것에 비추어, 한국의 교사는 주어진 교과과정을 진도에 맞추어 가르치는 것 이상으로는 고유한 권한을 지니지 못하고 있다. 교육과정의 구성 및 교과서의 선정, 수업의 조직에 교사의 참여가 보장될 수 있도록 해야만 한다. 셋째, 교과서에 담기는 교육내용 및 교육과정 구성과 교과서 제작의 다양화를 위하여 다양한 집단이 교육과정 결정에 참여하도록 해야 한다. 이것은 국가가 지식을 독점함으로써 국가 중심의 관점을 유일한 지식으로 정당화해온 것을 극복하면서, 다양한 집단의 제견해가 교과내용에 객관적으로 반영되도록 하는 개방된 관점을 갖도록 하여 제견해들을 다양하게 해석하고 평가할 수 있도록 교과내용을 구성하는 것을 의미한다.

⑤ 교사의 권리보장

교사의 시민적 권리는 노동3권과 정치활동의 자유 보장이라고 할 수

있다. 교사의 노동3권은 일반적인 노동자들의 노동3권과 같은 생존권적
의미 이외에 교육노동의 특수성으로부터 학생과 학부모의 학습권 및 교
육권 보장이라는 차원에서 교육민주화의 핵심적 요소가 된다는 점을 앞
서 지적한 바 있다. 따라서 교사의 권리는 두 가지 측면에서 보장되어야
만 한다. 첫째는 시민적 권리 확보의 문제이며, 둘째는 교수활동의 전문
성 보장의 문제이다.

　권리의 보장 측면에서 교사단체가 지녀야 하는 것은 교육의 전문성의
실현과 관련하여 교육활동에 대한 제반 사항에 대해 자신의 요구를 제기
할 수 있어야 한다는 것이다. 그러나 현행 교원지위에 관한 특별법은 그
것을 저해하는 악법이므로 개폐되어야 한다. 즉 한국교원단체총연합회만
을 '유일한' 교원단체로 인정하고 있다는 점에서 대다수의 나라들에서 찾
아보기 어려운 반민주적 법안이라는 점을 논외로 한다고 하더라도, 교원
단체의 협의내용과 관련해볼 때에도 실제로 교섭협의의 범위는 교원의
처우 개선, 근무조건 및 복지후생과 전문성 향상에 관한 사항에만 한정
하고 교육과정·내용의 선정, 교육기관 및 교육행정기관의 관리운영에
관한 사항을 명시적으로 제외시켰다는 점, 그리고 노동관계법상에서 볼
수 있는 강제이행수단이 결여되었다는 점이 커다란 한계로 나타났기 때
문이다.

5. 맺음말

　이상에서 우리는 교육권의 개념을 학습권을 중심으로 한 교육에 대한
국민의 통제권과 교사의 교육권으로 나누어 분석하였다. 그리고 교육의
민주화란 각 교육권의 확보와 각각의 교육주체들의 권리가 민주적으로
상호 조정되고 통합되는 것으로 개념규정하였으며, 교육의 개별적인 제
도들에 관한 개혁은 이와같은 의미에서의 교육민주화를 진전시키고 확대
해나가는 것과 연관되어지지 않는다면, 교육에 대한 국가의 독점을 합리

화하고 정당화하는 것에 불과하다는 관점을 제기하였다. 그리고 교육민
주화의 관점에서 한국교육의 제문제들이 어떻게 통일적 관점 속에서 파
악되며, 현정부의 교육개혁의 내용이나 방향이 지니는 근본적인 한계가
어떤 점인지를 지적했다. 나아가 교육민주화의 방향 속에서 한국교육의
중요한 개혁의 과제는 어떤 점인지를 5가지의 범주로 설정하여 교육권과
관련하여 제시하였다. 그러나 개혁의 과제를 구체적으로 제시하지 못한
것은 이 글의 한계로 남는다.

정책과제에 대한 모든 개혁대안들이 그러하듯이, 교육의 민주화와 개
혁 또한 논리적 대안만으로 실현될 수 있는 것은 아니다. 특히나 개혁의
방향이 기존에 독점적 권력을 지녀왔던 국가와 지배적인 집단의 영향력
에 대한 문제제기일 때, 그것은 더 큰 어려움으로 남는 과정일 수밖에
없음을 우리는 역사를 통해 깨우칠 수 있다. 한국사회의 교육민주화와
개혁의 방향을 제시하면서 우리는 다음과 같은 문제제기를 하고자 한다.

교육의 민주화는 교육을 둘러싼 몇몇 집단이나 전문가들만이 주체인
것은 아니라는 것이다. 교육이 누구에 의해서 어떤 내용으로 행해지는가
는 일차적으로 학습자의 미래를 규정한다는 점에서도 국민 전체의 문제
일 뿐만 아니라, 그러한 교육행위 자체가 고도의 정치적 작용의 일환이
며, 현재의 사회적 삶의 조건을 규정한다는 점에서도 사회 전체의 문제
라는 것이다. 그럼에도 불구하고 민주화의 철저한 실현을 모색하는 모든
시민단체들이 '자신의 문제'로 대응해오지 못한 것이 현실이다. 이제 민
주화의 진전을 위한 모든 민주적 과제의 일환으로서 시민적 운동을 연대
할 방안들을 모색해야 할 시점에 와 있다는 것은 부인할 수 없는 사실이
다.

제 2 부

한국민주화의 사회운동론적 과제

한국민주주의의 주도세력
한국의 시민사회와 민주주의의 전망
시민적 개혁운동에 대한 비판적 평가

한국민주주의의 주도세력

박 태 균
한국역사연구회

1. 머 리 말

거시적인 안목으로 바라본다면 우리의 현대사, 특히 정치사는 민주주의의 발전과정이었다고 볼 수 있다. 물론 우리에게 수많은 고비들이 닥쳐왔던 것은 사실이다. 한국전쟁, 5·16쿠데타, 10월유신, 12·12쿠데타 등 민주주의 발전의 주요한 고비에 역사의 흐름을 돌이키려는 반역사적인 흐름이 있었다. 그러나 해방정국의 미군정, 1950년대 이승만독재정권, 1960, 70년대, 그리고 1980년대의 군사독재정권의 폭압 속에서도 한국사회의 민주주의는 조금씩이나마 발전해왔다. 비록 현재의 시점에서 그것이 완성된 형태의 모습을 갖추고 있는 것은 아니지만 이전에 비하여 훨씬 앞선 정치지형을 가지고 있다는 점만은 부인할 수 없는 사실이다.

또 한가지 부인할 수 없는 사실은 이러한 민주주의의 발전은 민주주의를 갈망하고, 정치적·사회적 발전을 위해 투쟁해왔던 수많은 국민대중의 노력의 성과물이란 점이다. 민주주의의 발전이라는 역사적 합법칙성에

朴泰均 : 서울대 국사학과 박사과정.

역행하고자 하는 반민중적, 반민족적, 반민주적 음모에 반대한 전국민적인 민주화투쟁은 4·19혁명, 6·3굴욕외교반대투쟁, 3선개헌반대투쟁, 유신반대투쟁, 부마항쟁, 광주민중항쟁, 6·10민주화투쟁 등으로 이어졌고, 이 힘은 한국사회의 민주주의 발전을 이끌어왔던 원동력이었다.

이러한 한국현대사에서 정치무대의 중심에 서 있었던 정치인들은 과연 어떠한 활동을 전개하였으며 그들이 보였던 양태는 무엇이었을까? 과연 이들은 앞으로 전개될 더욱 민주화된 한국사회의 주도세력으로서 정치를 이끌어나갈 수 있는 경험과 능력을 가지고 있는 것일까?

이 글에서는 현재 정치무대에서 활동하고 있는 세력들에 대해 분석해보도록 하겠다. 편의상 이들을 ① 여당을 중심으로 하는 집권세력, ② 의회를 중심으로 하는 공개적인 정치무대에서 여당의 반대편에서 비판적 역할을 수행한 보수야당, ③ 비록 공개적 정치무대인 의회를 중심으로 활동하지는 않았지만 민주화운동의 주요한 추동세력이었던 재야세력들로 나누어 살펴보도록 하겠다. 특히 1960년대 이후 민족민주운동에서 중요한 역할을 수행한 야당과 재야세력은 1970년대 이후의 상층통전에서의 활동과 경험을 중심으로 하여 그 활동과 성격을 고찰해보도록 하겠다.[1]

2. 집권세력

불완전한 8·15해방은 한반도에서 민주적 민족통일정권의 수립을 막았고 친미·반공·극우보수 세력이 38선 이남에서 정권을 잡도록 하였다.

---

[1] 민주주의의 주도세력은 정치엘리뜨들이 아닌 국민대중이라고 할 수 있다. 그러나 실제로 정치를 이끌어가는 것은 일부 한정된 정치세력들이고, 따라서 이 글에서의 분석대상은 한국사회의 주요한 정치세력으로 하였다. 또한 이 글에서 집권세력을 분석한 것은 이들이 스스로 민주주의 발전의 주역이었다고 주장하는 점에 있다. 이 점에 대해서는 이 글의 2절을 통해 더 자세히 살펴보도록 하겠다.

친일파 민족반역자의 척결과 반봉건적인 토지문제의 해결을 과제로 했던 한반도의 상황은 미국의 이해관계 —— 한반도를 자본주의권에 편입시켜 일본 주도하에 동북아를 재편 —— 와 마찰을 가져왔다. 38선 이남의 유일한 권력체였던 미군정은 한반도의 민족적 과제를 무시한 채 자신들의 이익을 대변할 수 있는, 이승만을 중심으로 하는 친일파(해방 이후에는 친미파)들에게 정권을 넘겼고, 이들은 한국전쟁 이후 정치기반을 강화해 나갔다.

이승만정권에서의 집권세력들의 특징은 친일파나 일제의 행정관료들이 대거 행정관료나 정계에서 활동하였다는 점이다(오성진, 1985). 친일파나 일제하 부역의 경험이 있었던 인사들은 한반도에 사회주의국가가 건설되는 것을 막고자 하였던 미군정과 결탁하였고, 자신들의 대표자로 이승만을 선택하여 단독정부 수립에 1등공신의 역할을 하였다. 물론 한국민주당 내부에도 많은 친일파들이 있었고, 단독정부 수립에도 많은 공을 세웠지만, 이승만 집권 이후 이승만의 신임을 받지 못해 집권세력에 참여하지 못한다.

이승만정권 내에서의 집권세력은 한국전쟁 이후의 상황에서 친미와 반공이데올로기를 통치수단으로 삼아 독재권력을 휘둘렀다. 미국은 자신들의 외교문서를 통해 항상 언론, 출판의 자유와 인권을 강조하면서 미국식 부르조아민주주의를 부르짖었지만, 미국의 지지를 받았던 이승만정권 하에서는 이같은 미국식 민주주의 역시 꿈같은 상황이었다고 할 수 있다.[2] 경찰과 헌병을 수단으로 앞세워 민중운동, 민주화운동, 반이승만운동에 대해 철저하게 탄압하는 한편 기상천외한 방법을 동원해 헌법을 마음대로 고치고,[3] 선거부정을 통해 집권을 연장해나갔다. 국민의 지지를 받지 못했던 정권은 결국 국민의 힘에 의한 4월혁명으로 그 생명을 마감

---

2) 혁신정당이라기보다는 해방 이후의 중간파, 또는 남북협상참여 단정반대파들이 주로 참여한 진보당과 조봉암에 대해 간첩혐의로 몰아 탄압한 것은 그 대표적인 예라고 할 수 있다.

3) 부산정치파동과 발췌개헌, 사사오입개헌 등은 정치에서 상식이 통하지 않았음을 잘 보여주고 있다.

할 수밖에 없었다.

진보당을 비롯한 강력한 민주화운동세력의 결집의 부재로 인하여 4월
혁명의 성과는 민주세력에게 넘어가지 못하고 이승만정권하에서 관료였
던 허정[4]의 과도정부를 거쳐 민주당 신파 중심의 장면정권으로 넘어가게
되었다. 현재까지 한국정치사에 대한 많은 연구성과들이 민주당정권의
시기를 집권세력의 무능력함에도 불구하고 가장 민주주의가 꽃핀 시기로
평가하고 있다.[5] 실제로 민주당정권은 의원내각제하에서 형식적, 법적
절차를 통해 수립되었기 때문에 종전의 정권과는 달리 정권의 정통성을
외형적이나마 주장할 수 있었다.

그러나 장면정권은 합법적인 선거를 통해 집권하였으면서도 스스로의
한계에 의하여 민주주의 실현의 장애요소가 될 수밖에 없었다. 우선 구
성에서 대부분의 성원이 친일파에서 친미파로 변신한 경험을 가지고 있
는 인물들이었다. 1960년을 기준으로 해서 민주당 참여자의 대부분이 일
제하의 관료, 판사, 은행원, 실업인 등의 경력을 가지고 있었으며, 소수
를 제외하고는 비교적 부유한 지주계급 출신들로서 많은 사람들이 미국,
일본 중심의 외국유학 경험을 가지고 있었다(양무목, 1983). 실제로 장면
내각 조각 때 14명의 국무위원 중 최소한 7명을 일제 때 관료 경험을 가
진 사람들과 이름난 친일파로 구성하였다. 당시 장면내각을 두고서 '친
일내각'이라는 말이 돌았던 것도 우연한 일은 아니었다.

또한 민주당 자체가 이념이나 정강정책에서의 동질성을 가지고 조직된
것이 아니라 자유당의 장기집권에 대응하기 위하여 형성되었기 때문에
그 구성도 파벌과 파벌, 즉 민주국민당(구 한국민주당계열), 원내 자유
당, 조선민주당, 흥사단계열의 연합으로 이루어졌다. 그러므로 서구 부
르조아민주주의에서 보이는 정책정당의 성격을 보인다기보다는 인물, 파벌

---

4) 허정은 8·15 이후 이승만노선에 충실하여 교통부장관, 사회부장관, 국무총리
   서리, 서울시장 등을 역임하였다. 특히 그는 김구 암살의 배후로 지목되었던
   8·8구락부에서 이기붕, 신성모, 윤보선, 장면, 김효선, 장기영, 오위영 등과
   함께 활동하였다.
5) 대표적인 논문으로는 한승주(1983), 이정식(1986), Gregory Henderson(1968)
   등이 있다.

중심의 전근대적 정치행태를 보였다. 한국민주당, 민주국민당으로 이어
지는 구파계열과 친미적 성격이 매우 강한 장면 중심의 신파(주로 북한
지역 출신이 많았다)의 대립은 민주당정권 자체의 수권능력 자체를 의심
하도록 할 만큼 매우 심한 것이었다.

　단독정부 수립에 적극적으로 참여한 한국민주당을 계승한 민주당은 철
저한 반공[6]과 친미를 모태로 하였고, 이 속에서 민족·민주의 과제의 해
결을 바라는 것은 무리였다. 4월혁명 이후 제일의 과제로 떠오른 반민주
행위자와 부정축재자에 대한 미온적인 처리, 뚜렷한 정책이 없는 상태에
서 경제개발계획과 국토건설사업을 위한 미국에 대한 지나친 애정——
'한미경제기술원조협정'——등은 이 점을 잘 보여주고 있다. 또한 부르
조아민주주의의 기본이라고 할 수 있는 언론, 사상, 출판, 집회의 자유
를 규제하기 위한 반공법과 데모규제법——소위 '2대 악법'——을 제정
하여 스스로 민주정권으로서의 성격을 포기하였다.

　5·16쿠데타로 민주당정권을 무너뜨린 새로운 집권세력은 박정희를 중
심으로 하는 군인들이었다. 이들 집권세력의 특징을 이해하기 위해서는
먼저 한국군의 특징에 대해서 주목해야 한다. 첫째로 한국군이 미군정과
주한미고문단(KMAG)에 의해서 창설되고 발전, 통제되었으며 한국군의
작전권이 주한유엔군(사실상 주한미군) 사령관에게 있다는 사실이다. 또
한 주요 군사지휘관들이 1950년대를 통해 대거 미국 육사나 특전대에 유
학한 경험을 가지고 있었다. 이 점은 한국군부가 미국의 이해관계와 밀
접하게 연관될 수밖에 없음을 보여준다.

　둘째로 한국군부의 창설 주역들이 대부분 일본군이나 만주군에서 일본
제국주의의 황국신민화정책의 충실한 하수인이었으며, '여수·순천 사
건'과 한국전쟁을 통해 군대의 체계가 자리잡혀나갔다는 점이다. 이 두
가지 사실은 표면적으로는 서로 연관이 없는 것으로 보이지만 1930년대

---

6) 사사오입개헌 이후 통일적 거대야당을 조직하는 과정에서 과거 한국민주당 계
　열의 인사들이 조봉암을 비롯한 혁신세력의 참여에 대하여 '반공'을 이유로 강
　력히 반대한 것은 이들이 이승만에 반대하여 반독재민주화투쟁을 우선순위에
　두었다기보다는 정권획득과 반공에 더 우선순위를 두었다는 점을 잘 보여준다.

이후 일본제국주의의 통치이데올로기 중 가장 중요한 것이 '반공'이었다
는 점과 여순사건과 한국전쟁을 통해 '반공'이 가장 중요한 이데올로기로
떠올랐다는 점에서 공통점을 가진다. 소위 혁명공약 중에 "반공을 국시
의 제일로 삼고 지금까지 형식적이고 구호에만 그친 반공태세를 재정비,
강화한다"는 구절이 있었던 것은 당연한 것이었다.

이러한 군부 출신의 새로운 집권세력에게서 민주주의를 바랄 수 없는
것은 당연한 것이었다. 이들은 1950년대부터 미국이 강력하게 요구하고
있었던 한일협정의 체결을 통해 반민족적인 성격을 보여주었으며, 중앙
정보부의 창설과 운영, 그리고 '반공'을 모토로 한 인권유린을 통해 반민
주적인 성격을 표출하였다. 3선개헌과 유신을 통해 극단적인 반민주, 파
쇼독재의 모습을 보여주었으며 안보와 경제발전이라는 두 가지 칼날로
모든 민주적 과정을 철저하게 파괴하고자 하였다.

박정희정권의 몰락 이후 표출된 민주화의 열기를 짓밟고 등장한 전두
환, 노태우 정권 역시 박정희정권의 연장 이상의 의미를 가질 수 없었
다. 박정희정권 시절 파쇼정권을 뒷받침하고 있었던 집권세력들이 그대
로 기득권을 유지하였고 집권세력은 민주주의의 발전을 막는 데 열중할
따름이었다. 단지 이들이 박정희정권에 비하여 상대적으로 민주적 제권
리를 보장할 수밖에 없었던 것은 거대한 국민대중의 민주화운동 물결 때
문이었지, 이들에게 민주주의의 발전을 위한 의지가 있었던 것은 아니었
다. 새로운 집권세력은 이전의 군사독재정권과 같은 성격을 가지고 있었
기 때문에 민주주의의 발전은 불가능했고 제3세계 개발독재정권으로서의
성격을 그대로 간직하였다.

3당야합과 비정상적 후보선출과정, 그리고 극심한 지역감정의 표출 속
에서 집권한 현재의 김영삼정권이 이전의 군사독재정권과 인적 구성에서
많은 변화를 보인 것은 사실이다. 또한 정권의 성립과정에서, 선거과정
에서도 이전 정권이 계속 선거부정에 시달렸던 것과는 달리 어느정도 합
법성을 가지고 있으며, 정권의 운용에서도 1980년대 초반까지 민주화운
동에 일익을 담당한 인사들을 등용하는가 하면 이전 정권에서는 논의조
차 되지 못했던 소위 '개혁'을 단행, 국민들의 많은 지지를 받고 있다.

  그러나 군사독재정권 시기의 기득권세력이 지배세력 내부에서 그대로 기득권을 유지하고 있는 이상 김영삼정권의 성격 역시 이전의 정권과 질적인 차이를 보인다고는 할 수 없다. 이러한 점은 특히 개혁의 경제적 측면에서 여실히 나타나고 있다. 금융실명제를 도입하는 등 '개혁'적인 면모를 표출하고 있지만, 서구 민주주의에서 나타나는 가장 중요한 부르조아민주주의적 과제라고 할 수 있는 노동문제와 토지공개념문제는 전혀 손을 대지 못하고 있으며, 재벌 중심의 경제운용 역시 이전 정권의 정책을 그대로 지속하고 있는 것이다. 또한 민족문제나 반공이데올로기와 관련된 제반 사회적 문제에서도 기존정권의 한계를 넘지 못하고 있다.

  아직까지 김영삼정권이 집권세력으로서 확실히 자기 자리를 잡고 있는 것도 아니고 3년 후에 다가올 총선을 앞두고 정계개편이 예상되고 있기 때문에 현재로서는 김영삼정권의 성격을 단정적으로 규정하기는 어렵지만 이전 정권의 성격과 질적인 차이를 보이지 않을 것으로 예상되고 있다. 김영삼정권의 개혁이 어느정도 부르조아민주주의적인 성격을 가지고 있는 것은 사실이지만, 그 불철저성과 함께 지속성 여부에서 많은 한계를 가질 것으로 보인다.

  이상에서 살펴본 한국현대사에서의 집권세력은 미국에 대한 예속성과 파쇼적 정치운영을 통해 민주주의 발전을 가로막고, 일제식민지시대 이래로 계속되어온 반민족적 기득권의 온존을 위해 노력하였으며, 서구 부르조아민주주의 정권과는 확연히 다른 성격을 띠고 있음을 볼 수 있었다. 1960년대 근대화노선의 확산과 함께(김정현, 1991), 이승만정권의 전근대성을 어느정도 뛰어넘었지만 '제3세계 개발독재정권'[7]의 성격을 보이면서 반민주적, 반민중적, 반민족적 성격을 가지고 있음을 알 수 있다. 이들은 각각의 선거시기마다 자신들의 민주화에 대한 공로를 과시하지

____

7) 한국 지배세력에 대한 평가는 주로 박정희 군사독재정권에 대한 평가를 중심으로 이루어지고 있으며 ① 종속이론과 제3세계론의 상부구조론에 해당하는 관료적 권위주의론과 과대성장국가론을 그 이론틀로 삼는 경우(한상진, 1983), ② 신식민지국가독점자본주의의 토대를 반영한 상부구조로서 신식민지파시즘체제로 규정하는 경우, ③ 식민지파시즘독재로 파악하는 경우(한민우, 1991) 등이 있다.

만, 반공과 친미 이데올로기를 양손에 쥐고 정치를 운영하면서 기본적인 부르조아민주주의적 제권리마저 억압하고 안보와 경제 논리로서 민주주의 발전을 가로막았던 세력임은 주지의 사실이라고 할 수 있다. 이들은 민주주의의 주도세력이 아니라 민주주의의 발전을 위해 극복해야 하는 세력이었다. 이들이 앞으로 다가올 통일한국과 한층 발전된 민주주의사회에서 주도세력이 될 수 없음은 당연한 사실이다.

3. 보수야당

집권세력에 대응하는 정치세력으로는 야당과 재야세력이 있다. 보수야당은 전술한 바와 같이 1948년의 남한만의 단독정부 수립에 적극적으로 참여한 한국민주당을 그 뿌리로 하고 있으며, 1950년대를 거치면서 민주당으로 이어졌다. 그러나 이 시기까지 보수야당은 집권여당이 되고자 하는 점을 목표로 하였고, 모든 정책의 중심이 대통령선거, 국회의원선거에 놓여 있었다. 또한 1950년대의 야당으로서의 민주당은 이승만정권과 마찬가지로 반민족적, 반민주적인 행태를 보였다. 인맥 중심으로 신·구파로 분열되어 감정적인 파벌싸움을 벌였고 반공, 친미 정책이나 통일정책에서도 이승만정권의 공세에 대응하지 못했을 뿐만 아니라 민주적인 대안을 내놓지도 못하였다. [8]

이 점은 민주당의 구성원이 미군정하에서 여당 역할을 하면서 단독정부 수립에 적극적으로 참여하였던 점, 그리고 이들이 야당의 지위로 하

---

[8] 오히려 이 시기 야당으로서의 역할을 수행했던 것은 진보당이라고 할 수 있다. 정치노선에서 민주사회주의를 표방하여 어느정도 혁신정당적인 성격을 띠는 것도 사실이었지만, 민주적인 정책노선의 제시라는 면에서나 구성원의 면면——남북협상에 참여했던 인사들이 다수 참여하였고 친일파 출신도 거의 없었다——에서 볼 때 이승만정권에 대항하는 야당으로서의 역할을 수행했다고 볼 수 있다. 2, 3대 대통령선거에서 조봉암에게 쏟아진 표 역시 이승만정권에 대항하는 야당후보에 대한 표라고 할 수 있다.

락한 것은 이승만으로부터의 버림에 기인하며 이로 인하여 정권측에 참
여하지 못했다는 점 때문이었다. 민주당의 3대 대통령선거 후보였던 신
익희는 임정계열 출신이었지만 미군정하에서 이승만의 독촉국민회에 참
여해 이승만의 정권장악에 중요한 역할을 한 인물이었고, 4대 대통령선
거 후보였던 조병옥은 미군정의 경찰청장, 이승만정권의 내무부장관을
역임하면서 반공, 단정 정책의 일인자로 활약한 인물이었다. 민주당 신
파의 지도자인 장면은 일제시대 친일경력을 가지고 있는 카톨릭계열의
인물로 이승만정권하에서 주미대사를 지낸 대표적인 친미파였다. [9]

　이러한 민주당이 제2공화국에서 정권을 잡을 수 있었던 점은 대다수
국민들의 자유당에 대한 반대와 혁신계열 인사들의 분열과 준비부족 등
에 의한 것이었지 이들에 대한 지지가 아니었다. [10] 전술한 4월혁명 시기
의 민주당의 무능과 반민주성, 반민족성은 바로 1950년대의 민주당의 성
격이 지배세력으로 부상하면서 표면에 나타난 것을 의미한다.

　그러나 1960년대에 들어오면서 보수야당의 성격은 한차례 변화를 겪었
다. 이것은 야당 내부에서부터 나온 변화라기보다는 상황에 따른 변화였
다. 즉, 5·16쿠데타로 인하여 정치활동 자체에 위협을 받기 시작한 야
당은 1960년대 중반을 거치면서 지배세력의 파쇼적인 폭압정치에 대항하
는 민주화운동세력으로 발전하였다. 이는 1960년대 이후의 집권세력이
반민족적, 반민주적, 반민중적인 강력한 독재권력이었고 이에 대항할 수
있는 거대한 단일야당의 필요성이 전국민적인 반독재민주화운동의 과정
에서 대두되었기 때문이다.

　이들은 후술할 재야세력과 함께 1964년의 한일협정반대투쟁 이후 민족
민주운동의 하나의 주도세력으로 부각되었다. 또한 대통령선거 과정에서

---

9) 장면은 미국이 가장 신임하는 인물이었고 미국 CIA 한국지부장과 밀접한 관계
　를 유지하고 있었다. 때문에 부산정치파동 때 미국은 장면이나 장택상 두 인물
　중 한 사람을 이승만의 대타로 기용할 것을 고려하였다. 장면이 제2공화국에서
　총리가 될 수 있었던 것은 우연한 일이 아니었다.
10) 1950년의 5·30선거에서 한민당계열 인물들의 패배와 무소속, 중간파 인물들
　의 대거 등장은 당시의 국민정서를 잘 보여주고 있다.

보여준 반독재 후보단일화를 위한 과정과 단일야당을 형성시키기 위한 노력 또한 야당의 성격이 변화하는 하나의 계기가 되었다. 그렇지만 보수야당 자체가 1960년대를 통하여 이전 정치세력의 영향력에서 벗어나지 못하고 있는 한 파벌을 중심으로 하는 보수적, 비민주주의적인 정치행태를 벗어날 수 없었다. 보수야당 내에서 비민주적 정치행태의 중심이었던 유진산의 영향력에서 1970년대 초반까지 벗어나지 못했다는 점은 보수야당의 정치행태를 단적으로 보여주는 것이다.

보수야당의 성격은 1970년대를 거치면서 또 한차례의 변화를 겪었다. 이것은 첫째로 야당 내에서 세대교체가 이루어졌다는 점에 기인한다. 해방 직후부터 활동한 인사들이 이 시기에 이르면 대부분 정계에서 은퇴하고, 1971년의 대통령선거를 통해 부각된 40대기수론을 통해 김영삼, 김대중이 새로운 야당의 기수로 등장하였다. 이들은 단독정부 수립운동에 적극적으로 참여하지 않았으며, 신구파간의 파벌투쟁에도 깊숙이 관여되어 있지 않았다는 점에서 야당의 선명성을 부각할 수 있었고 독재정권에 반대할 수 있는 젊음과 자질을 바탕으로 하여 야당의 지도자로 부각되었다. 둘째로 전반적인 민족민주운동에 대한 집권세력의 탄압이 유신을 계기로 하여 극에 달하였으며, 여기에서 야당 역시 예외가 아니었다는 점이다. 야당의 새로운 기수인 김영삼과 김대중은 그 과정에서 집권세력의 강력한 탄압을 받았으며, 이 과정을 통해 민주화운동의 전면에 떠오르게 된다.[11] 김영삼은 보수야당 내에서의 선명성을 통해 야당의 민주화운동에의 적극적인 참여를 추동하였으며[12], 김대중은 합법정치공간에서의 활

____

11) 김영삼을 중심으로 하는 야당세력은 유신정권의 수립을 전후하여 정보부의 탄압을 받으며, 김대중의 경우에는 납치사건, 투옥 등 독재정권의 집중적인 탄압을 받는다.

12) 물론 1970년대 중반 김영삼과 박정희의 영수회담은 김영삼의 선명성에 금이 가게 하는 결정적인 요인이 되었다. 그러나 이철승의 중도통합론에 대항하여 1979년 당권경쟁에서의 승리는 부마항쟁과 유신정권의 종말에 큰 역할을 하였다. 이철승은 김영삼의 40대기수론에 편승하여 야당의 주요한 파벌의 중심으로 등장했지만 해방정국에서 반탁반공운동의 기수로 활동한 경험과 중도통합론을 비롯한 그의 정치활동의 한계 때문에 야당의 중심에서 곧 탈락하였다.

동이 금지된 상태에서 재야세력으로서 상층연합전선을 통해 민주화운동에 적극적으로 참여하였다.

이렇게 새로운 상황의 전개는 보수야당의 성격을 바꾸어놓는 계기가 되었으며, 실제로 보수야당은 1970년대 이후 민주화운동의 주요한 주도세력으로 떠올라 국민대중의 지지를 받았다. 야당세력은 1978년 이후 상층연합전선을 통한 활발한 활동과 함께 1978년 12월 총선 때 집권여당을 앞선 득표율을 보였다. 이후 1979년의 반독재 민주화운동은 박정희정권의 몰락에 큰 역할을 했다.

그러나 1980년 서울의 봄이 새로운 군부세력에 의하여 또 한번의 겨울로 바뀌면서 민주화운동에 적극적으로 참여하였던 야당세력은 찬 서리를 맞고[13] 정치활동이 금지되었다. 그러나 이러한 겨울을 뚫고 새로운 봄을 맞이하는 과정에서 보수야당세력은 또 한번의 중요한 역할을 수행하였다. 김영삼의 단식투쟁과 김대중의 미국에서의 활동은 민주화운동에 많은 활력을 불어넣었고, 이들 두 인물이 중심이 된 소위 '민추위'활동은 1985년 2·12총선에서 불었던 황색바람과 단일 거대야당인 신민당의 창당을 이끌어냈다. 이후 신민당은 1987년의 6월민주화항쟁에서 재야세력과 함께 '국민운동본부'를 조직하여 적극적으로 참여하였다.

그러나 1987년과 1992년의 대통령선거와 총선에서 보여준 이들의 분열[14]과 파벌 중심의 정치행태는 민주주의의 발전과 평화적 정권교체, 민주정권의 수립을 바랐던 국민대중의 바람에 찬물을 끼얹는 부정적인 모습을 보였다. 또한 김영삼을 중심으로 하는 보수야당세력의 집권세력과의 '야합'과 이후의 여당 내에서의 활동은 이들에 대한 기대를 일순간에 허물어버리는 것이었다.

이상에서 살펴본 한국현대사에서의 보수야당의 정치활동은 이들의 성

---

13) 김대중은 사형선고를 받고 이후 미국으로 유랑의 길을 떠나고, 김영삼은 가택연금의 상태에서 정치활동이 금지된다.

14) 특히 이들의 분열이 정권측의 의도적인 조장에 의한 지역감정에 기초하고 있다는 점은 국민대중의 민주화에 대한 정서에 매우 부정적인 역할을 했다는 점에서 많은 비판을 받았다.

격을 극명하게 보여주는 것이다. 즉, 보수야당이 가지고 있는 양면성을 잘 보여준다. 이들이 한국사회의 민주주의 발전과정에서 보여주었던 긍정적인 역할은 부인할 수 없다. 반면에 이들은 파벌을 중심으로 하여 비민주적, 전근대적인 정치행태를 보여주었고, 몇몇 개인적인 정권장악에 대한 집착에서 보여준 국민적인 민주화열망에 대한 배신은 분명히 부정적인 측면이라고 할 수 있다.

그러므로 민족민주운동 진영에서는 이들에 대한 상반된 평가가 나오고 있다. 한국사회의 성격을 자본주의적 측면에서 강조하는 경우에는 이들의 보수적, 비민주적 정치행태 그리고 비민중적 정책에 초점을 맞추어 보수야당과 집권세력을 동일시하면서 극복대상으로 설정하고 있다. 반면 한국사회의 성격을 민족모순에 초점을 두어 분석하는 측에서는 이들이 많은 한계를 가지고 있음에도 불구하고 민주화운동 속에서 보여준 이들의 긍정성을 부인할 수 없고, 통일전선적 관점에서 현재에도 이들이 한국사회의 민주주의 발전에 일정정도의 긍정적 역할을 수행할 것으로 평가하고 있다.

보수야당은 그 정책적인 목표를 부르조아민주주의적 과제의 실현에 두고 있다. 이들은 일반민중의 계급적 기반을 가지고 있다기보다는 중간계층의 이해관계를 대변하고 있다. 그리고 민족문제와 이데올로기 면에서 강한 보수적 성격을 가지고 있기 때문에 지배세력의 이데올로기 공세에 적극적으로 대응하지 못하고 있다. 이러한 점들로 인하여 민족민주운동 세력으로부터 많은 비판을 받고 있지만 대선이나 총선을 통해 나타난 이들에 대한 지지는 지배세력에 대한 반대와 그에 대응한 국민대중적인 대안이 어디에 위치하고 있는가를 보여주고 있다.

4. 재야세력과 상층연합전선

한국정치와 민주주의 발전과정에서 매우 특징적인 현상이라고 할 수

있는 점은 '재야'세력의 형성과 발전이다. [15] 1960년대 이후 집권세력의
독재적 정치행태가 강화되면서 전문적인 정치인이 아닌 여러 계급, 계층
의 인사들이 민족민주운동을 위한 상층연합전선을 결성하였고 이 과정에
서 '재야'세력이 형성되었다. [16] 이들은 의회를 중심으로 하는 합법적 정
치공간에서 활동하지 않았고 정권에 대해 집착하지 않았으며, 전문적인
직업정치인이 아니라는 점, 그리고 학생·청년·민중 운동과 긴밀하게
연결되어 활동하였다는 점에서 앞서 설명한 집권세력이나 보수야당과 구
별된다. [17]

  재야세력이 처음 형성된 것은 '대일굴욕외교반대 범국민투쟁위원회'(이
하 '범국민투쟁위')가 조직된 시기였다. 이 조직은 1964년 3월 김종필이 대
일비밀협상이 타결될 것임을 발표하면서 민정당과 민주당, 자유국민당,
국민의 당 등 모든 야당이 '대일저자세외교반대 범국민투쟁위원회'를 결
성하였고 여기에 야당 이외의 다양한 세력이 가담하면서 조직되었다. 당
시의 야당세력은 한일회담 자체에 대한 반대라기보다는 박정권의 저자세
만을 공격하면서 정권이양을 노리는 정략적인 차원에서 참여하였지만,
'범국민투쟁위'는 민족문제를 축으로 하여 결성된 최초의 범국민 반독재
민주화운동의 상층 중추부였다는 점, 그리고 야당 외에 다양한 세력이
참여한 연합전선적 조직이었다는 점에서 커다란 의미를 가진다고 할 수

---

15) '재야'라는 개념은 한국사회에서만 나타나는 독특한 정치적인 개념이다. 현재
    로서는 그 과학적인 정의가 존재하는 것은 아니지만, 일반적으로 '재야'라는 개
    념이 통용되고 있는 것 또한 사실이다.
16) 물론 1960년대 이후 재야세력이 형성될 수 있었던 배경에는 해방정국에서 형
    성되었던 중간파세력, 그리고 1950년대 후반과 4월혁명기의 혁신세력이 존재하
    였다는 사실이 중요하게 작용하였다. 직업적인 정치인들이라기보다는 민족민주
    운동의 과제를 중심으로 하여 정치무대에서 활동한 중간파, 혁신 세력들의 활
    동경험은 강력한 군사독재정권에 대항하는 상층연합전선의 형성을 가능하게 했
    고, 이를 통해 재야세력이 형성되는 계기가 되었다.
17) 1960, 70년대 보수야당은 상층연합전선을 축으로 하여 재야세력의 중요한 일
    부였다. 그러나 1980년대에 이르러 유화국면을 통해 보수야당은 정치세력으로
    서 자기 자리를 찾게 되고 재야세력과 분리되었다. 그러므로 이 글에서는 보수
    야당과 재야세력을 나누어 살펴보았다.

있다.

이후 1969년 박정희정권의 3선개헌에 맞서 신민당을 중심으로 하여 이철승·김상돈·윤길중 등 정치정화법 해금자, 종교계·학계·법조계 인사 등 광범위한 재야세력이 연합하여 '3선개헌반대 범국민투쟁위원회'가 결성되었다. 이 조직은 이후 유신정권을 거치면서 민주화운동의 구심점이 된 상층연합전선의 기초가 되었다.

1971년 대통령선거를 대비하여 '민주수호국민협의회'가 결성되었으며 여기에 김재준, 이병린, 함석헌, 천관우가 대표위원에 선출되면서 민주화운동을 위한 본격적인 상층연합전선과 재야세력이 형성되기 시작하였다.[18] 대체로 여기에 참여한 인사들은 종교계, 학계의 대표적인 명망가들로 박정희정권의 장기독재음모에 대항하여 상층연합전선을 결성하였으며, 유신정권 수립 직후 장준하, 백기완 중심의 '개헌청원 1백만인 서명운동'을 시작으로 하여 1970년대 반독재민주화운동 상층연합전선의 맥이 되었다.

유신정권의 탄압이 기승을 부리던 1974년에 '민주회복국민회의'가 결성되었다. 재야 각계 인사들 71명이 개헌, 인권, 자유 등을 골자로 한 6개항의 선언문을 발표하면서 결성한 이 조직에는 정계 인사가 23.9%, 불교·개신교·카톨릭 등 종교계 인사 28.2%, 학계·문인·언론인·법조인·독립투사·여성계가 47.9% 참여했다. 지방조직의 결성에도 착수하여 결성 2개월 만에 50여 개 지방지부가 결성되었다. 민주회복국민회의는 "범국민단체로서 비정치단체이며 그 활동은 정치활동이 아닌 국민운동"으로 그 성격을 규정하였고, "자주·평화·양심"을 그 행동강령으로, '민주회복'을 그 목표로 설정하였다.

1976년의 '민주구국선언'(3·1명동사건), 1977년의 '민주구국헌장' 발표, 1978년의 '3·1민주선언' 등의 민주화운동을 통해 1978년 각계 인사 300여 명이 '민주주의국민연합'을 결성하였고, 1979년 3월 1일에는 윤보선, 김대중, 함석헌이 중심이 되어 '민주주의와 민족통일을 위한 국민연

___

18) 이때부터 민주인사, 민주화운동이라는 용어가 처음으로 등장하였다.

합'이 결성되었다. 여기에는 문익환·함세웅·박형규 등 종교계 인사와 계훈제·백기완 등 재야명망가, 그리고 한완상·이우정·백낙청 등 교수가 참여하였다. 그런데 이 단체의 특징이라고 할 수 있는 점은 심재권, 조성우 등 민권운동가와 도시산업선교회 간사였던 서경석과 같은 민중운동 계열의 인사가 참여했다는 사실과, 미약하나마 이 조직에 여러 단체들이 결합하였다는 점이다. [19)]

이상과 같은 1970년대의 상층연합전선은 민주화운동의 구심점으로 활약하였고 이 과정을 통해 재야세력이 형성되었다. 그러나 1980년대에는 연합전선이 1970년대와는 다른 새로운 양상을 띠고 전개되었다. 즉, 노동운동을 중심으로 하여 민중운동이 광범위하게 발전하였고 학생운동을 통해 성장한 인사들이 민중운동이나 재야활동과의 연결을 통해 성장하면서, 연합전선운동은 새로운 경향을 가지고 전개되었다. 이전의 상층연합전선이 명망가 중심으로 결성되었고 국민대중의 지지를 받았지만 구체적으로 조직적인 연결 속에서 활동이 이루어지지 않았던 데 비하여, 1980년대에 들어오면 제반 부문운동과의 연결 속에서 연합전선의 활동이 전개되었다. [20)]

1983년의 '민주화운동청년연합' 출범 이후 결성된 '민중민주협의회'(1984. 6)는 국민운동방식[21)]을 지양하면서 조직단위 가입과 민중주체 역량 강화를 위한 계급적 대중노선의 견지, 그리고 부문운동과의 연대를 통한 각 부분의 강화와 그 성과의 조직적 수렴 등을 모색하였다. 동년 10월에는 1970년대 국민연합의 연장선상에서 재야민주인사의 명망성에 기초한 '민주통일국민회의'가 결성되었다.

이 두 단체가 통합논의를 거쳐 '민주통일민중운동연합'(1985. 3, 약칭 민

---

19) 여기에 참여한 단체는 다음과 같다. '한국인권운동협의회', '천주교정의구현사제단', '해직교수협의회', '기독자교수협의회', '자유실천문인협의회', 'NCC인권위원회', '민주헌정동지회', '카톨릭정의평화위원회', '양심범가족협의회', '한국교회사회선교협의회', '서울지구인권선교협의회', '민주기독자동지회', '민주청년협의회', '백범사상연구소', '한국기독청년협의회', '정치범동지회'.

20) 이러한 성격 변화는 사상적으로는 변혁이론의 발전과 그 속에서 통일전선논의의 발전에 기반하고 있다.

통련)이 결성되었다. 민통련은 1980년대 중반의 연합전선운동의 귀결이라고 할 수 있으며 1989년 1월 '전국민족민주운동연합'(1989.1, 약칭 전민련)이 결성되면서 해소되기까지 약 3년여에 걸쳐 구로동맹파업 지지투쟁, 민주헌법쟁취투쟁, 고문살인은폐조작 규탄투쟁 및 국민운동본부 결성과 그 활동 등에 주요한 역할을 수행하면서 1960, 70년대 각 지역, 부문의 고립분산적인 활동을 극복하고 집단적 규율과 전국적 연대운동의 경험을 축적하여[22] 운동의 통일성을 제고하는 데 기여하였다. 민통련은 민족민주운동의 발전과정에서 탄생한 한국전쟁 이후 최초의 대중적 통일전선체의 성격을 가지고 있었다.

이후 연합전선은 민통련과 보수야당 세력이 함께 참여한 1987년의 '국민운동본부'를 거쳐 1989년의 전민련, 그리고 재야와 기층민중운동이 결합하여 한시적인 공동투쟁체로서의 성격을 가지고 있었던 '민자당 일당독재음모 분쇄와 민중기본권쟁취 국민연합'(1990)으로 발전하였다. 이중 전민련은 재야세력과 민중운동 중심의 부문운동을 포괄하는 광범위한 연합조직으로서[23] 1980년대 후반 이후 민족민주운동의 중심체로서의 역할을 수행하고 있다. 또한 이전의 민주화투쟁과정에서 조직된 상층연합전선과는 달리 통일문제를 중심으로 하는 범민련(1990. 12)이 결성되어 많은 재야세력들이 참여하였다.

그러나 정치노선과 정책의 차이에 따른 재야세력의 분열은 1987년과 1992년 대통령선거와 총선에서의 민주운동세력의 패배의 주요한 원인이 되었고, 이후 전민련을 중심으로 하는 재야세력은 상당히 약화된 모습을 보여주고 있다. 오히려 재야세력 내부에서는 새로운 논의를 통해 상층연

---

21) 명망가의 권위를 이용하여 대중을 동원, 중간층 중심의 지역단위별 조직화는 1970년대의 방식을 말한다.

22) 개인과 단체를 망라하되 단체에 우선을 두고 지역운동은 지역운동협의회로, 부문운동은 상임위원회로, 지역운동은 지역운동협의회 중심으로 운영하였다.

23) 전민련은 1987년에 논의되었던 '민통련 강화론'과 '국민운동본부 강화론'이 대통령선거를 통해 그 실효성을 잃으면서 급성장하는 민중운동역량을 중심으로 통일전선조직을 새로이 창출해야 한다는 필요 속에서 결성되었다. 여기에는 노동, 농민 등 8개 부문단체와 전국 12개 지역조직이 참여하였다.

합전선 중심의 활동에서 벗어나 합법적 정치공간으로의 진출을 모색하고 있다.[24]

그 첫번째 시도가 1988년 총선에서 한겨레민주당, 민중의 당의 창당과 일부 재야세력의 평화민주당에의 참여로 나타났다. 이러한 시도가 실패한 이후 민중의 당 추진세력은 민중당, 진보정치연합 등을 통해 그 활동을 계속하고 있으며, 한겨레민주당 계열의 인사들과 민통련, 전민련에 참여했던 일부 재야세력이 보수야당의 합당에 적극 개입하면서 민주당에 참여하였다. 특히 후자의 세력은 1992년의 총선을 통해 의회에 진출하면서 민주당 내부에 '민주개혁파'를 형성, 정계에 신선한 바람을 일으키고 있다. 이외에 연합전선과 합법적 진보정당 등 '양날개'를 통해 민족민주운동의 새로운 진로를 모색하는 정치노선도 재야세력 내부에서 상당한 지지를 받고 있다.

이상에서 살펴본 한국사회에서의 재야세력들은 민주화운동을 중심으로 하는 민족민주운동의 전개과정 속에서 형성, 존재했다는 점에서 가장 큰 특징을 가진다. 때문에 이들은 파벌이나 인물을 중심으로 운영되는 보수야당과는 달리 정치노선과 정책을 중심으로 하여, 그리고 광범위한 민중운동, 부문운동을 기반으로 하여 활동을 전개하고 있다.

이들은 보수야당과는 달리 권력에 대한 집착보다는 민주화운동이라는 공통의 목적을 가지고 형성되었기 때문에 그 출신배경도 다양하다. 이들은 다음과 같이 분류할 수 있다. ① 혁신정당이나 야당에 참여했던 인사들이 정치활동에 환멸을 느껴 정치판을 떠나든지, 독재정권에 의해서 공개적, 합법적 정치활동이 금지되었던 경우, ② 종교계, 언론인, 문인, 법조인, 교수 내의 진보적인 인사들이 독재정권의 인권탄압 및 반민주적, 반민족적 행위에 반대해 참여한 경우, ③ 60년대 이후 진보적 학생운동(6·3항쟁, 삼선개헌반대, 교련반대운동, 유신반대투쟁)에 참여했던 사람들이 1970년대 민중운동 속에서의 활동을 통해 참여하는 경우[25] ④

---

24) 이러한 정치노선의 전환은 한국사회성격이 변화했다고 보는 경우와 반합법정치공간에서의 활동의 한계에 대한 반성에서 나온 경우 등 다양한 견해에 기초하고 있다.

1970년대와 1980년대를 통해 민중운동 속에서 활동가로 성장해서 1980년대 중반 이후 민중운동의 대중화와 연대 속에서 재야운동으로 포괄된 경우 등이다.

①과 ②의 경우에는 주로 1970년대를 통해 상층연합전선에서 활동한 재야세력들이며, ③과 ④는 1980년대를 통해 민통련, 전민련 등을 중심으로 활동한 재야세력들이다. 현재에는 ③과 ④의 재야세력들이 ①과 ②의 소수인사들과 함께 재야세력의 중심을 이루고 있다. 1970년대의 재야세력들이 상층연합전선을 중심으로 보수야당과 함께 재야를 형성하였다면, 1980년대의 재야세력들은 사안에 따라 보수야당과 공동투쟁을 전개하였고, 광범위한 부문운동의 성장 속에서 더욱 발전된 통일전선에 기초하여 활동하고 있다.

정치노선과 조직 내부에서의 운용방식 등에서 재야세력의 경험과 활동은 앞서 언급했던 집권세력이나 보수야당의 독재적, 전근대적 방식에 비하여 근대적이고 민주적인 방식을 보여주고 있다. 물론 재야세력 역시 명망가 중심의 활동방식에서 완전히 탈피하지 못했고 중요한 시기에 스스로 분열하여 통일된 모습을 보이지 못하는 한계를 스스로 노정하기도 했다. 이 점은 재야세력이 주로 지식인 중심으로 이루어져 있기 때문에 나타나는 한계라고 할 수 있다.

그러나 이들의 활동기반이 전근대적; 보수적 정당에 있는 것이 아니고, 이들의 활동자금이 '검은 손'에 의존하지 않는다는 것 역시 이들의

---

25) 1960년대 후반 이후 학생운동 출신의 일부 선진적 인텔리층은 운동주체로서 민중계급에 주목하기 시작하였다. 당시 주체형성의 문제의식을 실천에 옮기기 시작한 이들 선진적 인사들의 일부는 직접 노동현장에 투신하여 주체역량의 강화에 주력하기 시작하였고, 다른 일부는 1970년대초에 활성화되기 시작한 도시빈민과 노동자들의 생존권보장 요구투쟁을 지원하는 민중지원투쟁에 헌신하게 되었다. 전자의 그룹은 이후 민중운동세력 내부에서 장기론 또는 대기론자들이라는 비판을 받기도 하였으나 별다른 주목을 받지 못하면서도 민중운동의 주체세력 형성에 상당히 기여했다고 보여진다. 반면 후자의 그룹은 정치투쟁 중심의 민주화운동세력과 적절한 연대를 유지하면서 1970년대의 가시적 민중운동을 주도하였다(이해찬, 1984).

한층 민주적 성격을 보여주는 것이라고 할 수 있다. 이들은 1960년대 이후 한국현대사에서 민족민주운동의 중요한 축이었고, 민주주의 발전에서 가장 중요한 주도세력이었으며, 이들이 광범위한 민중에 기초한 통일전선을 축으로 하여 활동을 계속 전개할 때 앞으로 전개될 한국민주주의의 발전과정에서 가장 중요한 주도세력으로 떠오를 것이다.

5. 맺음말 : 미래의 한국민주주의의 주도세력

이상에서 한국민주주의의 주도세력을 집권세력, 보수야당, 재야세력을 중심으로 하여 살펴보았다. 우리는 이상에서 몇가지 결론을 내릴 수 있었다.

첫째로, 스스로 민주주의의 주도세력이었다고 주장하고 있는 집권세력의 경우 민주주의의 발전보다는 그것을 가로막는 데 큰 역할을 하였다는 점이다. 이들이 자신들의 성과물로 제시하고 있는 대통령 단임의 실현이나 6·29선언 등은 광범위한 민주화투쟁의 결과이지 결코 집권세력이 원해서 이루어진 것은 아니라는 점이다.

둘째로, 보수야당은 민주주의의 발전에서 긍정적인 역할을 한 점은 인정할 수 있지만, 조직의 운영이나 정치노선에서 전근대적이고 보수적인 한계를 명백하게 가진다는 점이다. 보수야당이 가지고 있는 이러한 양면성은 현재까지도 보수야당에 대한 평가에서 많은 논쟁을 불러일으키고 있다.

셋째로, 민주화운동을 중심으로 한 민족민주운동의 과정에서 형성된 재야세력은 한국민주주의의 발전과정에서 가장 중요한 주도세력의 하나였고, 앞으로도 통일전선을 축으로 하는 이들의 역할이 한국민주주의의 발전과정에서 중요한 역할을 할 것이라는 점이다. 이 점은 이들이 현재 광범위한 민중운동에 기초한 통일전선을 축으로 활동하고 있기 때문이다.

이러한 민주주의의 주도세력에 대한 논의에서 가장 중요한 논점으로 제기되는 부분은 보수야당에 대한 부분이라고 할 수 있다. 그런데 여기에서 우리가 분명히해야 할 점은 현재 한국사회가 도달해 있는 상태에 대한 진단이다. 현재 한국사회의 상황이 이전의 상황에 비해 상당히 민주주의적 과제가 진척된 상황이라고 할지라도 아직도 부르조아민주주의적인 과제들이 실현되지 못한 상태라는 점은 주지의 사실이다. 이 점은 집권세력에 대한 분석에서 현정권의 개혁이 부르조아민주주의적인 과제 실현이라는 성격을 어느정도 가지고 있으며, 그나마 불철저함과 비지속성을 가지고 있다는 점에서 파악할 수 있다.

그렇다면 한국사회의 미래의 민주주의를 위한 앞으로의 발전과정이 최근의 사회민주주의적인 주장을 포함하여 민중적인 민주주의의 형태로의 지향만을 추구하는 것이 아니라, 부르조아민주주의적인 과제의 실현 역시 중요하다고 할 때 부르조아민주주의적 지향을 가지고 있는 보수야당 역시 긍정적인 역할을 할 수 있는 여지를 충분히 가지고 있다고 할 수 있다.

또 한가지 보수야당의 중요성은 재야세력이 상대적으로 대중성을 획득해내지 못하고 있는 상황에서 야당의 광범위한 대중적 지지에 대한 부분이다.[26] 이 점은 현재 재야세력들 내부에서 새로운 정치노선으로 등장하고 있는 합법정치공간으로의 진출과도 밀접하게 관련된 문제라고 할 수 있다. 보수야당에 대해 반대하면서 민중세력의 정치적 진출을 목표로 했던 민중당세력은 총선과 지방자치제 선거과정을 통해서 매우 낮은 득표율을 보인 반면 민주당 속으로 참여한 일부 재야세력은 민주당 내부에서 '민주개혁파'라는 하나의 계보를 만들어낼 수 있을 정도로 성공을 거두었

---

26) 보수야당에 대한 대중적인 지지는 이들에 대한 전면적인 지지를 의미하는 것은 아니다. 국민들의 정권교체와 민주화에 대한 열망과 수권능력에 대한 평가가 총선과정에서 이들에 대한 지지로 나타나는 것이라고 할 수 있다. 현재 이들에 대한 국민적인 지지는 지역감정에 편승해서 상당히 왜곡된 형태로 나타나고 있지만, 집권여당에 대항할 수 있는 유일한 대안이라는 점은 현재까지는 분명한 사실이다.

다. 뿐만 아니라 현실적으로 재야세력에 비하여 상대적으로 높은 보수야당의 수권능력에 관한 부분도 정권교체와 관련해 앞으로의 정치과정에서 보수야당의 중요성을 증명하는 부분이다.

문제는 이들이 가지고 있는 전근대성과 보수성에 대한 부분을 어떻게 제한하는가 하는 점이다. 이들이 가지고 있는 전근대성과 보수성은 민자당으로의 야합에서 단적으로 드러나듯이 권력을 잡기 위해 집권세력과도 결합하는 반민주적인 형태로 나타나기도 했다. 현재의 집권세력이 앞으로 다가올 총선에 대비하여 계획하고 있는 정계개편의 방향 역시 현 보수야당의 전근대성과 보수성을 철저하게 이용할 것이며, 이 경우 현재의 보수야당은 그대로 공중분해할 가능성을 충분히 가지고 있다. 이때 '보수-혁신 구도'라는 정계개편을 통해 강력한 집권세력이 형성될 것은 명약관화한 사실이다.

결국 이러한 문제의 해결점은 민족민주운동 전체의 관점에서 다루어져야 하며 현재 민족민주운동권 내부에서 진행중인 통일전선강화론, 양날개론, 진보정치연합추진파 등의 논의와 맞물려 있다. 특히 앞서 논의한 한국사회에서의 보수야당의 중요성과 연결하여볼 때 통일전선강화론과 양날개론은 보수야당을 집권세력의 의도로부터 견인해낼 수 있는 중요한 의미를 가진다. 또한 민주당 내부에서 활동하고 있는 재야세력 출신의 '민주개혁파'의 활동도 보수야당을 견인할 수 있는 주요한 고리가 될 수 있다. 민족민주운동의 관점에서 민중운동의 발전에 기초한 통일전선의 강화는 보수야당을 견인할 수 있는 기반이 될 것이며, 아울러 민주당 내부에서 활동하고 있는 재야세력과의 연결을 통해 보수야당의 전근대성과 보수적 성격을 막을 수 있는 가장 중요한 고리가 될 것이다. 이렇게 될 때 진정 앞으로 전개될 미래의 한국민주주의의 주도세력이 강력하게 형성될 수 있을 것이다.

참고문헌

김정헌(1991), 「1960년대 근대화노선의 도입과 확산」, 『한국현대사』 3, 풀빛.

양무목(1983), 『한국정당정치론』, 법문사.

오성진(1985), 「이승만정권의 정치충원에 관한 연구──일제친일세력의 충원을 중심으로」, 연세대학교 정치학과 석사논문.

이상우(1985), 『반체제민권운동사』, 중원문화.

이영석(1987), 『야당 40년사』, 인간사.

＿＿＿(1990), 『야당, 한 시대의 종말』, 성정출판사.

이정식(1986), 『한국현대정치사』 3, 성문각.

이해찬(1984), 「유신체제와 학생운동」, 『유신체제와 민주화운동』, 삼민사.

한국기독교사회문제연구원(1983), 『1970년대 민주화운동과 기독교』.

한국역사연구회(1991), 『한국현대사』 1, 2, 3, 4, 풀빛.

한민우(1991), 『한국정치의 발자취』, 대동.

한상진(1983), 「관료적 권위주의와 한국사회」, 『한국사회의 전통과 변화』, 범우사.

한승주(1983), 『제2공화국과 한국의 민주주의』, 종로서적.

한승헌 외(1984), 『유신체제와 민주화운동』, 삼민사.

Henderson, G.(1968), *Korea, the Politics of Vortex*, Cambridge: Harvard University Press.

한국의 시민사회와 민주주의의 전망

정 태 석 외
한국산업사회연구회

1. 머리말: 논의의 배경과 목적

최근 한국에서의 '시민사회와 민주주의'에 관한 논의는 사실상 1990년을 전후한 소련과 동구 사회주의권의 변화와 그에 따른 맑스주의 위기론으로부터 촉발된 것이다. 사회주의적 발전전망의 위기는 사회구성체론적 접근방법에 대한 내재적 비판과 맞물리면서, 여러가지의 이론적, 실천적 대안논의들을 불러일으켰다. 프롤레타리아독재, 사회민주주의, 유러코뮤니즘 등 사회주의 위기에 대한 논의와 대안논의들이 진행되는 가운데 진보학계의 한편에서는 '포스트맑스주의론'을 제창하는 흐름이 생겨났으며, '민주주의', '시민사회' 그리고 '시민운동' 문제가 이론적인 쟁점으로 등장하게 되었다.

이와같이 시민사회와 시민운동에 대한 논의는 맑스주의 위기 문제에 대한 이론적 대응의 하나로 등장하기는 했으나, 그것이 한 가지 방향에서만 이루어진 것은 아니었다. 포스트맑스주의적 시민사회론과 거의 같

鄭台錫: 서울대 사회학과 박사과정 수료, 金晧起: 연세대 사회학과 교수, 兪八武: 한림대 사회학과 교수.

은 시기에, 한편에서는 자유주의적 시각에서 출발하는 시민사회론이, 다른 한편에서는 맑스주의적, 그람시적 시각에서 출발하는 시민사회론이 이 논의에 가세했기 때문이었다. 그리고 이와 함께 시민사회론 논의 자체를 부정적으로 평가하는 시각도 생겨났다.

민주주의에 관한 논의도 이와 맥락이 흡사하게 진행되었다. 한편에서는 맑스주의가 프롤레타리아독재론을 취함으로써 정치적으로도 독재에 귀결되는 내적 한계를 지녔다고 비판하면서 다원주의적 민주주의를 대안으로 내세우는 흐름, 즉 포스트맑스주의적 흐름이 생겨났고, 여기에 대해서는 '실질적 민주주의론'이 비판적으로 맞서게 되었다. 그 결과 민주주의 자체가 아니라 '어떤 민주주의냐'가 중심문제로 부각되게 되었다.

그러나 이러한 논의가 활발하게 이루어지게 된 배경에는 세계사적인 상황변화 및 이에 대한 지적 대응이라는 외적 조건뿐 아니라, 80년대를 거치면서 이루어진 한국사회의 전반적인 구조 및 정치역학에서의 변화라는 내적 조건이 함께 작용했다. 1987년 6월 민중항쟁과 7, 8월 노동자대투쟁은 국가의 억압에 저항하는 시민사회세력들의 자율성을 급격히 확대시켰다. 그 결과, 국가는 공식적으로 민주화를 추진할 것을 약속하는 등 민주화조치 및 시민사회 활성화조치들을 취하게 되었고, 다양한 사회단체와 사회세력들이 급성장하게 되었다. 그리고 이러한 변화는 노동운동, 농민운동, 통일운동 등 기존의 사회운동들뿐만 아니라 전교조운동, 환경운동, 소비자운동, 생활문화운동 등 다양한 사회운동들이 급격히 성장하는 기반이 되었다. 그 결과, 정치적 민주화와 경제적, 계급적 불평등이라는 오래된 쟁점들에 덧붙여 환경, 소비자, 여성, 교육, 생활문화 등의 새로운 쟁점들이 동시에 부각됨으로써, 시민사회 내의 세력관계도 분화되어갔다. 이와같은 분화현상은 김영삼정권이 들어서서 일련의 개혁정책들을 전개함으로써 더욱 가속화되고 있으며, 이제까지 국가에 대해 저항하던 사회운동 내에서 주변적인 위치에 머물러 있었던 개량적 시민운동이 그동안의 변혁적 사회운동을 주도해온 민중운동의 주도권을 위협하는 상태에까지 이르게 되었다.

그런데 이와같은 시민운동의 활성화는, 시민사회에서 '시민운동의 중심성'을 주장하는 자유주의적 시민사회론과 '민중운동의 중심성'을 부정하는 다원주의적 시민사회론 논의의 주도권을 강화시켜주는 경향을 낳았다. 그리하여 민중운동진영의 이론적 대응이 더욱 시급해졌으며, '어떤 시민사회인가'가 중요한 쟁점으로 대두되기에 이르렀다.

이와같은 상황을 배경으로 하여, 본고는 '시민사회' 범주를 그람시적인 문제틀에 기반하여 비판적으로 재구성하고, 이를 한국사회에 적용하여 분석을 시도하고자 한다. 이는 앞서 언급한 바와 같이 맑스주의의 위기에 대한 이론적 대응의 하나이면서, 동시에 변화하는 한국사회현실을 새로운 이론적 범주들로 포착, 설명하려는 시도이다. 그리고 나아가 시민사회에서의 사회운동과 민주주의의 현실에 대한 분석에 적용함으로써 한국의 민주주의와 민중운동이 나아가야 할 바람직한 방향을 모색해보고자 한다.

2. 시민사회론의 한국적 적용

1) 시민사회의 개념

시민사회는 서구에서 계몽시대 이래로 신분제적으로 예속받지 않는 자유로운 개인들의 결사체이며, 자신들의 권력을 소수에게 위임하여 국가를 구성토록 하는 정치적 주권의 소재지로 이해된다. 그리하여 시민사회는 역사적으로 보면, 봉건시대의 귀족사회와 대별되며, 구조적으로는 귀족사회의 화신이었던 국가에 대립되는 개념이다. 근대로 넘어오면서 이러한 봉건적 관계는 점차 변화되어, 권력은 시민, 즉 평민들에 의해 장악되고 국가는 이들의 의지에 따라 구성되는 것으로 여겨지게 되었다. 그리하여 시민이란 어떤 공동체사회 내에서 신분적으로 동등한 대우를 받고 동등한 권리를 갖는다는 의미를 수반하게 되었으며, 이것이 곧 시민권이다.

그런데 이러한 자유주의적 시민사회 개념은 맑스에 의해 재해석된다. 맑스는 시민과 시민사회가 동질적이지 않으며, 형식과 내용이라는 이중구조를 가진 것으로 파악하였다. 형식적으로 시민들은 자유롭고 평등하지만 내용 면에서는 부자유·불평등하였는데, 그 이유는 생산수단의 사적 소유를 바탕으로 한 자본주의적 생산관계와 계급관계 때문이었다. 내용적으로 시민은 생산수단을 가진 시민, 즉 부르조아지, 그렇지 못한 시민, 즉 프롤레타리아트, 그리고 그 중간에 위치한 소시민, 즉 쁘띠부르조아지 등 크게 3계급으로 나누어져 있으며, 이들 사이의 권리관계는 부자유하고 불평등한 계급관계라는 것이다. 따라서 시민은 형식적 시민과 실질적 시민, 즉 시민과 시민계급(부르조아지)이라는 이중구조를 가지고 있으며, 시민사회는 형식적으로는 동등한 시민들의 결사체이지만, 실질적으로는 일부의 시민, 즉 부르조아계급이 다른 시민들, 즉 다른 계급들을 경제적으로 지배하는 '계급들의 결사체'라는 이중구조를 가지고 있다고 보았다.

한편 맑스에 의해 재해석된 시민사회란 자본주의사회의 경제구조, 그리고 경제적 계급관계의 의미가 강한데, 이와는 달리 자본주의사회가 발달을 거듭함에 따라 경제외적 시민사회의 영역이 확대되는 변화가 일어남으로써 이를 포착해내는 개념이 필요하게 되었다. 이 영역은 경제와 국가를 매개하는 '상부구조적 시민사회'라 할 수 있는데, 그람시에 의해 특히 강조되었다.

그람시는 기존의 지배질서의 유지는 단지 강제에 의존하는 억압적 국가기구를 통해서만이 아니라 동의에 기반하는 헤게모니적 기구를 통해서도 이루어진다고 보면서, '상부구조의 한 영역으로서의 시민사회'를 좁은 의미의 국가(정치사회)와 구분한다(Gramsci, 1971: 21면). 시민사회는 근본계급들을 중심으로 하여 광범한 동의를 획득하기 위한 헤게모니투쟁이 이루어지는 영역으로서, 국가권력의 장악을 통한 기존질서의 재생산/변형을 위해 중요한 보루가 되는 것이다. 그람시는 '국가(정치사회)/시민사회/경제'라는 삼분모델에 기반하면서, 각 영역들간의 인과적 관계를 중요한 문제로 설정하고 있다. 시민사회(와 경제구조)의 모순구조——

특히 계급적대——는 근본계급들을 중심으로 한 투쟁을 발생시키는데, 지배세력은 국가에 의한 강제와 시민사회를 통한 동의라는 이중적 과정을 통해 기존질서를 유지하고자 한다. 이러한 지배에 저항하는 피지배세력은 시민사회의 광범한 동의에 기반하는 헤게모니 장악을 통해, 국가의 억압적 성격을 해체하고 궁극적으로 시민사회의 평등하고 자율적인 삶 속으로 국가를 흡수시키고자 한다. 그러므로 자본주의사회에서 국가와 경제구조는 변혁되어야 할 대상이 되며, 노동자계급은 근본계급으로서 시민사회의 중심적 변혁주체가 되는 것이다.[1]

이에 비해 하버마스는 공공영역의 개념을 도입하여 시민사회에 대한 맑스의 경제주의적 해석을 비판하고 있다. 그에 따르면, 근대사회는 크게 국가의 '공적 권위영역'과 시민사회 및 공공영역으로 이루어진 사적 영역으로 구성되어 있다(Habermas, 1962: 45면). 역사적으로 부르조아계급이 주도한 이 공공영역은 국가와 시민사회의 매개항이자 통로로서 등장하며, 근대 의회민주주의는 부르조아계급만의 전유물이 아니라 국가와 부르조아계급의 갈등을 공개적인 토론을 통해 해결하려는 정치체제의 한 형태이다. 최근 하버마스는 『의사소통행위이론』(1981)에서 시민사회의 내부분화 즉 경제영역의 합리화에 따른 사회로부터의 경제의 분화현상에 주목하여, 현대사회를 경제체계 및 행정체계로 구성되는 '체계'와 사적 영역(시민사회)과 공공영역으로 구성되는 '생활세계'로 양분한다. 엄격히

---

1) 이러한 그람시의 시민사회론을 비판적으로 재구성하려는 최근의 시도는 크게 세 흐름으로 나누어볼 수 있다. 첫번째 흐름은 잉그라오, 바카, 체로니에 의해 대변되는 이딸리아 신그람시주의 전통으로, 이들은 헤게모니와 대항헤게모니의 대결장으로서의 그람시 시민사회론에 기반하여 대의제민주주의와 기층민주주의의 유기적인 결합을 새로운 사회주의 전략으로 제시한다. 두번째 흐름은 영미계통의 신그람시주의자들로, 이들은 그람시의 진지전이 시민사회 내 대항헤게모니 구성에서 민주적 동의와 절차의 중요성을 부각시킴으로써 민주적인 사회주의로의 이행을 위한 전략의 기초를 제공하고 있다고 본다. 마지막 흐름은 독일의 비숍과 『사회주의』 필진들이 대변하고 있는데, 이들은 그람시의 시민사회론에 경제민주화를 위한 시장사회주의 전략을 결합시키는 전략을 제시하고 있다(김호기, 1993b).

보아 사분 모델에 기초하고 있는 이 하버마스의 모델은 시민사회로부터
경제를 분리시키고 있다는 점에서 국가(행정체계)-경제체계-시민사회
회의 삼분모델에 가까우며, 체계에 의한 생활세계의 식민화를 저지하기
위한 공공영역의 재정치화를 강조하고 있다는 점에서 사회주의적 시민사
회의 정치이론에 큰 영향을 주었다.[2]

국내에서의 시민사회론 논의는 앞서 언급한 바와 같이 91년과 92년 뻬
레스뜨로이까 이후에 제기된 맑스주의 위기에 대응하는 대안논의를 통해
본격화되기 시작했는데, 그 흐름은 크게 세 가지 정도로 집약할 수 있
다. 첫째는 맑스주의적 변혁론 패러다임을 비판하는 경향 속에서 신사회
운동에 기대를 거는 포스트맑스주의적, 다원주의적 흐름(이병천, 1992; 박
형준, 1992 등)이고, 둘째는 80년대 한국맑스주의에 대한 내재적 비판을
통해 그람시적 경향(강문구, 1992; 백욱인, 1993 등)을 추구하는 흐름이며,
세번째는 자유주의적 흐름(한완상, 1992; 김성국, 1992; 이시재, 1992 등)이
다. 그리고 이러한 시민사회론적 흐름들에 대해 전반적으로 부정적인 입
장을 견지하는 전통적인 맑스주의 흐름(김세균, 1992)도 있다.[3]

---

2) 이와같은 하버마스의 비판이론은 크게 보아 의사소통적 공공영역을 강조하는
   다원주의적 시민사회론과 이중과정으로서의 민주화를 강조하는 사회주의적 시민
   사회론 등 크게 두 가지 흐름으로 이어진다.
   코헨과 아라토(J. Cohen & A. Arato, 1992) 등의 다원주의적 시민사회론은
   '국가/시민사회/경제'라는 삼분모델에 기반하고 있는데, 서구 복지국가의 한계
   와 동구 국가사회주의 실험의 실패에 근거하여, 시민사회를 국가와 경제 양자
   로부터도 자율적인 공간으로 만들고자 한다. 그리하여 시민사회의 투쟁은 국가
   (행정체계)와 경제(화폐체계)의 전체화논리에 저항하지만, 양자의 자율성을 침
   해하지 않는 자기제한적 성격을 지녀야 한다고 본다.
   킨(J. Keane, 1988)이나 헬드(D. Held, 1987)의 사회주의적 시민사회론은 '국
   가/시민사회'라는 전통적 이분모델에 의존하고 있는데, 다원주의적 시민사회론
   과 유사하게 국가와 (경제구조를 포함하는) 시민사회의 현실적 분리를 인정하
   고 각 영역의 자율성이 보장되어야 함을 강조하면서 '이중적 민주화' 전략을 제
   시한다.
3) 이병천(1992)과 박형준(1992)은 포스트맑스주의적 사회이론과 비판이론적, 다
   원주의적 시민사회론을 접합시키고 있다. 그러나 이들은 시민사회 내의 다양

이러한 흐름 속에서 우리는 이 글에서 시민사회를 봉건사회와 구분되는 부르조아사회라는 의미와 더불어 '상부구조로서의 시민사회'라는 측면에 주목함으로써, 그람시적인 문제틀에서 재규정하고자 한다. 이렇게 재규정된 시민사회란 다양한 계급·계층들, 다양한 사적 결사체들로 구성되어 있는 상부구조의 한 영역으로서, 일상적인 소비가 이루어지는 생활영역이자 정치적, 윤리적 여론형성이 이루어지는 장이다. 뿐만 아니라 경제영역과 국가영역 사이에서 양자를 매개하는 장이다(유팔무, 1993a : 199면).

그런데 여기서 시민사회의 매개역할은 일방통행적이 아니라 '쌍방통행적'인 것으로 이해된다. 즉, 시민사회가 경제와 국가를 매개하는 과정은 '경제 → 시민사회 → 국가 → 시민사회 → 경제'를 반복하는 쌍방통행적 과정이라는 것이다. 이것은 또한 일면적이 아니라 '양면적'이다. 즉 국가와의 관계에서 볼 때, 시민사회는 국가에 대한 '저항'의 기지이면서 동시에 국가의 지배정당성을 뒷받침해주는 이데올로기적 국가기구이기도 하다. 경제와의 관계에서 볼 때, 시민사회는 소비생활의 영역이자 전도된 일상의식이 형성되는 장으로서 기존의 경제질서를 정당화하고 계급모순을 호도하는 효과를 발휘하는 반면, 계급적 의식화 및 조직화가 저항의식 및 운동으로 표출되는 장으로서 경제적, 계급적 마찰을 불러일으키고 경제에 대해 역효과를 발휘하기도 하는 것이다(그림 1 참조).

경제 및 계급과 관련하여본다면 시민사회는 소비생활, 의식형성, 조직화, 계급갈등이 이루어지는 장으로서 경제의 계급성을 표출하기도 하

한 적대들——계급, 민족, 환경, 성 등——간의 중심성이라는 문제를 지나치게 상대주의적으로 접근함으로써 현실적, 객관적 중심성을 분석하지 못할 뿐만 아니라 민주주의의 심화를 위한 실천적인 중심에 대한 전망도 제시하지 못하는 경향이 있다. 그리고 국가와 경제구조 자체의 모순적 성격과 이들과 시민사회의 관계에 대한 문제설정도 적절하지 못한 것으로 보인다.

김성국(1992, 166면)의 경우도 이들과 비슷하지만, '계급운동의 시민운동으로의 수렴'을 주장한다는 면에서 이들보다도 훨씬 자유주의적이다. 이밖에도 국내의 시민사회론들이 지니는 특징에 대한 비판적 검토로는 김세균(1992), 김호기(1993a), 유팔무(1993a)를 참조하라.

〈그림 1〉 국가/시민사회/경제의 구성 및 상호관계

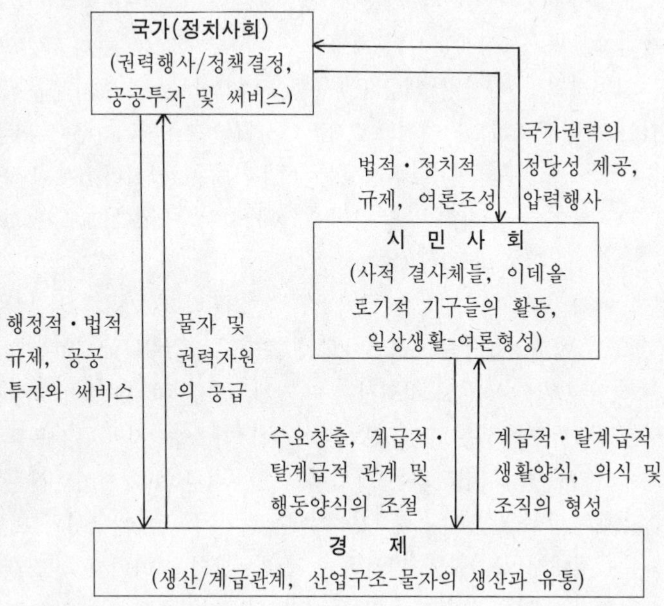

* 유팔무(1992, 9면) 그림을 재구성.

지만, 이것과 상대적으로 구별되는 생활영역이기 때문에 초계급적인 성격의 활동들과 의식형성과정에 의해 계급적인 것을 희석하는 효과도 발휘한다. 즉 시민사회는 계급성을 재생산하는 기능과 희석화시키는 기능을 동시에 하는 것이다. 소비생활의 장으로서 시민사회는 우선 수요의 창출과 노동력재생산 등 크게 두 가지 점에서 경제적 생산을 돕는다. 그리고 소비생활의 상당부분은 소비주체의 경제적, 계급적 조건(예컨대 소득수준, 근무시간 등 근로조건과 작업환경)에 의해 직접적으로 영향을 받는다. 그 결과, 시민들의 문화 및 여가 생활과 의식형성, 그리고 심지어 그들의 평균수명도 계급별로 상당한 차이를 나타내게 된다.

 이러한 계급적 차이들은 계급적인 의식형성과 조직화과정으로 연결되

기도 한다. 그렇지만 시민들의 의식형성과 조직화가 항상 계급적인 방향
으로만 이루어지는 것은 아니다. 시민들의 의식형성 및 조직화는 중심적
으로 경제활동영역에서의 위치에 의해 이루어지지만, 다른 한편으로는
시민사회영역에서 일상생활의 다양한 쟁점들과 관련된 다원적 주체위치
와 매스컴을 비롯한 이데올로기적 기구들의 영향을 받으면서 복합적으로
이루어진다.

이러한 이중적 과정은 내용적으로 서로 일치할 경우 기존의 의식을 강
화시키게 되지만, 대개는 시민들의 의식 속에서 불안정하고 모순적으로
공존하게 된다. 특히 피지배계급의 경우, 자본주의 경제성장에 따른 개
량화효과, 즉 소득수준 등 경제적 지위의 상승과, 이에 기반한 지배이데
올로기에의 포섭이 강화될수록 점점더 '모순적인' 의식을 지니게 된다.
그러므로 시민사회는 한편으로는 계급적 의식형성과 조직화가 이루어지
는 장이지만, 다른 한편으로는 초계급적, 탈계급적 이데올로기의 형성과
조직화가 이루어지는 장이기도 하다.

이러한 시민사회적 과정에 따른 영향은 특히 자본주의 경제성장이 진
전을 거듭하여 소득수준이 높아지고 여가시간이 늘어나는 등 시민사회의
생활공간이 확장됨으로써 더욱 심해지며, 흔히 말하듯이 노동자대중의
계급적 의식 형성과 조직활동을 가로막는 개량화효과도 낳는다.

2) 한국시민사회의 형성과 특수성

우리가 시민사회의 형성을 봉건적인 사회제도, 의식구조, '생활양식'을
대신해서 시민사회적인 사회제도, 의식구조, '생활양식'이 공간적으로 형
성되는 시기부터라고 한다면, 한국의 시민사회가 공간적으로 형성 또는
성립된 것은 대체로 20세기 전후라고 할 수 있을 것이다. 이 시기에 우
리나라는 사회적으로 신분제도가 철폐되고, 경제적으로 자본주의의 성립
과 발달이 주로 외세의 영향력하에서 파행적으로 진행되었으며, 과도기
적 정치상황에서 취약했던 국가권력은 외세, 특히 일본제국주의에 의해

장악되어 있었다.

이처럼 우리나라의 시민사회 형성은 외세의 개입에 의해 처음부터 파행적인 형태로 진행되었으며, 이는 정치·사회적으로 시민사회적 의식구조와 생활양식이 확산되는 것을 방해하였다. 그럼에도 불구하고 시민사회의 민족주의세력들은 외세의 정치적 지배에 항거하여 3·1운동 등과 같은 민족해방운동을 전개했으며, 식민통치하의 자본주의화는 이에 상응하는 자본가 및 노동자의 계급적 조직과 활동을 낳아 시민사회적 생활양식을 점차 확대시켜나갔다.

외세나 국가권력에 대한 힘의 관계에서 본다면, 시민사회의 세력들은 8·15해방 이후 국가권력이 공백상태에 있었을 때 강력히 분출되었고 자율성도 확대되었다. 미군정이 들어서고 서구 정치제도가 도입되면서 친미세력이 국가권력을 장악하게 되었으며, 이후 국가에 대한 시민사회의 실질적인 공간은 협소해졌고 자율성도 약화되어갔다(최장집, 1989). 한편 6·25전쟁 이후 외세와 반공주의 이데올로기에 의존하며 시민적 권리를 억압해온 국가권력은 부정부패와 비민주성으로 인해 시민사회 민주세력의 저항에 직면하게 되었다. 4·19혁명은 억압받던 시민사회의 민주세력이 국가권력에 대해 지배정당성을 부인하고 저항을 표출한 일대사건이었다. 4·19혁명 이후 시민사회와 국가 사이의 역학관계는 장면정권, 5·16군사쿠데타, 10월유신, 80년 서울의 봄과 광주항쟁, 87년 민중항쟁과 6·29선언, 93년 문민정부의 등장 등을 거치면서 여러 차례 반전을 거듭해왔다. 이렇듯 양자 사이의 역학관계가 반전을 거듭하게 되는 이유 중의 하나는 그동안의 국가권력이 시민사회로부터 지배의 정당성을 부여받지 못했거나 지지를 확보하지 못했기 때문이었다고 할 수 있다.

이와같은 시민사회 민주세력의 저항에도 불구하고 국가권력이 유지될 수 있었던 것은, 한편으로는 강제력에 의한 억압과 반공이데올로기 등의 효과 때문이며, 다른 한편으로는 국가 내의 군부세력 및 관료들과 시민사회 내의 자본가계급이 유착하여 자신들의 이해를 관철시켜나가는 강력한 기득권세력을 형성하고 있었기 때문이었다. 특히 60년대부터 자본주의적 발전이 가속화되면서 시민사회 내의 세력은 계급적·계층적 분화가 심화되었으며, 이 과정에서 자본가계급은 국가권력과의 유착을 통해 강력한 영향력을 행사하게 되었다. 한편 자본가계급과 함께 양적으로 급격히 성장해온 노동자계급은 국가권력과 지배세력들의 억압과 이데올로기적 통제에도 불구하고 중심적인 저항세력으로 성장하여 87년 이후 중간층과 함께 민주화를 위한 투쟁을 이끌어왔다.

이처럼 한국의 시민사회는 서구적 경로와 달리 식민지적·신식민지적 조건, 그리고 분단상황에서, 기본적으로 외세와 외세의존적 국가권력의 영향력하에서 주로 '바깥에서 안으로', '위로부터 아래로' 형성·발전되어왔다(유팔무, 1993a). 그런데 60, 70년대의 급속한 자본주의화는 아래로부터의 시민사회 형성의 조건을 제공하였으며, 또한 국가지배의 비민주성과 정당성의 취약함은 시민사회 민주세력의 활성화와 아래로부터의 저항을 가져왔다. 이러한 아래로부터의 시민사회 발전은 80년대에 더욱 가속화되었다. 87년 6월 민중항쟁 이후에 시민사회 민주세력은 급격히 활성화되어 국가권력을 위협하기에 이르렀으며, 경제적 지배계급이면서도 국가권력의 통제하에 있던 독점자본도 국가개입으로부터의 자율성을 주장하면서 한편으로는 국가권력을, 다른 한편으로는 자본주의 질서에 도전하는 급진적 민주세력을 비판하는 양면전략을 펴게 되었다. 이처럼 최근의 한국시민사회는 한편으로는 국가로부터의 자율성이 증대되었지만, 다른 한편으로는 내적인 세력구성이 다양하고 복잡해져서 사회세력들간의 불평등과 갈등이 더욱 표면화되고 있다.

한국시민사회의 특수성은 사회문화적인 생활양식과 의식의 측면에서도 잘 드러나고 있다. 친미사대주의와 민족주의, 유교적 권위주의와 서구적 자유민주주의, 연고주의와 경쟁주의, 반공주의와 민중주의 등은 시민사회의 경쟁적·갈등적 의식 및 생활양식을 구성하고 있다. 이들 중 친미사대주의, 유교적 권위주의, 연고주의, 반공주의 등은 외세의존적인 권위주의적 국가의 지배이념 및 통제수단으로 적극적으로 이용되었고, 시민사회와 경제의 민주화를 가로막아왔다. 반면에 위로부터 도입된 민주적 정치제도와 이념이 교육, 매스컴 등을 통해 시민사회의 의식형성에 영향을 미치게 되고, 자본주의적 생산 및 계급관계의 발달에 상응하는 시민사회의 생활양식 및 의식구조 변화가 일어남에 따라 민족주의, 서구적 자유민주주의, 경쟁주의, 민중주의 등이 기존의 지배적인 의식들과 갈등관계에 놓이게 되었다. 이와같은 다양한 의식형태들과 이데올로기들은 정치적, 경제적, 사회문화적 위치가 서로 다른 시민들과 계급들에게 서로 다른 방식으로 영향을 미쳐 시민사회의 구성과 갈등구조를 복잡하게 하고 있다. 특히 80년대 후반부터는 과거 권위주의정권과 독점자본의 지배에 저항했던 사회운동세력들이 시민운동세력과 민중운동세력으로 분화되고 환경, 교육, 여성 등 새로운 쟁점들이 부각됨으로써, 계급·계층간, 집단간 이해의 차이와 갈등이 표면화되고 있다.

3. 한국의 시민사회와 민주주의

1) 김영삼정권의 성격과 시민사회

현재 김영삼정권은 전통적 보수야당의 성격을 그대로 이어받고 있다고 할 수 있다. 계급적으로는 도시중산층 분파와 부르조아계급의 이익과 의식을 대변하는 성격을 지니고 있으며, 정치적으로는 '권위주의적 자유민주주의'의 성격을 띠고 있다.[4] 우선 자유민주주의적 성격은 김영삼정권이 추진한 일련의 개혁정책을 살펴보면 명확해진다.

이제까지 김영삼정권의 개혁은 자본주의 시장경제를 유지·발전시키려는 데 있으며, 특히 사유재산권은 건드리지 않고 있는 것으로 보인다.

---

4) 지난 12월 대통령선거 직후 김영삼정권의 성격에 관한 활발한 토론이 전개되었는데, '제한된 민주주의를 통한 지역분할체제'(최장집, 1993), '파시즘적 자유민주주의'(김세균, 1993), '두 국민 프로젝트에 입각한 제한된 자유민주주의'(손호철, 1993) '제3세계 부르조아민주주의의 한국적 왜곡형태'(조희연, 1993), '부르조아정권의 성격을 갖는 국가코포라티즘'(임영일, 1993) 등이 그 대표적인 논의들이다.

이와같은 성격은 '노사 고통분담을 통한 경제활성화와 국제경쟁력 회복'을 골간으로 하는 신경제정책, 중소기업의 성장을 보호하는 동시에 재벌기업의 국제경쟁력 제고를 도모하는 '재벌기업 업종화정책' 또는 '경제력 집중 억제정책', 그리고 울산 현대계열사의 파업사태에 대한 정부의 개입방식을 통해 드러났다. 그중에서 특히 올 여름 '울산사태'는 김영삼정권의 성격과 개혁의 한계를 명확히 보여주는 대표적인 사례이다. 정부는 노사 어느편도 지지하지 않았고, 자율적인 노사타협이 성공하기를 기다리다 결국 압력과 강권을 동원했다. 이러한 개입방식은 다음과 같은 시사를 던져주고 있다.

첫째, 정부는 아직 개혁세력과 반개혁수구세력으로 나누어져 일관성 있는 정책을 펴지 못하는 내적 한계를 갖고 있다. 둘째, 정부는 노사갈등이라는 자본주의적 시장경제의 모순을 '시민사회'의 문제로 간주하여 이 사안이 시민사회 내부에서 자율적으로 해결해야 하는 문제, 즉 자본주의 시장경제의 원리에 의해 조정되어야 할 문제로 이해하려고 한다.[5] 셋째, 국가는 시민사회의 자율성을 존중하며, 따라서 강제가 아니라 동의에 입각한 헤게모니적 문민통치를 추진하고 있다.

그러나 김영삼정권은 이런 개혁과 통치를 의회제가 아니라 직접 대중들에게 호소하는 방식으로 진행시키고 있다는 점에서 권위주의적 성격을 갖는다. 현재 김영삼정권이 자신의 정치적 권위를 '도덕성'과 '정통성'으로부터 이끌어내고 있다는 점을 고려할 때 '부정부패의 척결'과 '군사문화의 퇴치' 등의 개혁기치는 사실상 군사적·강권적 권위주의를 대신하는 문민적·도덕적 권위주의라는 성격을 지니고 있으며, 이런 권위주의에 입각해서 자본주의 시장경제를 유지·발전시키려는 전략을 추진하고

---

5) 이 점에서 김영삼정권은 일견 시장의 자율성을 보장하고 국가개입을 최소화하려는 서구의 신자유주의 혹은 신보수주의 경제전략을 뒤따르고 있는 것처럼 보인다. 그러나 김영삼정권이 한국병 치유와 신한국 창조를 위해 제시한 정책은 부분적으로 서구 신보수주의 정책과 유사하지만 이와 상반되는 정책이 추진되는 경우도 결코 적지 않다는 점은 주목되어야 한다(박광준, 1993). 따라서 김영삼정권의 성격을 신보수주의로 파악하는 것은 시간의 추이를 지켜보아야 할 것이다.

있다. 물론 이러한 권위주의가 군사적 혹은 관료적 권위주의는 아니다. 왜냐하면 문민성과 도덕성을 내세우는 동시에 시민사회의 자율성을 존중하는 편이기 때문이다. 그럼에도 불구하고 한국의 시민사회는 그 세력면에서 아직 국가에 예속되어 있으며 또한 민주화되지 못한 상태에 있다. 따라서 국가는 마치 시민들보다 앞서 존재하는 '계몽군주'처럼 시민사회 위에 군림하고 있다(유팔무, 1993b).

이런 권위주의적 성격은 김영삼정권이 자본가계급보다 더 높은 곳에 군림하면서 다양한 기제들을 통해 그들을 통제할 수 있다는 점에서도 드러나고 있다. 김영삼정권의 성격이 부르조아적인 것이라 하더라도, 특히 중소자본가와 도시중산층을 기본적인 지지기반으로 삼아 '깨끗하고 도덕적인 자본주의'6)를 건설하려고 한다는 점에서, 독점부르조아가 아니라 자유부르조아적 편향을 더 강하게 지니고 있다고 볼 수 있다. 여기서 자유부르조아적 편향을 강하게 보여주고 있다고 한 것은, 김영삼정권이 재벌기업을 정경유착에 의해 부패한 구지배체제의 다른 한 부분이라고 파악하여 통제를 계속하고 있기 때문이다. 요컨대 군사정권의 시기와는 달리 김영삼정권은 독점자본의 후원자가 아니라 총자본가로서의 역할을 담당하기 시작한 것으로 판단된다. 그 결과 김영삼정권은 자유민주주의를 지향하면서도 권위주의적 성격을 지니게 되고, 한국사회의 양대 계급이라 할 수 있는 노동자와 재벌그룹 모두의 '위'에 군림하고 있는 것이다.

---

6) 김영삼대통령은 93년 8월 12일 금융실명제를 실시하면서 발표한 특별담화문에서 그 취지를 다음과 같은 말로 시작하고 있다. "금융실명거래의 정착 없이는 이 땅의 진정한 분배정의를 구현할 수가 없습니다. 우리 사회의 도덕성을 확립할 수가 없습니다. 금융실명제 없이는 건강한 민주주의도, 활력이 넘치는 자본주의도 꽃피울 수가 없습니다."

2) 시민사회와 민주주의

거시적으로 볼 때 김영삼정권의 출범은 절차적 민주주의로의 점진적인 이행을 함축하고 있으며, 이는 무엇보다 지난 80년대 시민사회의 지속적인 성장의 결과로 이해될 수 있다. 앞서 논의되었듯이, 시민사회는 국가영역과 경제영역 사이에서 양자를 매개하는, 정치적·윤리적 여론형성이 이루어지는 장이자 일상적인 소비가 이루어지는 영역이다. 시민사회영역이 이렇게 이중적인 성격을 담지하고 있고 또한 자본주의 발전에 대응하여 일정하게 성장하는 한, 억압적인 국가기구에 기반한 국민대중에 대한 지속적인 지배는 불가능하게 된다. 왜냐하면 급속한 산업화를 달성하기 위한 높은 착취율은 노동자계급의 저항을 점차로 증대시키고, 또한 자본주의 발전에 따른 도시중산층의 성장과 노동조합운동 및 시민운동의 활성화는 권위주의적 지배에 대항하여 사회 전영역, 특히 시민사회영역에서 민주화에 대한 요구를 낳기 때문이다(Lipietz, 1987: 148면). 따라서 지배세력은 불가피하게 '헤게모니 없는 독재'에서 지배와 헤게모니를 유기적으로 결합시키는 통치체제로의 전환을 도모한다.

이런 점에서 87년 6월 민중항쟁과 12월 대통령선거는 한국의 시민사회와 민주주의의 발전에 결정적인 중요성을 갖는다. 한국의 시민사회는 70년대 이래 경제성장과 함께 꾸준히 성장해왔으나, 80년대 중반 특히 87년 6월 민중항쟁을 계기로 비약적인 성장을 이루었다. 이 민중항쟁은 그동안 누적된 자본주의적 모순과 계급적 불만 그리고 무엇보다도 정치적 불만이 전국적으로 표출된 범국민적인 저항운동이다. 여기서 정치적 담론 형성의 장으로서 시민사회는 이 민중항쟁의 사회적 기반이자 보루의 성격을 갖고 있었다. 시민사회의 민주화요구 앞에 억압적인 국가권력은 공식적으로 굴복하였으며, 따라서 국가는 지배의 정당성과 통치력을 회복하기 위해 시민사회의 동의를 구하는 전략으로 선회하게 되었다.

이때 시민사회를 국가의 편으로 끌어들이고 저항의 잠재력을 약화시키기 위해 지배세력이 추진한 전략이 다름아닌 대통령선거라는 절차적 민주주의제도의 도입을 통한 권위주의 통치의 자유화, 즉 제한적·형식적 민주화전략이다.[7] 이 제한적·형식적 민주화의 목표는 게임의 규칙에 대한 협상 자체를 제한하거나 그 규칙을 교묘하게 조작함으로써 특정세력이 경쟁에서 패배할 수 없도록 만드는 데 있다. 왜냐하면 이 제한적·형식적 민주화는 공식적인 민주주의 제도에 민주적 내용을 부여하는 원칙들——게임의 규칙에 대한 합의, 통치자의 정치적 책임, 충분한 정치적 대표권, 권력교체의 절차에 대한 모든 사회세력의 동의——을 여전히 결여하고 있기 때문이다(Martins, 1986: 137면). 하지만 이 민주화전략은 노동자계급을 포함한 대중들의 저항을 체제내화시키고 시민사회의 민주화요구를 수용하기 위해 형식적으로 주기적인 선거, 정당제도와 같은 절차적 민주주의의 요소들을 보장함으로써 권위주의적 군부정권을 점차로 해체시키는 결과를 낳았다.

92년 대통령선거는 87년 이후 지배세력에 의해 추진된 위로부터의 제한적·형식적 민주화가 보다 진전되는 계기를 만들었다. 우선 김영삼정권은 지배권력의 수반이 군인에서 민간인으로 전환되었다는 점에서 군부정권이 아니라 민간정권으로 파악될 수 있으며, 이 점은 오랜 군부통치에 대한 반대급부로서 국가에 대한 정당성을 제고시킨 것으로 보인다. 더욱이 이 정당성은 자본가와 도시중산층에 기반하고 있기 때문에 김영삼정권은 수구세력에 압박을 가할 수 있는 도덕적 권위를 갖추고 있는 것으로 판단된다. 김영삼정권은 이러한 권위와 정당성을 바탕으로 대중의 광범위한 동의를 확보하는 가운데 집권 초기 개혁드라이브정책에서 최근 공직자윤리법 및 금융실명제에 이르기까지 일련의 개혁정책을 성공시킬 수 있었다.

그러나 이러한 김영삼정권의 민주화전략은 여전히 '부분적이고 불완전

---

7) 이와 함께 주목해야 할 전략이 시민사회 내에서 지배헤게모니를 새롭게 창출·유지하기 위한 국가의 이데올로기 정책이다. 즉 국가권력은 각종 언론매체들의 신설을 용이하게 하고 지원했을 뿐만 아니라, 관변 사회단체들을 조직, 후원하는 등의 전략을 추진했다.

한' 성격을 갖는다. 시민사회 내 이해관계가 다원화되어 있고 이 다원적
인 이해관계들을 조정할 제도와 절차가 필요한 것이라면, 형식적 평등
원리에 기반한 시민적 권리들과 게임규칙 및 절차들은 민주주의의 전제
조건으로 승인되어야 한다. 두 차례의 대선 및 총선을 통해 선거라는 민
주적 게임의 규칙이 어느정도 정착된 것은 김영삼정권의 자유민주주의적
성격의 일단을 보여주고 있다. 하지만 이 '절차적' 자유민주주의는 그 정
치적 합의를 위해 요구되는 전제들을 완비하고 있지 않다는 점에서 여전
히 불완전한 성격을 갖고 있다. 예컨대 결선투표제를 도입하지 않고 사
전 여론조사 공표를 금지시킨 헌법 및 대통령선거법은 과반수 이하의 지
지로도 집권을 가능하게 할 뿐만 아니라, 최근 쟁점이 되고 있는 비례대
표제의 경우도 국민들의 정치적 의사를 정당하게 반영하는 제도라고 보
기는 어렵다.

  이런 불완전한 성격은 인권 및 생존권 보장, 경제적 평등, 소득과 분
배의 민주화 그리고 자율성의 보장을 포괄하는 '실질적' 민주주의의 요건
을 고려할 때 보다 두드러진다.[8] 최근의 금융실명제 실시와 노동법개정
연기는 김영삼정권의 이러한 한계를 보여주는 대표적인 사례이다. 금융
실명제의 실시가 소수집단의 희생을 무릅쓴 범시민적 이익의 관철을 보
여주고 있다면, 노동법개정의 연기는 계급적 이익에는 양보하지 않겠다
는 것을 시사하고 있다.[9] 이러한 조치들은 한편으로 시민사회의 자율성
을 보장함으로써 정치적 정당성를 제고시키는 동시에 과거 지배세력을
무력화시키려는 전략이자, 다른 한편으로 '신한국 건설'을 위해 노동자와

---

8) 민주주의는 흔히 절차적 민주주의와 실질적 민주주의로 구분된다. 절차적 민
   주주의가 선거와 같은 제도를 통해 합의된 게임규칙 안에서 공정성을 갖춘 경
   쟁이 제도화되는 것을 의미한다면, 후자는 이 민주적 원리가 사회적으로 확산
   되어 사회·경제적 평등을 위한 실질적 참여가 보장되는 것을 의미한다
   (Przeworski, 1992).
9) 이런 정책이 시사하는 바는 한국자본주의의 취약성과 이 과정 내에 존재하는
   자본의 압력이 국가의 활동을 제약하고 있다는 점이며, 이는 앞으로 보다 명확
   히 가시화될 것으로 예견된다.

기층대중들에게 '고통의 분담'을 요구함으로써 자유민주주의적 질서를 유
지·재생산하려는 전략으로서의 성격을 갖고 있다고 하겠다.

민주주의가 이렇게 제한적이고 형식적인 수준에 머무르고 있는 것은
민주화의 기반이었던 시민사회가 성숙해가는 과정 속에서의 새로운 분화
현상과 밀접한 관련을 맺고 있는 것으로 보인다. 특히 제한적인 민주적
절차의 도입에 대한 반응에서 계급적·지역적 차이가 나타났으며, 이러
한 차이는 이후 사회운동에서 시민운동과 민중운동의 분화로 구체화되었
던 것이다.

4. 한국의 시민사회와 사회운동

1) 저항적 사회운동의 성장

한국사회에서 억압적 국가권력에 반대한 저항적 사회운동들은 오래 전
부터 있어왔다. 그런데 1987년 6월 민중항쟁 이전의 사회운동들은 대체
로 억압적 군사독재하에서의 민주화운동이라는 큰 목표 속에서 민중운동
과 시민운동, 또는 급진노선과 온건중도노선 간의 차이가 명확하게 부각
되지 않았다. 그러나 87년 6월 이후 대통령직선제 등 형식적인 민주
적 절차가 제한적으로 도입되면서, 기존의 사회운동세력들 사이에서 정
세에 대한 평가의 차이가 나타나게 되었으며, 이에 따라 운동노선간의
분화가 나타나게 되었다.

분화의 초기에는 민중운동이 저항적 사회운동을 주도해나갔으나, 사회
주의의 위기 이후 민중운동이 다소 침체되고 시민운동을 주창한 경제정
의실천시민연합(경실련)이 더욱 활성화됨으로써, 저항적 사회운동 내부에
서 헤게모니지형이 급속히 변화하게 되었다.[10] 특히 최근 김영삼정권의

10) 우리 사회에서 시민운동의 뿌리는 훨씬 이전으로 거슬러올라가 찾아야 하는

의 등장은 시민운동이 더욱 활기를 띠게 되는 계기가 되었으며, 이러한 가운데서 민중운동도 꾸준히 변화를 모색하고 있다.

먼저 노동운동을 보면, 1987년 노동자대투쟁 이후 기업 내 노조활동의 자유가 확대되고, 노동자교섭력이 증대되었으며, 전반적으로 노동자의 영향력이 강화되었다. 이러한 성과에 힘입어 노동운동은 양적·질적인 성장을 이루었는데, 양적으로 보면 86년말 2,700여 개였던 노동조합이 87년말에는 4,000여 개, 1989년 7월에는 7,380개로 늘어났으며, 1989년 7월 조직노동자수는 87년 이전에 비해 3배 가까이(약 182만 5천 명) 늘어났다. 그런데 1989년 7월에 민주노조는 1,552개 조합의 343,990명 조합원을 포괄하고 있어서, 전체조합원수의 약 19%를 차지하고 있었다(박준식, 1989; 임영일, 1989). 이에 비해 1993년 2월에는 민주노조에 포함될 수 있는 노총이탈조직이 1,665개 조합의 687,652명으로서, 전체조합원수(2,135, 215명)의 약 32%를 차지하게 되었다(이성희, 1993: 153~54면).

그리고 민주노조를 중심으로 한 전국적 노동조합 결성의 노력이 결실을 맺어, 1990년 1월에 전국노동조합협의회(전노협)가 결성되었는데, 결성 초기에는 조합원수가 18만 명이었으나 이후 국가와 자본의 지속적인 탄압과 중소기업 도산에 따른 단위노조의 해체 등에 의해 1992년 11월에는 8만 명, 1993년 2월에는 6만 2천 명 정도로 줄어들었다. 그렇지만 이러한 조합원수의 감소에도 불구하고 전노협의 실질적 지도력은 한국노동조합총연맹(노총)보다 더 강력하다고 할 수 있는데, 현재 전노협은 업종회의, 대기업노조 등과 더불어 민주노조의 중심세력 역할을 하고 있다. 그리고 이들 민주노조진영은 1992년 11월 노동자대회를 통해 '민주노조 총단결'과 '자주적이고 민주적인 산별노동조합의 총연합단체 건설'을 천명

데, 특히 소비자단체, 여성단체, 종교단체 등은 오래 전부터 나름대로의 시민운동을 펼쳐왔다. 그렇지만 이들이 시민운동으로서 주목받기 시작한 것은 소비자문제, 환경문제, 여성문제 등이 대중의 관심을 끌기 시작한 최근의 일이라고 할 수 있다. 따라서 시민운동은 87년 6월 이후부터 부분적으로 활성화되었고, 89년 경실련이 결성되면서부터 영향력이 점차 확대되어갔다고 보아야 할 것이다.

하였다. 또한 1993년 6월 1일에는 '전국노조대표자회의'를 발족하여, 민
주노조진영의 전국적 공동사업추진체로의 조직적 발전을 이루었다.

이와 더불어 노총도 민주노조운동의 활성화라는 상황 속에서 과거 어
용노조의 틀에서 탈피하려는 노력을 보여왔다. 1988년 노총위원장선거에
서 '노총의 개혁'을 주장한 박종근후보가 당선되어, 점차 정부의 개입에
서 벗어나게 되었다. 노총의 정치적 대변자를 지방의회에 진출시키고 공
명선거운동실천시민연합에 참여하였고, 총액임금제반대투쟁 등 각종 시
위와 농성을 조직하고 지원하였으며, 노동자복지시설도 확충하였다(이성
희, 1993: 153면). 그리고 최근에는 전노협 등 민주노조진영과의 연대에도
적극적인 자세를 보이고 있다. 그렇지만 노총 내 보수적 세력의 존재는
노총이 민주노조진영과 적극적으로 연대하는 데 걸림돌이 되고 있으며,
특히 김영삼정권 등장 이후 국가권력과 자본에 대한 노총의 협조적 태도
는 노총의 지도력을 약화시키는 경향을 낳고 있다.

노동운동 이외에도 민중운동진영에는 참교육운동의 주체인 전국교직원
노동조합(전교조), 전국농민단체협의회(전농), 한국대학총학생회연합(한총
련) 등이 있다. 전교조는 현재까지 합법화되지 못한 상황이며, 전체교사
약 40만 명 가운데 전교조에 가입한 조합원수는 약 1만 5천 명(해직교사
1,670여 명 포함) 정도이다. 그리고 최근 전국적인 대학생조직인 전대협
을 개편한 한총련은 과거 통일운동 등 정치투쟁 중심의 활동에서 벗어
나, 생활 학문 투쟁의 공동체, 합법적인 투쟁노선을 내세우며 대학생들
의 다양한 요구를 포괄하는 방향으로 나아가고 있다. 그리고 이러한 민
중운동세력들의 총결집체인 전국연합은 민중운동의 구심역할을 하고 있
다.

한편 80년대초부터 체계화되기 시작한 환경운동은 독재정권하에서 민
주화운동과 결합되어 있었다. 공단을 중심으로 한 지역주민운동을 지원
했던 환경운동조직들은 독재정권에 의해 지속적인 억압을 받았으며, 이
런 까닭에 민주화운동과 결합되지 않을 수 없었던 것이다. 그런데 노동
운동과 마찬가지로 환경운동도 1987년 6월 민중항쟁을 계기로 결정적인
변화를 하게 되었다. "환경운동의 합법적 공간이 넓어짐에 따라 1988년

에 공해반대시민운동협의회와 공해추방운동청년협의회가 공해추방운동연합(공추련)으로 통합된 것을 필두로 하여, 1988년에서 1992년 사이에 많은 지역환경운동단체 또는 민간환경연구소가 설립되었다. 뿐만 아니라 환경문제가 발생했던 각 지역에서는 지역환경운동들 —— 핵폐기물처리장 후보지에서 일어난 반대운동, 화성사업소 산업폐기물사건, 페놀사건으로 인한 대구지역 환경운동, 군산 TDI공장 건립반대운동 등 —— 이 활성화되었다"(정태석, 1992: 237면).

특히 공추련은 반핵운동과 반공해운동을 민중운동적 입장에서 추진해온 대표적인 환경운동단체로서 초기에 약 25명의 상근활동가와 약 2천명의 회원을 지니고 있었다(구도완, 1993: 264면). 그런데 최근 다양한 시민운동적인 환경운동단체들이 형성되고, 또 경제정의실천시민연합 환경개발센터, 대한YMCA연맹 등을 중심으로 한 5개 단체가 환경사회단체협의회(환사협)를 결성하여 국제적인 연대를 주도하려고 하였다. 환사협 결성단체들은 환경운동을 정책건의, 교육 및 홍보, 생활환경운동 —— 자원재활용, 쓰레기 분리수거, 쓰레기 줄이기, 자연보호캠페인 —— 등 시민운동적 활동 위주로 이끌어갔는데, 이에 대응하기 위하여 공추련은 1993년 4월에 8개의 지방환경운동단체를 통합하여 환경운동연합으로 확대·개편되었다. 현재 환경운동연합은 지역주민운동과의 연대를 강화하면서 회원배가운동을 벌이고 있는데, 1993년 7월 현재 약 7천 명의 회원을 확보하고 있다.

시민운동을 주도하고 있는 경실련은, 1989년 7월에 500명의 회원으로 출범하여 현재 8,500여 명의 회원을 확보하고 있으며, 10개 도시에 지부를 두고 활동하고 있다. 경실련은 87년 이래로 우리 사회가 제한적으로나마 민주화과정에 들어섰다고 보면서, 종래 민중운동의 경직된 노선에서 벗어나 새로운 운동방법론을 도입할 것을 적극 주창하였다. 경실련은 민주화과정을 통해 중간층의 역할이 중요하게 되었다고 보면서, 특정 계급이나 계층의 이해관계를 초월하여 사회적 공공선을 추구하는 비정치적 순수시민운동, 점진주의적인 비폭력, 평화, 합법운동을 내세우게 되었다. 특히 부동산투기문제, 주택문제 등 경제정의를 실현한다는 목적으로

토지공개념과 금융실명제 등을 적극적으로 주장하였다. 그리고 선거기간
에 노총 및 다른 시민단체들과 공명선거실천시민운동연합(공선협)을 결성
하여 선거감시활동을 하였으며, 각종 토론회와 캠페인 등을 통해 정책대
안을 개발하고 국민홍보활동을 벌여왔다.

한편 1993년 3월에는 경실련 노동자회가 창립되었고, 4월에는 대학생
회가 창립되었는데, 경실련이 중간층 중심의 온건중도노선을 표방한 까
닭에, 회원들의 대부분이 자영업자나 화이트칼라 등 중간층(약 37%)과
교수, 학생, 종교인, 주부 등 주변층들(약 45%)로 구성되어 있다. 그런
데 경실련의 이러한 성공에 힙입어, 김영삼정권 등장 이후에는 시민사회
활성화의 바람을 타고 각종 시민운동단체들이 생겨나고 있다. 촌지 등
부정부패 추방, 의식개혁 등 순수시민운동을 내세우는 이들 시민운동단
체는 대체로 몇몇 명망가를 중심으로 형성되고 있어서, 대중매체를 통해
겉으로 드러나는 것과는 달리 실질적인 세력이나 영향력은 그리 크지 않
다.

2) 시민운동과 민중운동: 사회운동의 주체와 목표

이미 언급했듯이 최근 '시민사회' 개념은 자유주의적·다원주의적 이론
가들이나 시민운동가들에 의해 적극적으로 사용되고 있으며, 사회변혁
과정에서 시민운동의 중심성이 강조되는 경우도 있다. 그런데 우리는 여
기서 먼저 개념적 질문을 던질 필요가 있다. 이들이 강조하는 시민운동
이란 무엇인가? 민중운동과 시민운동은 또 어떻게 구별되는 것인가?

과거 '민중'이라는 단어는 정치적, 경제적 피지배계층 일반을 지칭하는
광범위한 것이었다. 그리하여 '민중'과 '시민'은 모두 '민중' 개념에 포괄
될 수 있었다고 할 수 있다. 그러나 정치적 민주화가 진행되면서 중간층
은 정치적 시민의 권리를 확보하게 되었고, 이에 따라 더이상 스스로
'민중'과 동일시하지 않는 경향이 커지게 되었다. 최근 시민운동의 부흥
은 이러한 정치적 변화에 힘입은 바 크다고 할 수 있다. 그 결과 이제

'민중'이라는 범주는 경제적인 피지배계급이라는 의미를 더욱 강하게 띠게 되었으며, '민중운동'은 경제적 이해관계와 관련된 사회운동을 의미하는 것으로 보인다. 그렇지만 우리 사회에서 민중운동이 곧 계급운동만을 의미하는 것은 아니며, 통일운동, 지역주민운동 등을 포괄하는 것이기 때문에 구분의 기준은 좀더 복합적일 필요가 있다.

한국사회의 변화에 비추어 우리는 '민중운동'과 '시민운동'을 대체로 운동주체, 운동목표와 입장, 운동방식, 운동쟁점이라는 네 가지 기준에 의해 구분해볼 수 있을 것이다. 첫째로 민중운동의 주체는 이해관계의 당사자인 노동자, 농민, 빈민, 지역주민 등이라고 할 수 있다. 이에 비해 시민운동의 주체는 화이트칼라나 자영업자 등의 중간층이나 지식인, 학생, 종교인, 주부 등의 주변층이 중심이 되고 있다. 이러한 주체의 차이는 민중운동과 시민운동을 구분해주는 중심적인 기준인데, 각 주체들이 처한 위치의 차이는 다른 측면으로 이어지게 된다.

둘째로 민중운동의 목표는 경제적 불평등과 정치적 억압에서 벗어나기 위한 구조개혁이며, 좀더 근본적이고 사회 전체적인 민주화를 추구한다. 그리고 이를 위해 민중의 정치세력화를 시도하고 있다. 이에 비해 시민운동은 정치적 목표보다는 시민사회 내적인 목표——부정부패 추방, 촌지 없애기, 의식개혁, 생활환경운동, 생활공동체운동 등——를 지향하거나, 자율적·합리적 경제질서 확립을 위한 점진적인 제도개선을 추구한다. 그리하여 직접적인 정치참여보다는 국가 외부에서의 영향(압력)정치를 선호한다.

셋째로 민중운동은 주체와 목표의 특성으로 인해 파업, 시위, 농성 등 급진적인 운동방식을 많이 사용한다. 이에 비해 시민운동은 주로 캠페인, 국민홍보, 강연회 등 온건하고 합법적인 운동방식을 사용한다. 그런데 이러한 운동방식의 차이는 상당한 정도 주체의 성격 차이——직접적(피해)당사자인가, 제3자인가——에 기인하는 바가 크다. [11]

---

11) 원종찬(1993, 9면)도 우리와 유사하게 시민운동과 민중운동을 주체(중간층/노동자계급 중심의 민중), 방법(합법/비합법), 목표(개량/변혁) 등 세 가지 면에서 구별되는 것으로 보고 있다.

마지막으로 운동쟁점을 본다면 민중운동은 경제적, 계급적 불평등과 권력의 불평등을 중심으로 한 다양한 이해관계를 쟁점으로 삼고 있다. 이에 비해 시민운동은 경제적 정의, 부정부패 추방, 환경, 여성 등 시민사회의 공공선이라는 광범위한 쟁점을 포괄하고 있다. 그렇지만 현실적으로 쟁점의 차이가 민중운동과 시민운동을 확연하게 구분해주는 것은 아니며, 따라서 시민운동을 서구적인 기준에 따라 '새로운 사회운동들' (NSMs)과 동일시해서는 안된다.[12] 예를 들어, 경실련은 결성 초기부터 경제정의를 강조하였다. 그런데 경제정의의 중심문제는 부동산투기, 불로소득계층의 존재 등이었으며, 토지공개념, 금융실명제, 금융자율화 등의 경제제도 개혁을 주장하였다. 물론 기본적인 경제민주화도 이루어지지 않은 사회에서 경제정의의 문제를 제기하는 것이 당연한 일이지만, 여전히 노동자와 농민들에 대해 억압적 정책으로 일관했던 노태우정권 하에서 경실련의 노선은 중간층의 지지를 확보하기 위해 합리적 제도개선을 배타적으로 강조함으로써, 노동자와 농민 등이 감당하고 있던 구조적 불평등을 도외시하는 결과를 가져왔다고 볼 수 있다. 그러므로 넓은 의미에서 동일한 쟁점을 가지고 있기는 하지만, 운동의 구체적인 목표와 노선에서 차이가 있다고 할 수 있다.

한편 운동목표와 노선의 차이는 같은 노조운동단체인 전노협과 노총 간에도 나타나는데, 노총은 과거 어용노조의 성격을 벗기 위해 변화를

---

12) 한국의 시민운동을 서구의 신사회운동과 등치시키려는 경향은, 서구 신사회운동의 등장배경과 전개과정의 특수성에 비추어볼 때 적절하지 못하다.

서구의 신사회운동은 국가, 자본, 노동 간의 코포라티즘적 정치체제 속에 안주해 있는 보수화된 노동운동과 달리 반핵, 평화, 환경, 여성 등의 새로운 쟁점들과 관련된 운동으로서 기존의 정치질서에 도전하였다. 이들은 노동운동의 물질주의와 이에 기반하는 좌/우의 구분을 넘어서 탈물질적 가치에 기반하는 새로운 대립축과 정치질서——풀뿌리민주주의——를 요구하였다. 그리고 신사회운동들은 관례적인 행동에 의존하는 노동운동과 달리 비관례적, 급진적 행동들을 즐겨 사용하였다. 이와 달리 한국의 시민운동은 쟁점의 측면에서 다양한 측면을 포괄하고 있는 것은 사실이지만, 여전히 물질적 가치 지향이 강하며, 목표와 행동방식은 개량적이고 온건하다.

시도하고 있지만, 전노협 등 민주노조의 노선 및 투쟁방식과는 일정한 차별성을 지녀왔다. 물론 이러한 차이들은 김영삼정권이 들어서면서 어느정도 좁혀지는 경향을 보이고 있는데, 그럼에도 불구하고 표 1에서 볼 수 있듯이, 노조의 정치세력화, 복수노조, 총액임금제, 고통분담론에 대한 대응 등 몇가지 중요한 사안에서는 여전히 차이를 보이고 있다. 노총은 국가의 노동정책과 기업의 제안에 대해 협조적인 자세를 보이고 있는데, 특히 국가의 복수노조허용안에 대해서 어용노조의 형성 가능성을 내세우며 반대하고 있다. 그러나 노총보다 더 어용인 노조가 형성될 기반이 현실적으로 존재하지 않는다는 사실에 비추어볼 때, 노총의 반대이유는 사실상 전노협 등 민주노조의 영향력 강화를 우려하기 때문인 것이라고 볼 수 있다.

사안에 따른 입장의 차이는 환경운동에서도 어느정도 나타나고 있다. 표 2에서 볼 수 있듯이, 환경운동연합의 경우 기업과 정부를 환경오염의 주요책임자로 보고 있는 반면에, 대한YMCA나 경실련의 경우 정부의 환경이데올로기와 마찬가지로 '전국민이 피해자이면서 가해자'라는 애매한 주장을 내세우고 있다. 그리고 환경운동연합의 경우 생활실천운동이나 입법요구운동뿐만 아니라 지역주민운동에 대한 지원이 적극적이며, 실제로 환경피해를 입은 주민들은 대체로 환경운동연합에 자문을 구하거나 지원을 요청하고 있다. 따라서 필요한 경우 집회, 시위, 농성 등 직접적인 저항의 방법도 적극적으로 사용하고 있다. 이에 비해, 다른 단체들은 지역주민운동의 지원에는 소극적이며, 생활실천운동 중심의 캠페인이나 여론형성 활동, 정책건의 및 입법요구 활동 등에 중점을 두고 있다.

지금까지 살펴본 것처럼, 시민사회 내에는 다양한 저항적 사회운동세력들이 존재하며, 이러한 세력들 중 일부는 민중운동과 시민운동 중 어느 하나의 범주에 포함시키기 어려운 경우도 있다. 예를 들어, 노총은 경제적 불평등이라는 쟁점에 관련되어 있지만, 시민운동적 관점을 크게 넘어서지 못하고 있는 것이다. 한편 환경운동의 경우도 모두가 시민운동

<표 1> 사안에 따른 노동조합운동단체들의 입장 비교

사 안	전 노 협	노 총	경실련 노동자협
복 수 노 조	찬 성	반 대	—
산 별 노 조	찬 성	찬 성	찬 성
3자개입 금지법	철폐를 주장	—	—
무노동무임금	철폐를 주장	소극적 대응	철폐를 주장
총 액 임 금 제	적극적 반대	반대하지 않으며 인상률의 조정만 요구	—
고 통 분 담 론	사용자측의 고통 분담 노력이 전제 되지 않는 한 정 부의 고통분담론 은 노동자의 고 통전담으로 귀결 됨	국제경쟁력의 강 화를 위해 고통 분담에 적극적으 로 동참	기본적으로 동의 하지만, 특정 계 층, 집단에게만 강제하는 데에는 반대. 기업주의 이 이기적 태도에 반 대
자본가와의 관계	경총과 노총이 합 의한 임금인상 가 이드 라인에 반 대, 노동조합의 경영·인사권 참 여보장요구, 대등 한 노사관계를 향 한 적극적 투쟁	경총과 임금인상 가이드 라인에 합 의, 노사협조 주 의	노사가 대등한 관 계를 지향, 노동 자의 경영 참여, 노사간의 공정한 분배, 노사합의가 가능한 임금인상 결정기준 정착, 경 제적 이익과 아울 러 사회적 공공선 을 추구해야
행 동 방 식	파업, 연대투쟁, 항의, 농성, 투쟁 과 협상 병행	제한적인 파업과 농성, 타협 위주 의 행동	정부와 자본가의 인식전환 운동. 시민운동과 연대
노조 정치세력화	적극적으로 지향	소극적 임금투쟁 중심의 활동	노동자의 정치·사 회적 지위 향상 지향

〈표 2〉 사안에 따른 환경운동단체들의 입장 비교

사 안	환경운동연합	대한YMCA	경실련 환경센터
환경오염의 원인	급속한 산업화와 도시화, 탐욕스런 기업활동, 정부의 성장우선 개발정책과 임기응변적 대처, 무절제한 소비	과학기술만능주의 공업화와 도시화, 그릇된 기업윤리, 정부의 규제소홀, 시민의식의 부재	경제적 부정의, 이윤만을 추구하는 잘못된 경제구조
환경오염의 책임자	기업과 정부가 주요 책임자	나 자신이 피해자이자 가해자이다 (최근 기업을 주범으로 규정)	지구적 규모의 환경오염에서 모두가 피해자이자 가해자이다
대안적 사회의 모습	환경 친화적인 산업구조, 인간과 환경이 조화를 이루는 질서, 자연과 더불어 모든 인류가 자유롭고 평등하게 살아가는 공동체적 삶	환경적으로 건전한 경제성장을 위한 자본주의의 개선, 기업의 양심적 경제행위를 통한 공평한 경제질서 수립	환경과 개발의 조화, 환경적으로 건전하며 환경이 지탱할 수 있는 개발의 길 모색
주요활동방향	피해자들의 이해와 입장을 최우선적으로 반영하기 위한 반공해 주민운동 지원, 무분별한 개발사업 저지, 핵개발과 군국주의 반대, 환경정책 건의 및 대정부 압력행사	생활실천운동, 입법요구운동, 생활협동조합운동, 자원재활용운동	생활실천운동, 자원재활용운동, 유기농업과 생활협동조합운동, 정책건의 등
행동방식	집회, 시위, 농성, 강연회, 공청회, 언론이용	강연회, 공청회, 국회청원, 언론이용	강연회, 공청회, 언론이용
정치참여	지방의회 진출지향	소극적	지방의회 진출지향

＊구도완(1993), 표 8-1 참조.

이라고 하기는 어려운데, 환경운동연합의 사회운동은 민중운동의 성격을
동시에 지니고 있다고 할 수 있다. 그러므로 민중운동과 시민운동을 구
분해주는 기준은 운동쟁점보다 운동주체, 운동 목표와 노선, 운동방식
등이라고 할 수 있다.

　그런데 운동주체와 운동목표 등에 있어서 민중운동과 시민운동이 구분
될 수 있는 것은 사실이지만, 그렇다고 해서 서로가 전적으로 배타적인
것은 아니다. 시민운동의 목표는 민중운동에서도 동시에 추구해야 하는
것이며, 따라서 민중운동의 과제는 시민운동의 과제를 포함하는 것이기
때문이다. 원래 시민이라는 개념은 법적으로 자유롭고 평등한 권리를 가
지는 모든 국민을 포괄하는 것이며, 따라서 민중도 시민에 포함된다고
할 수 있다. 그러므로 민중운동은 시민운동을 부정적으로만 평가해서는
안되며, 시민운동의 과제가 동시에 민중운동의 과제의 일부라는 사실을
인식해야 할 것이다. 즉 시민운동이 우선시하는 정치적 민주화나 시민사
회에서의 부정부패 척결 및 의식개혁은, 노동자와 같은 기층민중들에게
도 중요한 부분인 것이다. 그러므로 민중운동은 시민운동과 '차이 속의
연대'를 통해 민주주의를 심화시키는 데 함께 노력할 필요가 있다고 하
겠다.

　최근 우리 사회의 현실을 보면, 시민운동이 국가의 제한적 개혁정책에
협조적으로 나아가게 되면서, 온건개량적 시민운동의 입지가 강화되고
있다. 즉, 온건개량노선의 시민운동이 급진개혁노선의 민중운동에 대해
어떠한 입장을 취할 것인가가 시민사회의 헤게모니지형과 세력구도에 중
요한 영향을 미치게 된 것이다.

　그런데 이러한 상황 속에서 만약 민중운동이 시민운동과의 차이만을
강조하면서 연대를 추구하지 않는다면, 더 많은 민주주의를 위한 추진력
이 급격히 약화될 것이고, 나아가 시민운동은 민중운동의 현실적인 목표
의 중요성을 과소평가하거나 회피하는 경향이 강화되어, 반민중적인 중
간층운동으로 나아갈 가능성마저도 없지 않다. 그러나 만약 차이 속에서
도 연대를 추구해나간다면, 민주주의를 더욱 심화시킬 수 있는 중요한
조건을 만들 수 있게 된다. 현실적으로 모든 시민운동이 민중운동에 배

타적인 태도를 보이는 것은 아니다. 예를 들어, 경실련처럼 국가의 개혁이 제한적이라고 보면서 상대적으로 더 많은 민주주의를 요구하는 개혁적인 시민운동세력들은, 민중운동과 연대할 가능성을 훨씬 많이 가지고 있는 것이다. 그러므로 민중운동세력은 한편으로는 국가와 지배계급의 억압에 대해 투쟁하면서도, 다른 한편으로는 시민운동세력과 적극적인 연대를 통해 민주주의 심화의 조건을 만들어나갈 필요가 있는 것이다.

그렇다고 해서 모든 연대가 가능한 것은 아니며, 연대 속에서도 차이가 존재할 수밖에 없다. 법적으로 평등한 시민들이라고 하더라도 사회구조적인 조건에 의해 실질적으로 다양한 계급과 계층의 시민들이 존재하며, 이러한 차이는 민중 또는 계급과 시민을 구별시켜준다. 예를 들어, 중간층이나 주변층의 시민들은 경제적인 착취를 상대적으로 덜 받기 때문에, 우선적인 관심은 일상생활에서의 시민적 권리보장에 주어진다. 그래서 이들에게는 시민적 생활공간에서의 부정부패와 개혁이 중심문제가 된다. 이에 비해 노동자, 농민, 빈민들은 경제적인 착취나 불평등 정도가 훨씬 심하기 때문에, 시민적 생활공간에서뿐만 아니라 일터에서도 평등한 시민적 권리를 보장받고자 한다. 그러므로 이들에게는 정치적, 법적 억압과 더불어 경제적 불평등 문제가 중심적인 관심거리가 된다.

이러한 차이는 국가의 정책에 대한 시민운동의 대응에서 잘 드러나는데, 시민운동세력들은 부정부패 추방과 비민주적 제도.및 관행의 개혁 등 국가의 정치적·사회적 개혁을 지지하면서도, 전교조나 노동운동에 대한 억압적 국가정책에 대해서는 중립적 입장에서 '대화를 통한 타협'을 주장할 뿐 별다른 저항을 보이지 않는 경우가 많은 것이다. 그러므로 운동주체들의 사회구조적 위치와 정치경제적 목표에서의 차이가 존재하는 한, 일부 이론가들이 주장하는 것처럼 민중운동과 시민운동이 서로 수렴될 수 있는 것은 아니며, 시민이 계급을 전적으로 대체할 수는 없다. 즉 민중운동은 현실적으로 시민운동에 비해 더 많은 민주주의를 추구할 수밖에 없는 위치에 놓여 있는 것이다. 이처럼 민중운동은 시민운동에 대해 한편으로는 '차이 속의 연대'를 통해 민주주의의 심화를 위한 조건을 만들어나가야 할 것이며, 다른 한편으로는 '연대 속의 차이'를 인식하여

내적인 조직화와 결속을 강화하고, 국민적 동의 창출을 통한 독자적인 헤게모니 구축에 힘써야 할 것이다.

5. 맺음말: 민주주의 심화를 위한 민중운동의 과제와 전망

최근 김영삼정권의 민주적 개혁은 고통분담이라는 이데올로기로 광범한 계급·계층의 동의를 유도하면서, 중간층뿐만 아니라 다수의 기층민중으로부터도 지지를 획득하는 데 성공한 것으로 보인다. 그렇지만 내용적으로 보면, 각종 임금억제정책 —— 총액임금제, 무노동무임금 —— 과 노동조합통제정책 —— 복수노조 금지, 3자개입 금지 ——및 전교조 불인정, 환경정책의 후퇴 등을 통해 사실상 자본가와 기득권층의 이해를 유연하게 대변하고 있다.

그러므로 민중적 입장에서 보면, 김영삼정권의 개혁은 제한적인 것일 수밖에 없으며, 민중운동은 민주주의의 심화를 위해 지속적으로 투쟁해 나가야 한다. 그렇지만 이러한 투쟁은 과거와 같은 방식이 아니라 좀더 유연하면서 합리적인 형태로 이루어져야 할 것이다.

첫째, 민중운동은 김영삼정권의 개혁정책에 '비판적 지지'를 보냄으로써, 지속적인 개혁이 이루어질 수 있는 조건을 만들어나가야 한다. 김영삼정권은 그 한계에도 불구하고, 한국사회의 민주주의 심화를 위한 조건들을 열어놓고 있는데, 이것은 또한 민중운동의 과제이기도 하다. 이런 상황을 고려할 때, 민중운동진영은 정부의 개혁정책에 대해 일차적으로는 '비판적 지지'를 통해 정부개혁파가 수구세력과의 싸움에서 지속적인 우위를 점하면서 개혁을 추진할 수 있도록 여건을 조성해주어야 할 것이며, 개혁의지가 미약한 민중들에 대한 계몽활동에도 참여할 필요가 있다.

둘째, 민중운동은 시민사회 내의 국민적 동의형성과정에 적극적으로 참여하여 대항헤게모니를 구축하는 데 노력을 기울여야 한다. 이를 위해 한편으로는 민중운동에 대한 과거의 부정적 이미지에서 벗어나야 하며, 다른 한편으로는 대국민 동의형성을 위한 이데올로기전략과 시민사회에서의 헤게모니전략이 마련되어야 한다. 먼저 민중운동진영의 세력들은 가능한 한 국민들이 동의할 수 있는 행동방식을 사용하면서, 합리적 비판과 정책대안 제시를 통해 국민적 신임을 획득할 필요가 있다. 그리고 이러한 긍정적 이미지 형성에 기반하여 다양한 이데올로기전략과 헤게모니전략을 펼쳐나가야 한다.

노동자, 농민, 빈민들의 요구를 이해관계에 기반한 집단이기주의라고 매도하는 국가와 지배세력의 이데올로기전략에 대응하여, 민중운동진영에서는 실제로 '자본가이기주의'와 '중간층이기주의'에 의해 기층민중들이 더 많은 불평등을 감수하고 있으며, 진정한 평등을 위해 더 많은 민주주의——기층민중의 인권과 경제적 평등의 보장——가 필요함을 선전할 필요가 있다. 그리고 지배세력의 헤게모니 형성에 중요한 역할을 하는 경제성장, 국제경쟁력 강화, 경제적 자유와 사유재산권 보장이라는 이데올로기전략에 맞서, 논의의 지형을 생존권, 인권, 경제적 자기결정과 평등한 공동체 형성이라는 담론으로 적극적으로 전치시킴으로써 국민적 동의 창출에 노력을 기울여야 한다.

여기서 헤게모니전략으로서의 민주주의 담론전략이 중요한데, 이것은 좌파에 대한 기존의 거부감과 불신에서 벗어나면서도 민중운동진영의 이데올로기적 영향력을 확장시켜나갈 수 있는 중요한 전략이며, 또한 각 계급·계층의 이해관계 및 요구의 특수성과 지역적인 특수성을 넘어서 광범한 연대의 틀을 마련하는 데에도 중요하다. 민중운동진영은 '민주주의의 심화'와 '평등'이라는 담론전략을 통하여, 한편으로는 기존의 시민권 논의를 정치적 영역에서 경제적 영역——생산영역에서 의사결정의 민주화와 자기결정——으로, 나아가 사회의 전영역으로 확장시키고, 다른 한편으로는 환경문제, 교육문제, 여성문제 등 다양한 사회문제들을 포괄함으로써, 민주주의의 심화 및 확장을 위한 연대의 폭을 넓혀나가야 할 것이다.

셋째, 민중운동은 최근에 활성화되고 있는 시민운동에 대해 헤게모니적 연대전략을 추구해야 한다. 민중운동은 과거처럼 시민운동을 부정적인 시각에서만 평가할 것이 아니라 '연대 속의 차이'를 인식하면서도 '차이 속의 연대'에 적극적으로 참여함으로써, 민주주의의 심화를 위한 조건을 형성해나가야 할 것이다.

넷째, 민중운동은 민중의 생활상의 다양한 요구와 이해를 결집·대변하고 민중운동 내부의 결속을 강화하기 위해, 장기적인 전망 속에서 정치적 구심체를 결성해나가야 한다. 이것은 단순한 정치세력화의 문제가 아니라 민중운동 내부의 차이와 다양한 요구들을 결집하여 하나의 연대의 틀을 형성하기 위한 중요한 정치적 조건이 된다.

한편 이러한 대중정당은 민중의 생활상의 요구들──주택, 생활환경, 노동환경, 교통문제, 여가 등──을 적극적으로 수렴하고, 다른 계급 및 계층의 정책들과 차별성이 있는 정책대안을 구체적으로 제시함으로써, 궁극적인 개혁을 향한 대안적 정치세력이 되어야 한다. 그리고 '이해의 대표'라는 본질적인 의미에서 대중정당은 민중운동조직들과 서로 긴밀히 연계되어야 하며, 대중정치의 우위 속에서도 선거정치를 충분히 이용함으로써 대중의 정치의식을 고양시켜야 한다. 이것은 결국 연대의 중심을 확보하고 내적 조직력을 강화하기 위한 조건이 될 것이며, 아울러 대국민 동의확보를 통한 민중진영의 민주적 헤게모니 확장의 보루가 될 것이다.

다섯째, 민중운동은 민주주의의 심화를 위하여 김영삼정권의 개혁의 한계를 지적 비판하고, 대안적인 사회상과 민주화전략을 구체적으로 제시해야 한다. 현재의 상황에서 민중운동진영의 가장 적절한 대안은 '사회민주화'라고 생각되는데, 이것은 민주주의, 민족통일, 민중해방이라는 커다란 과제들에 대해 일정한 운동의 방향을 제시하면서, 정부의 개혁을 비판적으로 상승·전화시키는 매개고리 역할을 할 수 있을 것이다. 사회민주적 개혁노선은 민주주의 실현의 과제를 우선과제로 상정하면서, 도덕적 권위주의와 자유민주주의의 한계를 비판하여 이를 실질적 민주주의로 전화시키는 운동을 전개해야 한다. 이런 민주주의의 실현과정에서는 일정한 수준 이상의 개인적 소유를 제한한다든지, 상속제도를 개편하는

등, 바람직하지 못한 소득의 흐름을 막는 법적, 제도적 개혁들이 필수적
으로 수반되어야 할 것이다.

　결론적으로 민중운동은 자본주의체제의 이중적 성격――다양한 안전
판을 통한 강력한 자기유지능력과 비인간적, 반사회적, 반민주적 성격
――을 동시에 주목하고 다양한 사회문제들에 관심을 기울임으로써, 장
기적으로 자본주의적 생산관계 및 소유관계를 개혁해나가면서, 다양한
영역에서 민주주의를 심화시켜나가야 한다. 이러한 민주적 개혁은 단지
노동현장에서의 노력만으로 가능한 것이 아니며, 정치적 영역――법,
선거, 국회, 지방자치 등――에서부터 일상생활의 영역――종교, 학
술, 문화생활――까지 다각적인 운동을 통해 가능한 것이다.

참고문헌

강문구(1992), 「민주적 변혁운동지반의 심화, 확장을 위하여」, 『경제와 사회』
　　겨울호.
강창선(1992), 「92년 임투의 현황과 과제」, 『노동전선』 창간준비호(4월), 전국
　　노동단체연합.
구도완(1993), 「한국환경운동의 이데올로기지형」, 문화와 사회 연구회 편, 『현
　　대와 탈현대』, 사회문화연구소.
김성국(1992), 「한국자본주의 발전과 시민사회의 성격」, 한국사회학회·한국정
　　치학회 편, 『한국의 국가와 시민사회』, 한울.
김세균(1992), 「시민사회론의 이데올로기적 함의 비판」, 『이론』 2호.
　　　　(1993), 「김영삼정권의 성격과 정세전망」, 『노동자신문』 1월 15일자.
김정현(1993), 「전노협 과거, 현재, 미래」, 『민중회의』 2호.
김찬훈(1993), 「민족민주운동의 조직개편을 위한 네 가지 쟁점」, 월간 『말』 7
　　월호.
김창호(1992), 「전노협의 역사적 현재성과 그 미래를 조명한다」, 『노동전선』
　　11월호.
김형기(1992), 「한국에서 생산민주주의 실현의 역사적 전제조건」, 학술단체협

의회 편, 『한국사회의 민주적 변혁과 정책적 대안』, 역사와 비평사.

김호기(1993a), 「시민사회 논쟁: 어떻게 이해할 것인가」, 월간 『말』 1월호.

______(1993b), 「그람시적 시민사회론과 비판이론의 시민사회론」, 『경제와 사회』 가을호.

박광준(1993), 「신보수주의와 한국사회의 정책지향」, 『경제와 사회』 여름호.

박준식(1989), 「노동조합운동의 조직적 발전의 과제」, 『경제와 사회』 겨울호.

박형준(1992), 「시민사회론의 복원과 비판적 재구성」, 이병천·박형준 편저, 『마르크스주의의 위기와 포스트마르크스주의 Ⅱ』, 의암출판사.

백욱인(1993), 「시민운동이냐, 민중운동(론)이냐」, 『경제와 사회』 봄호.

서경석(1992), 「경실련 3년의 평가와 반성」, 『사회평론』 8월호.

손호철(1993), 「14대 대통령선거와 민족민주운동」, 『이론』 4호.

원종찬(1993), 「새로운 시대의 민중운동과 시민운동을 위하여」, 『창작과 비평』 가을호.

유팔무(1992), 「90년대 한국의 사상적 좌표와 시민사회」, 『현대사회』 봄/여름호.

______(1993a), 「한국의 시민사회론과 시민사회 분석을 위한 개념틀의 모색」, 이수훈 편, 『한국정치사회의 새 흐름』, 나남.

______(1993b), 「개혁시대 민중운동의 총노선」, 월간 『말』 9월호.

이병천(1992), 「민주주의론의 새로운 발전을 위하여」, 이병천·박형준 편저, 『마르크스주의의 위기와 포스트마르크스주의 Ⅰ』, 의암출판사.

이성희(1993), 「노총위원장 박종근, 재선될 것인가」, 월간 『길』 2월호.

이시재(1992), 「90년대 한국사회와 사회운동의 방향」, 한국사회학회·한국정치학회 편, 『한국의 국가와 시민사회』, 한울.

이준호(1993), 「전국노조대표자회의 결성 의의와 향후 전망」, 월간 『말』 7월호.

이춘수(1993), 「아쉬움을 남긴 전노협 4년차 대의원대회」, 『민중회의』 4호.

이한기(1993), 「경실련과 재야의 신사회운동 논쟁」, 월간 『말』 5월호.

임영일(1989), 「노동운동의 현황과 과제」, 『경제와 사회』 겨울호.

______(1992), 「정세변화와 노동운동의 과제」, 『경제와 사회』 가을호.

______(1993), 「14대 대통령선거의 의미와 민중민주운동의 대응에 대한 비판적 평가」, 민교협 대선평가토론회 발표논문, 1월 12일.

정태석(1992), 「국가의 환경정책과 환경이데올로기」, 『경제와 사회』 가을호.

조희연(1993), 「새로운 정치현실과 진보운동의 진로」, 『경제와 사회』 여름호.

최장집(1989), 『한국현대정치의 구조와 변화』, 까치.
______(1993), 『한국민주주의의 이론』, 한길사.
한국사회학회·한국정치학회 편(1992), 『한국의 국가와 시민사회』, 한울.
한완상(1992), 「한국에서 시민사회, 국가 그리고 계급」, 한국사회학회·한국정
　　치학회 편, 『한국의 국가와 시민사회』, 한울.
Cohen, J. & A. Arato(1992), *Civil Society and Political Theory*, The MIT Press,
　　Cambridge, Massachusetts, and London, England.
Gramsci, A.(1971), *Selections from the Prison Notebooks*, New York: Interna-
　　tional Publishers(이상훈 역, 『옥중수고 Ⅱ』, 거름).
Habermas, J.(1962), *Strukturwandel der Öffentlichkeit*, Neuwied: Luchter-
　　hand.
______(1981), Theorie des kommunikativen Handelns, Frankfurt : Suhrkamp
Held, D.(1987), *Models of Democracy*, London: Polity.
Keane, J.(1988), Democracy and Civil Society, London: Verso.
Lipietz, A.(1987), *Mirages and Miracles*, London: Verso(『기적과 환상』, 한
　　울).
Martins, L.(1986), 「브라질 권위주의적 통치의 자유화」, G. O'Donnell, P.
　　Schmitter, L. Whitehead (eds.), *Transitions from Authoritarian Rule:*
　　Latin America, Baltimore: Johns Hopkins University Press(『라틴아메리카
　　와 민주화』, 한울).
Przeworski, A.(1992), *Sustainable Democracy*, 1992. 12. 28.

자　료

경실련, 『경실련 출범 3주년 기념자료집』, 1993.
경실련, 『노동자회회보』 창간호, 1993. 7.
경실련 환경개발센터·조선일보사, 『환경을 지키는 한국의 민간단체』, 1993.
주간 『노동자신문』.
주간 『시민의 신문』.
환경운동연합, 「환경운동연합 창립선언」, 1993.

시민적 개혁운동에 대한 비판적 평가
—— 진보적 시민운동의 활성화를 위하여

백 욱 인
한국산업사회연구회

1. 변화하는 현실과 민중운동의 위기

'위기'와 '새로움'이란 상징적 규정이 오늘날 우리의 사고를 짓누르고 있다. 이대로는 안된다고 사고의 일대 혁신을 부르짖는 자본가의 위기의식과 이대로 가다가는 운동권이 고사하리라는 노동측의 위기관 사이에는 엄청난 차이가 존재하지만 '위기'라는 시대인식에서는 맥을 같이한다. '위기'와 '새로움'이란 상징은 서로 깊은 상호관련성이 있다. '새로움'이 '위기'를 낳을 수도 있고 '위기'가 '새로움'을 요구하기도 한다. 그람시는 "위기는 과거의 것이 죽어가는데 새로운 것이 나타나지 않는 바로 그 상황에 존재한다"고 말했다.

그런데 민중운동의 위기는 민중운동의 활성화와 대중적 영향력 확보에 부정적 조건으로 작용하고 있는 사회현실 자체에 대한 정확한 인식부재와 현실에 대한 효율적인 개입방법의 결여에서 찾아진다. 현시기 민중

白旭寅 : 서울대 사회학과 박사과정 수료.

운동의 정체와 위기는 시민운동으로 대표되는 새로운 사회운동의 활성화 때문에 발생한 것이 아니다.[1] 아직까지 본격적으로 그 징후를 드러내고 있지는 않지만 '포스트모더니즘'적인 문화행태와 사고방식이 점차 그 활동공간을 넓혀올 경우 종래의 운동패턴으로는 새로운 사회상황에 대응하는 것이 더욱 어려워질지도 모른다.

새로움을 표방한 각종 운동이 활성화되고 있는 반면 민중운동이 위축되고 있는 현실에서 민중운동은 새로운 타개책을 어디에서 어떻게 찾아야 할까? 최근 들어 현실에 대한 위기의식을 넘어 새로운 대안을 마련하는 것이 시급한 과제로 대두되고 있는데, 이러한 현실에 대한 새로운 대안 모색은 현실에 대한 과학적 검토와 반성에서 출발해야 한다. 그렇다면 오늘 우리의 현실이 과거와 다른 점은 무엇이고, 이들 운동의 위기를 가져오는 사회경제적 배경은 무엇이며, 운동의 새로움을 추동시키는 실체는 무엇인가에 대한 해명이 먼저 이루어져야 새로운 대안의 과학적 모색이 가능할 것이다.

앞으로 1980~90년대 한국사회구조의 변화에 대한 인식과 90년대에 전개될 변화에 대응한 중장기 전망을 어떻게 포착하느냐에 따라 서로 다른 사회현실 인식과 상이한 운동론이 형성될 것이다. 이와 관련하여 일차적으로 민중생활(혹은 시민생활)에서 나타난 변화와 정치구조에서 나타난 변화에 대한 해명이 요구된다. 이 글에서는 이러한 문제의식에 기반하여 시민사회와 관련된 한국사회 변화의 특징들을 검토하면서 기존의 시민운동의 성격과 문제점을 살펴보고 시민운동과 민중운동의 새로운 관계를 점검하면서 새로운 '진보적(변혁지향적) 시민운동'[2]의 가능성을 모색해보고자 한다.

---

1) 이해찬(1993)은 민중운동의 위기 원인을 "시대적 변화, 즉 이념의 상실, 사회구성과 대중요구의 다양화, 합법적 공간의 확대에 민중운동이 능동적으로 적응하지 못하고 기존의 인식틀과 운동방식을 답습해온 데"서 찾는다. 한편 진단과 대중접촉면 상실에 대한 반성과 과거 운동방식에 대한 근본적인 재검토를 촉구하고 있는 원종찬(1993: 19면)도 참조할 것.

2) 강문구(1993)는 '변혁지향 시민사회운동'으로, 조희연(1993)은 '민중적 입장을

2. 한국사회변화와 시민운동

1) 정치구조의 변화와 시민사회의 위상

최근 들어 시민사회와 시민운동에 관한 관심이 커지고 있는 이유는 87년을 계기로 하여 80년대 후반기 이후 급격하게 변화되고 있는 한국사회의 사회경제적 조건과 정치적 지형과 맞닿아 있다.[3] 단순히 서구 시민사회론의 도입이나 새로운 이론의 수입이 아니라면 왜 90년대에 들어오면서 '시민사회' 문제가 새삼스럽게 제기되는가에 유의할 필요가 있다.[4]

노태우정권 이래로 진행된 '의사개량화'는 김영삼정권의 출범 이후 통치방식의 변화와 '개혁정치'를 통하여 더욱 가속화되고 있다. 80년대에서 90년대에 이르기까지의 통치형태는 전두환정권의 '원초적이고 전면적인 억압통치' 이후 노태우정권의 '선택적 억압'이라는 과도기를 거쳐 '문민정부'라는 형식적이지만 '도덕적인 정당성'을 확보한 신정권의 의사헤게모

갖는 시민기구'에 의해 실천되는 '민중운동과 함께 가는 시민운동'의 가능성을 제시하고 있다. 여기에서는 이러한 문제제기를 더 구체화하여 진보적 시민운동의 가능성과 그 활동조건을 타진해보고자 한다.

3) 87년은 이전 시기와 이후 시기의 사회조건과 운동을 갈라놓는 중요한 분기점으로 재해석되어야 한다. 87년을 전후로 한 축적체제의 변화와 민중생활상태의 변화, 사회문화적 의식구조의 변화, 운동형태 변화 간의 상호연관성에 주목하면서 새로운 운동의 구도를 모색해야 할 것이다.

4) 과거에도 시민사회에 대한 여러가지 논의가 있었으나 현실정치와 관련하여 특히 92년에 열린 사회학회와 정치학회의 공동학술발표회를 계기로 새롭게 부각되기 시작하였다. 대통령선거를 앞두고 열린 이 행사에 세 명의 대통령후보가 모두 참석한 학술행사외적 사실이 의미하는 바는 무엇일까? 이 행사가 갖는 의미는 단순한 학술행사 이상의 정치적 의미를 갖는다고 보여진다. 시민사회론과 시민운동의 이데올로기에 대한 비판(김세균, 1992)은 부르조아 '의사개량화' 전략과 관련된 이러한 헤게모니 장악 구도를 염두에 두고 있는 것 같다.

니에 입각한 통치형태로 변화되어왔다. '형식적 민주주의'로 점진적인 이행을 지향하고 있는 신정권은 '부르조아민주주의'의 한국적인 초보형태를 갖추기 위하여 정치적 수준에서 시민사회의 지원과 협조, 지지를 필요로 한다.

조희연(1993)은 신정권의 '부르조아민주주의'가 갖는 불완전성을 지배계급 내의 타협에 의하여 '위로부터' 형성되었다는 점과 '지역적 분할지배체제'에 기반한 국민적 기반의 제한성 때문에 신정권의 개혁적 성격 또한 제한적이고 모순적일 수밖에 없다는 데서 찾는다. 여기서 한가지 통치형태와 관련하여 주목할 점은 신정권의 변화된 지배방식은 "군사정권과 달리 언술적 차원에서의 자기정당화 기제를 발전시킴으로써 '의사헤게모니적 지배'를 관철하려 한다"는 점이다. 바로 이 점이 현단계 시민사회의 논점과 관련하여 해명이 필요한 지점이다. 신정권의 입장에서는 의사헤게모니의 관철장소로서의 시민사회를 특정한 방향으로 육성·활용하기 위하여 시민사회에 적극적으로 개입할 필요성이 생겨난다.

신정권의 '여론정치'는 도덕적 지도력과 정당성에 입각한 주도권 행사를 의미하는 시민사회 내 헤게모니 창출과 밀접한 연관이 있다. 이에 따라 여론이 형성, 교환, 수렴되는 장소로서의 시민사회의 위상은 당연히 이전보다 더 강화될 것이고 이를 추진하는 특정세력에게 간접적인 지원이 주어질 것임을 추측할 수 있다. 또한 통치권력의 '문화적이고 정신적인 지배'를 창출하고 지원할 집단과 계층에 대하여 선별적 지원을 강화할 것이다. 이와 함께 눈에 드러나지 않는 '문화를 통한 대중지배'와 '개량주의적 문화정책'이 활성화될 경우 '건전한(?) 시민사회 육성책'으로 연결되어 시민사회의 외형과 공간은 이전보다 상당히 확장될 것으로 보인다.

문화를 통한 지배는 경찰, 군대 등 억압적 국가기구를 이선으로 후방배치시키고 이데올로기적 국가기구를 전방배치시키는 한편 국가권력 바깥, 제도권 외곽의 시민사회(특히 여론과 담화를 형성하는 공간)에서 여론형성에 치중하는 통치방식 변화를 사용한다. 이런 경우 국가와 사회제계층간의 직접적인 물리적 충돌은 상당정도 줄어들 개연성이 큰 반면 시

민사회 내부의 다양한 갈등과 사회집단간의 상호충돌은 더욱 빈번하게 일어날 것으로 보인다. [5]

정치적 영역에서 이루어지는 이러한 통치형태의 변화는 다음에 살펴볼 경제 및 생활, 문화 영역에서의 변화와 함께 현단계 한국시민사회의 대체적 윤곽을 규정하고 있다. 시민사회는 신정권의 이러한 통치전략과 관련하여 '의사헤게모니' 창출의 유력한 공간으로 이전에 비해 큰 폭으로 확장될 소지를 안고 있다. 민중운동의 활동공간을 축소시킨 이러한 통치방식의 변화는 아이러니하게도 87년 6월항쟁의 결과로 쟁취한 성과물이기도 하다. 이러한 맥락에서 보면 현시기의 시민사회는 단일하고 고정된 실체가 아니라 지배권력과 중간층, 기층민중 간의 정치적 이해관계가 상호교차하고 성장하는 열려진 과정으로서 진행형임을 알 수 있다. 시민사회의 이러한 불확정성 및 유동성과 관련하여 시민운동의 위상 또한 앞으로의 시민사회 전개양상에 따라 상당히 다양한 형태로 분화될 소지가 있다고 하겠다.

국가와 시민사회의 관계는 해당 시기의 자본축적 조건과 정치정세 및 세력관계의 형편에 따라 달라지는 것이다. 국가와 시민사회의 관계는 시민세력의 계급적 구성과 성격 여하에 따라 변화한다. 국가가 의도적으로 시민사회영역을 확장할 수 있는 경우도 있으며 시민사회의 발현 자체가 억제되는 경우도 있다. [6]

---

5) 최근 '한약분쟁'으로 표출되고 있는 이익집단간의 갈등이나 직업적, 지역적인 국부적 이해관계의 시민사회 내부로부터의 돌출이 앞으로 상당히 늘어날 수 있다.

6) 시민사회의 공간확장은 국가권력과 영합적(zero-sum) 관계에 있는 것으로 설정할 수 없다. 국가와 시민사회를 이분법적으로 사고하는 논자들은 국가로부터 독립적이고 자율적인 영역으로서의 시민사회를 상정한다. 이러한 국가-시민사회 이원론에서는 당연히 시민사회에 대한 하부토대적 규정이 무시되기 때문에 시민사회구성의 계급적 성격과 생활의 장으로서의 의미가 회석되는 한편 시민사회가 국가권력에 대립하는 단일실체로서의 시민세력의 집합체로 설정된다. 따라서 시민사회의 성장은 국가권력이 약화된 결과이며, 국가권력이 약화되면 (국가의 개입이 줄고) 시민사회의 자율성이 확대되며 그 결과는 민주화라는 결론을 내리게 된다. 이런 경우 시민사회의 발전이 곧 민주화이기 때문에 이를

시민사회 내에서의 헤게모니, '진지전'이라는 그람시의 개념이 갖는 의미는 시민사회를 ① 상이한 계급, 집단 간의 헤게모니 투쟁의 공간, ② 계급간의 힘관계가 재편성되는 장소, ③ 사회경제적 조건이 생활로 발현되고 생활상의 이해에 따라 상이한 요구와 전망들이 교차되는 지점, ④ 그리고 새로운 사회에 대한 의식과 그를 위한 운동이 형성되는 근거지로 위치지을 때 분명하게 드러난다. 앞으로 시민사회 안에서의 정당성 확보와 헤게모니 장악을 위한 상이한 사회계층과 집단 간의 갈등과 결합, 연대가 활발히 이루어질 것으로 전망된다. 시민사회는 중간층만의 활동공간도 아니고, 기층민중의 생활상의 요구와 여론이 형성되는 장만도 아니며, 지배계급의 간여와 활동만이 이루어지는 장소도 아니다. 시민사회는 이들간의 길항대립이 이루어지는 복합적 장소이다.

이러한 이유 때문에 시민사회 공간은 계급적 성격에서 자유로울 수 없으며 앞으로의 전개방향에 따라서는 상이한 계급계층의 개입과 활동이 본격적으로 이루어질 가능성이 높다고 보여진다. 사회경제적인 차원에서 규정되는 시민사회의 영역(생활 및 문화의 영역)은 자본주의의 확대에 의하여 지속적으로 성장해왔으며, 여론형성의 장으로서 시민사회가 갖는 위상도 이러한 통치형태의 변화로 인하여 상당히 큰 폭으로 확장될 것으로 보인다. 또한 앞으로 여러가지 영역과 다양한 차원에서 시민운동이 본격적으로 전개될 경우 시민사회의 위상 자체가 상당히 변화할 수도 있다. 이처럼 시민사회는 향후 운동의 흐름과 정세변화에 따라 상당한 유동성을 갖는 열려진 과정으로 이해해야 할 것이다.

───────────────

위해 시민운동이 장려되는 실천적 결과로 이어진다. 그러나 시민사회와 국가가 동시에 성장할 수도 있고 반대로 동시에 약화될 수도 있다. 시민사회의 성장이 곧바로 민주화를 가져온다는 상호관계는 성립될 수 없다. 시민사회는 실체개념이 아닌 관계적 매개개념으로 설정될 때 이러한 모순을 해명할 수 있다. 국가, 시민사회, 경제적 하부토대의 삼분모델에 대해서는 유팔무(1993)를 참조할 것.

2) 생산과 소비의 변화

기존사회운동의 침체와 시민운동 활성화의 원인은 무엇보다도 먼저 객관적 현실 자체의 변화에서 찾을 수 있다. 생활영역에 대한 자본의 침투가 가속화됨에 따라 일반대중들의 의식과 행동은 계급적 틀보다는 자기가 속해 있는 유사한 사회적 범주에서 발생하는 이해관계와 조직틀에 의해 많은 영향을 받게 된다. 생산영역과 소비영역의 분화가 고도화되고 소비영역에서 각 계급·계층에 대한 자본의 차별적 포섭이 진행됨에 따라 사람들은 점차 생산영역에서의 계급적 동질성으로부터 생겨나는 의식보다는 자신이 처해 있는 생활조건(지역, 거주형태, 환경 등)으로부터 더욱 직접적인 영향을 받게 된다.

자본주의적 소비사회의 성장은 생산현장에서의 생산자(노동자)와 생활현장에서의 소비자=생활자(시민)라는 이중적 인간으로의 분해와 통합을 가져온다. 이러한 분해와 통합이 이루어지는 형태와 속도는 변혁적 노동운동과 개량적 시민운동의 구분과 통합의 배경으로 작용한다. 생산영역에서는 여전히 착취의 기본법칙이 어김없이 관철되고 유통, 소비 영역에서 추가적, 이차적 착취가 강화됨에도 불구하고 생활영역에서 광범한 대중포섭이 병행되는 경우, 더 나아가 개인적 삶에 대한 생활, 소비 영역에서의 영향력이 증대할 경우 생산영역의 조직적 결집력에 의거한 운동의 힘은 상당정도 약화될 소지를 안게 된다(백욱인, 1991).

90년대 한국자본주의에서는 ① 대중소비의 증대와 상품화의 확대, 소비의 개인화에 따른 '생활상의 요구'가 '분산'되는 경향과 함께 이의 결과로서 ② 생활파괴, 환경파괴, 소비의 사회화에 따른 '생활상의 요구'가 '결집'되는 두 가지 모순되는 조건이 동시에 존재한다. 이는 '생활의 개인주의화'와 '생활의 사회화' 간의 모순으로서 사회운동 전개에 주요한 요인으로 작용한다. 개량적 시민운동의 영역 확대와 진보적 시민운동의 새로운 활성화는 이러한 문제에 대한 접근방식의 차이에 따라 여러가지

형태로 모습을 드러낼 것으로 보인다.[7]

　현재 우리 사회에서는 계급·계층 분화가 이루어지는 속도와 맞물려 소비생활에서의 집단분화가 빠른 속도로 진행되고 있다. 생산과 소비의 시간적·공간적 분화는 집단형성에도 영향을 미친다. 생산에 투여되는 시간의 감소와 생활 및 여가에 투여되는 시간의 증대는 사회구성원의 시간을 상이한 두 가지 틀로 분리한다. 이에 따라 생산직 노동자를 포함한 사회계층의 집단형성 방식이 생활과 여가 위주로 재편되는 경향이 나타나게 된다.[8] 생산에서의 소외와 생산에서의 일에 대한 열정은 생활에서의 여가와 여유로 빠르게 이동한다. 전문직과 시간이 남아도는 생산영역 바깥에 위치한 계층을 중심으로 여가문화가 급속하게 번져나간다. 취미나 오락, 문화생활의 동질성을 기초로 하는 각종 그룹과 집단이 생겨나게 되고, 특정분야와 문제에 대해 대사회적 발언의 장을 형성한다. 그 결과로 소비자집단이나 소비가 생산에 미치는 영향력이 확장되며 생산에서의 자본과 노동 간의 모순은 생산성 향상에 따른 임금인상이나 생활수준의 향상이라는 대가로 무마되기에 이른다. 더 많은 여가시간과 더 풍

---

　7) 생활의 개인주의가 확대되는 요인으로는 ① 소비의 개인주의화(대량생산-대량소비의 틀), ② 생활상의 요구의 분산화, ③ 국부적 요구의 활성화, ④ 생활상의 이해대립을 들 수 있다. 이러한 생활의 개인주의화는 계급·계층 간의 불평등을 노골화함에도 불구하고 계급적 불평등을 개인간의 생활기회 차이로 해소함으로써 계급운동의 활성화를 저해하는 요인으로 작용한다.

　　새로운 공동성(집단적 요구)이 발현하는 사회경제적 요인으로는 '사회적 공동소비수단'의 미비에 대한 집단적 요구의 결집을 들 수 있다. 교육, 공해, 환경, 지역개발, 교통, 통신, 정보공개, 사회복지, 소비, 주택 문제 등 생활과 관련된 각종 사회문제는 새로운 사회운동의 활성화 배경으로 작용한다.

　8) 현대자본주의사회에서의 노동시간 단축이 갖는 의미와 그의 중요성에 대해서는 Gorz(1989)를 참조할 것.

　　"기술사회는 따분하고 동질적인 사회이기는커녕 히피족, 스피드광, 접신론자, 비행접시 신봉자, 스킨다이버, 스카이다이버, 동성애자, 컴퓨터광, 채식주의자, 보디빌더, 흑인회교도 등 온갖 다양한 집단들이 벌집처럼 들어차 있는 사회다"(Toffler, 1970: 280면). 이러한 토플러의 관찰은 생산부문이 아닌 소비부문에서의 소집단형성을 강조한 것이다.

요로운 생활을 향한 움직임은 사회변혁적 운동방향의 모색이 아닌 체제 내적 개선으로 집중되는 사태가 발생한다.

경제력 상승, 경제규모 확장, 소비의 생산에 대한 영향력 확대 등의 사회경제적 조건 변화는 소비영역에서의 집단형성을 활성화하는 배경으로 작용한다. 사회문화적으로는 자기삶에 대한 향유, 행복에 대한 관심 증대, 자기 아이덴티티에 대한 열망, 현대적 생산영역에서의 소외에 대한 보상심리 등이 복잡하게 얽혀 있다. 물론 서구 선진자본주의처럼 광범한 규모는 아니지만 우리 사회에서도 이런 현상들이 경향적으로 드러나고 있는 현실을 부인할 수는 없다.

계급으로서의 아이덴티티는 소비영역에서 이루어지는 대중소비의 동질화 과정 속에서 다양한 차별과 격차에 의하여 혼동된 모습을 보인다. 이에 따라 생산영역에서의 계급적 지위에 따른 계급의식의 형성이 무뎌지고 생활영역에서의 동질성과 분화에 따라 다양한 계층의식이 날로 강화되는 특성을 갖게 된다.

3) 문화와 세대 문제

사람들의 욕구가 변화하고 있다는 것 자체가 사실은 현재 사회운동이 부딪히는 핵심적 곤경일지도 모르겠다. 현시기는 정치적 참여를 통한 정치체제의 변혁 욕구나 경제적 불평등의 해소 욕구 바깥에서 문화적 욕구와 욕망이 나날이 새로운 모습으로 재창출되고 있는 문화의 시대인지도 모른다.

이러한 현상을 반영하기라도 하듯 90년대 초반부터 문화에 대한 관심이 새롭게 확대되고 있다.[9] 상품소비도 물질적 소비 욕구의 일차적 만족에서 정신적 소비와 써비스 소비로 방향을 틀기 시작하면서 각종 생활문화가 번창하고 새로운 문화의식과 행동방식이 생겨나고 있다. 한편 우리

---

9) 90년대 문화와 문화운동의 지향에 대해서는 『문화과학』, 1992년 1호 좌담을 참조할 것.

는 이미 6공 말기부터 5공의 억압적 국가기구 위주의 통치방식을 벗어나 점차 이데올로기적 국가기구의 활용에 입각한 지배방식의 변화가 나타나고 있었으며 문화정책에 대한 관심이 지배세력 내부에서 확산되고 있었음을 확인할 수 있다(이동연, 1993). 이러한 변화는 1993년 김영삼정부의 등장과 함께 한층 강화되고 있다. 이데올로기적 국가기구의 효율적 활용은 물론 시민사회 내의 반(半)국가기구, 제도 바깥영역의 각종 기구와 단체를 포섭하여 시민사회영역에서의 국가활동 지원과 정당성 확보를 위한 방편으로 전개되고 있다.

　이런 사정을 고려할 경우 문화나 생활상의 변화에 대한 새로운 관심과 사람들의 변화하는 사회심리와 자기정체감, 삶의 의미를 구성하는 요소들, 그들의 일상적 바람을 더욱 생활에 접근한 측면에서 모색할 필요가 있다고 생각된다. 물론 이런 경향이 우리 사회에 일상화되고 있지는 않더라도 새로운 징후들에 대한 과학적 점검을 통해 대응책을 마련해야 할 것이다.

　탈사회화, 사회적 영역의 개인화, 개인적 욕구와 체제저항적인 분출의 움직임은 앞으로의 변동추세와 관련하여 볼 때 이제까지와는 전혀 다른 모습으로 드러날 가능성이 높다. '문화'와 '세대'의 문제가 중요한 의미를 갖는 이유를 여기에서 찾을 수 있다. 사실 시민운동이나 기존의 민중운동 모두 다 문화나 신세대의 새로운 가치관과 행위방식에 대하여 진지한 고민과 탐색을 하지 않고 있다. [10]

---

10) 문화나 가치관에서 볼 때 민중운동과 시민운동 사이의 거리는 그다지 멀지 않다고 할 수 있다. 두 운동 모두가 기존의 생활상의 경제적 요구와 생활상의 요구를 목적-수단 관계의 합리적 절차와 방안에 근거하여 해결하려 하는 합리성과 근대성에 입각한 운동형태이고 지향하는 사회적 비전도 운동방식과 정치노선을 논외로 하면 유사한 모습으로 드러난다. 앞으로 전개될 새로운 사회운동의 기본적 양태는 합리성에 근거한 자본주의적 재생산에 부합하는 운동이라기보다 체제 자체를 부정하는 무정부주의적 집단행동과 욕구표출의 집단운동으로 전개될 가능성이 높다.
　'프로그램화된 사회'(programmed society)에서의 이러한 문제들에 대한 대응으로서 Melucci(1980)의 다음과 같은 지적을 상기할 필요가 있다.

이러한 새로운 문화욕구는 '자본주의적 생산과정으로부터 자유로운 계층', 특히 '젊은 세대'를 중심으로 확산되는 경향이 있다. 90년대에 들어 우리나라의 문화적 움직임이 예사롭지 않은 방향으로 전개되고 있다. 특히 10대와 20대 중반까지는 생산영역에 본격적으로 진입하지 않은 시간적 '유한여가층'의 존재적 조건을 갖고 있기 때문에 이들의 의식과 행동 패턴은 단순히 계급적 조건에 의해 움직이지 않는다. 그들은 생산과정의 억압적, 소외적 기능 안에 포섭되어 있지 않기 때문에 하부토대의 규정에서 그만큼 자유로운 것이다. 더구나 기본적인 물질적 생계 요구의 수준을 벗어난 이들에게 문화적 동질성에 대한 요구와 자기의 자유로운 발현에 대한 요구는 그만큼 큰 비중으로 다가온다. 이들의 사회행동 패턴은 하나로 집약되는 가시적 적에 대한 집단적 저항보다는 다양한 억압요소들에 대한 각개약진식 대응패턴이 두드러진다.

'정치 신세대'에서 '문화 신세대'로의 변화는 하부토대의 확장에 기인한 현상이다. 이들 '신세대'의 사고와 의식, 행동에서 새로운 모습들이 나타나는 것은 일차적으로 변화된 생활의 물적 토대 때문이다. 앞으로 '새로운 사회운동'의 전개 가능성과 관련하여 문화와 세대의 문제가 더욱 세심하게 검토되어야 할 것이다. [11]

"지배계급은 자기정체성의 문제에서 나오는 갈등과 집합행동의 모든 잠재성을 없애버리기 위하여 사회적 영역을 '심리화'해버리거나 '의료화'해버리려 하고 있는 것이다. 그러므로 개인적인 것을 '사회화'함으로써 일상생활의 문제, 대인 관계의 문제, 무의식의 문제 등에 그것들이 프로그램화된 사회에서 차지하는 차원을 부여함으로써 지배계급의 그러한 시도에 대응하여야 한다. 다시 말해 이러한 문제들이 새로운 계급갈등의 심장부에 위치하는 것임을 보여주는 것이 필수적이다."

11) 세대에 대한 관심이 80년대 중반 학생운동의 고양을 계기로 확대되다가 이후 90년대에 들어서는 전혀 다른 문화적 이유로 관심의 초점이 되고 있다. 70~80년대의 청년세대 문화현상이 포디즘적 체제의 대량생산-대량소비의 소비자본주의의 궤도로 진입하지 못한 단계에서 내용 없는 형식의 차용을 벗어나지 못하는 지극히 일면적인 현상이었던 데 반하여 90년대 신세대의 문화적 움직임은 생활상의 근거와 더 긴밀하게 연관된 사회현상으로 볼 수 있다.

3. 시민운동의 성장과 성격

1) 신사회운동과 시민운동

한국판 새로운 사회운동으로, 경제정의실천시민연합(경실련)을 중심으로 한 시민운동이 꼽히고 있으나 이는 엄밀한 의미의 '신사회운동'(New Social Movements)이라기보다는 '구사회운동'의 연장선에 있는 변형적 운동형태에 가깝다. 경실련으로 대표되는 현재의 시민운동은 운동방식과 쟁점영역의 측면에서 볼 때 이전의 민중운동과 차별적이라는 점에서 새로운 사회운동으로 평가할 수도 있겠으나 서구의 논의에서 제기되는 신사회운동에 대비하면 여전히 구사회운동적 성격을 갖고 있다. 한국에서 신사회운동의 존재형태를 논의하려면 ① 구노동운동의 제도화, 체제내화, ② 포스트모더니즘의 기반이 되는 사회경제적인 구조, ③ 새로운 '사회적 적대'들의 활성화 등 몇가지 전제들이 먼저 확인되어야 한다.

그러나 노동자계급의 보수화와 중간계층의 급진주의라는 서구적 신사회운동의 사회적 조건은 최소한 당분간은 한국적 상황에서 나타나기 힘들다고 보여진다.[12] 왜냐하면 아직까지 한국의 노동자계급은 '제도화된 형태의 정치'로 포괄되지 않고 있으며, 이들의 사회경제적 생활조건도 개량화의 충분한 '포섭'과는 거리가 있기 때문이다.

---

12) 오페(Offe)는 신사회운동의 사회경제적 조건으로서, '노동운동을 축으로 하는 구사회운동'에서 '신사회운동'으로의 변화에 따른 '시민사회 재정치화'의 전제로서 '포드주의적 타협'과 '복지국가적 개입'의 증대를 두고 있다. 사회갈등의 거점 변화에 대응하여 운동주체와 운동쟁점, 운동방식이 과거의 주도적 운동이었던 노동운동을 중심으로 한 변혁운동과는 상이한 새로운 사회운동이 등장한다는 것이 서구 신사회운동에 대한 설명방식이다. 신사회운동과 구사회운동의 주체, 이슈, 이데올로기, 활동방법 등에 대한 비교분석에 관해서는 Scott(1990)를 참조할 것.

현단계 한국사회의 경우 서구 선진자본주의 나라에서 나타나는 '적대의 변화'(Laclau & Mouffe, 1985)나 '사회갈등의 거점 변화'를 본격적으로 논증하기에는 시기상조이다. 한국의 경우 '포드주의적 타협'과 '복지국가의 개입 증대'의 징후를 아직까지 확연하게 찾아낼 수 있는 단계는 아니다. 물론 87년 이후의 임금상승과 의료보험, 국민연금을 위시한 부분적 복지정책의 확대가 행해지고는 있지만 사회갈등의 거점변화를 논할 수준에 이르지는 못한다. 다만 향후 축적체제의 변화 여하에 따라 포드주의적 타협의 개연성은 부분적으로 존재한다고 보아야 할 것이다. [13]

단 ① 노동자계급 내부의 계층분화(직종별, 기업규모별)와 계급간 분해가 확대될 경우, ② 소비영역, 문화적 재생산 영역의 확산징후가 90년대 중반에 이르러 상당히 빠른 속도로 진척될 경우, ③ 중간제계층 및 생산영역으로부터 자유로운 혹은 이탈된 계층 사이에서 '사회갈등의 거점 이동'이 확산될 경우에는 소비생활영역과 문화영역을 중심으로——특히 세대문제를 중심으로—— '새로운 적대'가 성장할 수도 있을 것이다. [14]

---

13) 특히 생산직 노동자층 내부의 계층분화와 노동자계급 내부의 직종별, 기업규모별 분화가 서서히 이루어지고 있는 현실, 그리고 소득증대에 따른 중산층적 생활양식이 확산되고 있는 현실을 볼 때 기존의 노동운동과는 다른 새로운 노동운동이 출현할 수 있으며 사태진전 여하에 따라서는 노동운동의 재개량화가 빠른 속도로 이루어질 수도 있을 것이다. 노동조합운동의 개량화 조짐에 대한 경계로는 권영길(1993) 참조. "노조를 집단이기주의 세력으로 생각하는 국민이 늘고 있는데도 천편일률적인 투쟁을 계속하다 보면 노조가 완전히 이익단체로 낙인찍힐 위험이 있는 것이다. 뿐만 아니라 국민들이 노조를 집단이기주의 단체로 보지 않더라도 노조가 집단이기주의화할 가능성도 배제할 수 없다"(권영길, 1993: 35면).

14) 이러한 사태를 구체적으로 예견하기 위해서는 포스트모던한 문화행태의 등장과 사회집단의 문화양식에 따른 분화문제, 그리고 세대문제가 한층 깊이있게 해명되어야 할 것이다

2) 개량적 시민운동의 성격과 한계

한국사회에서 이루어지고 있는 현단계의 시민운동이 서구적 의미의 신사회운동과 다르다면 경실련으로 대표되는 시민운동의 성격은 무엇이고, 이러한 시민운동의 장단점은 무엇인가를 살펴보도록 하자. 경실련으로 대표되는 시민운동은 6공 초기 단체발족 당시부터 기존민중운동과의 차별성을 비교적 명확하게 표방하면서 활동을 시작하였다. 민중운동과의 가장 두드러진 차이점은 이들 운동이 직업계층이나 계급에 의거한 조직대중에 기반하지 않으면서 불특정다수를 겨냥한 여론형성에 힘입어 정부에 영향력을 미치는 여론획득식 운동에서 출발한 데서 찾아진다. 이들은 대중의 생활상의 이해와 밀접하게 관련된 핵심적 사안을 중심으로 하여 전문적인 정책대안을 제시하고, 정부에 대해 이의 실현을 촉구하는 여론형성식 압력을 가하면서 시민운동의 활동공간을 넓혀나갔다. 정부의 암묵적 방관과 언론의 적극적인 지원에 힘입어 이러한 시민운동은 짧은 시간에 빠른 속도로 '시민권'을 확보할 수 있었다. 기존민중운동과의 충분한 거리를 유지하면서—— 때로는 노골적인 비판을 가하고 사안에 따라서는 부분적으로 연대해나가면서—— 자기중심을 확보하는 데 성공한 것이다.

경실련은 대중적 관심이 집중되는 문제에는 영역을 불문하고—— 제도권 야당의 정책활동을 능가할 정도의 열성으로—— 성명서 발표와 정책대안 제시를 통하여 사회적 활동을 전개하였다. 이러한 활동상의 특징은 이 단체가 특정 계급이나 직업집단의 조직역량에 입각하여 활동하는 단체가 아니기 때문이기도 하지만 그보다는 변화된 정치지형에서 '변형된 정치운동'을 펼쳐나가는 운동방식을 택했기 때문이기도 하다. 그러면서도 대학생이나 노동계에 이르기까지 다양한 차원에서 회원을 모집하고 민중운동에 대한 활동도 꾸준하게 추진하였다. 그 결과 최근에는 점차 약화되는 민중운동에 대한 새로운 운동적 대안으로까지 성장하기에 이른

것이다.

이와 같은 경실련식 시민운동의 성장에 대해 민중운동과 관련하여 어떤 평가를 내려야 할까? 시민사회에서의 여론형성과 정치영역에의 영향력 행사라는 두 가지 축을 중심으로 활동을 전개하면서 시민사회 안에서 조직확대를 모색하는 방법이 경실련운동에서 보여지는 전형적인 시민운동 양식이라 할 수 있다. 경실련의 성장은 시민사회에서 여론형성이 차지하는 영향력이 80년대 초중반에 비해 상당히 커졌으며, 여론형성의 방법 또한 변화된 정치지형과 이에 따른 대중의식 변화 때문에 달라졌음을 보여준다. 도덕성 확보와 정당성 확보의 기제가 원초적인 억압적 정권에 비해 달라지고 있는 것이다. 이런 현상은 신정권이 들어서면서 더욱 확대되고 있다. 이미 6공 후반기 이후 이런 사회적 여건이 조성되고 있었으며 경실련은 변화하는 사회정세와 국면에 대해 한발 앞선 인식과 실천력을 보여준 것으로 평가할 수 있다. 87년 6월항쟁과 노동자대투쟁은 이러한 변화를 갈라놓는 분기점이다. 이런 맥락에서 87년 6월의 의미를 더 냉정하게 평가할 필요가 있다. 5공화국 당시의 민중운동은 정권의 원죄 때문에 반사적으로 도덕성과 정당성을 얻을 수 있었으나 87년을 계기로 과거와 같은 정당성과 도덕성 확보는 쉽지 않게 되었다. 권력의 민주화는 비록 그것이 형식적인 수준에서 이루어지더라도 엄청난 변화를 동반한다. 형식적·절차적·제도적 민주주의틀의 구비는 자동적으로 민중운동의 합법성과 정당성을 부여하지 않는다.

이처럼 변화된 지형의 속성을 가장 잘 활용한 운동형태가 경실련으로 대표되는 새로운 시민운동 방식이었으며, 이런 운동방식은 90년대 중반의 한국사회에서 기존민중운동의 정당성과 효율성에 대해 심각한 의문을 던져주는 하나의 대안적 운동틀로까지 성장하게 되었다.

경실련의 세력확장 요인으로는 ① 변화된 사회경제적 조건에 대한 민감한 대응, ② 해당 시기의 쟁점을 대중생활상의 요구에 입각하여 시의적절하게 쟁점화시키고 이에 대한 정책대안을 제시하는 능력, ③ 정치정세상 국가권력이 상대적으로 이를 지원하였던 정치적 여건 등을 들 수 있을 것이다. 이와 더불어 해당 사안의 직접적 당사자가 아닌 전문직 종사자들의 양심과 도덕, 전문성에 입각한 개입이 여론형성과 사회적 정당성 확보에 상당정도 유리한 요소로 작용한 측면도 있다.

　그러나 시민운동이 개척하고 있는 새로운 운동영역들은 발생 초기에는 그것이 미치는 결과와 갈등의 포괄성 때문에 범계급적, 초계급적, 탈계급적 성격을 강하게 드러내지만 일단 이슈의 성격이 분명해지고 문제해결을 위한 정책적 대안이나 도달하고자 하는 목표가 구체화됨에 따라 해당 적대의 성격이 분명해지면 차츰 해결책과 목표달성의 방안을 둘러싸고 상이한 노선과 입장으로 분화될 수밖에 없다. 이런 경우 공해, 평화, 핵문제, 여성문제 등 새로운 시민운동의 고유한 이슈들은 계급적 이해나 상이한 집단간의 이해관계를 축으로 여러가지 상이한 운동세력으로 다시 분화된다. 신사회운동의 발생 초기에 갖는 무계급적 성격은 사태의 성격이 분명해지고 운동이 진행됨에 따라 다시 계급적 틀이나 집단이해의 축으로 분화된다는 점을 직시할 필요가 있다. 해당 이슈의 사회적 확산이나 여론화 단계에서는 폭넓은 지지계층을 확보할 수 있겠지만 문제해결을 위한 대중적 지지와 운동참여에로의 동원 및 실현목표 달성에 이르기까지는 조직적 대중역량에 의거하지 않을 경우 초기 여론확산의 절정에서 급격하게 몰락할 우려가 상존하는 것이다. 이런 점 때문에 계급운동의 현상적 쇠퇴를 보고 시민운동의 앞날을 밝게만 예측할 수 없게 된다. 생활상의 요구를 중심이슈로 하는 시민운동은 ① 발생-성장-쇠퇴의 싸이클이 아주 짧으며, ② 이슈 중심적 운동이기 때문에 해당 이슈의 단발성과 지역적 국부성으로 인하여 운동의 지속적 발전이 어렵고, ③ 초기의 다계급 참여운동에서 운동이 발전함에 따라 계급적 입장의 차이에 따라 분화되기 때문에 기존 대중운동체간의 연합에 의거한 동맹운동의 지속성을 확보하지 못한다는 점에서 생활중심운동이 갖는 기본적 제약을 갖는다.

4. 시민운동의 개념 확장 ── 진보적 시민운동을 위하여

이처럼 현재 다양한 시민사회의 영역을 대상으로 전개되고 있는 시민
운동의 위상은 가변적인 것이다. 앞서 설명한 여론형성과 소비생활문제
의 확대라는 객관적 조건에 힘입어 초기 시민운동이 활성화되는 터전이
주어졌고, 이에 더하여 참신하고 기동적인 대응전술의 개발로 국가에 상
당정도 영향력을 행사함으로써 민주적 개혁의 한몫을 담당할 수 있었다.
그러나 새로운 사회운동의 가능성을 열어놓은 경실련으로 대표되는 시민
운동의 활동공간은 어떤 하나의 운동체가 선점하여 독무대로 활동할 수
있을 만큼 비좁은 제한된 공간이 결코 아니다. 어떤 측면에서는 민중운
동이 상대적으로 방기한 영역들에서 활동공간을 마련하고, 역으로 민중
운동의 활동공간에까지 진입해들어오면서 자체의 정책대안을 두드러지게
부각하는 이런 시민운동은 민중운동에 부분적으로 대립하면서 상대적 지
위를 높였다고 평가할 수도 있다.

이런 결과는 일차적으로 변혁운동의 국면대응력이 갖는 취약성과 조성
된 정세의 하강국면에 기인하는 것이다. 앞으로 민중운동과 함께하는 한
층 진보적 입장을 분명히 내걸고 현실대응력이 높은 정책대안을 제시하
고 탄력적인 운동방식을 개발하면서 시민사회 내부에서의 활동을 강화할
경우 변혁적 지향을 갖는 새로운 '시민적 대중운동'이 활성화될 소지는
열려 있다고 보여진다. 이러한 맥락에서 볼 때 우리는 시민운동을 열려
진 가능성의 공간으로 파악하면서 시민운동 개념의 내포와 외연을 확장
할 필요성에 도달하게 된다.

광의의 '시민운동'은 정치적 노선과 운동형태가 서로 다른 여러가지 다
양한 사회운동을 포괄하는 개념이다. 따라서 현재 확인되는 몇가지 시민
운동의 수준과 형태를 기준으로 시민운동의 영역을 제한해서는 안된다.
노동운동의 활성화와 민중생존권 확보를 위한 사회운동, 자유주의자들의

새로운 입지 확보를 위한 다양한 사회운동, 보수주의자들의 극우적 사회운동에 이르기까지 시민운동이라는 영역 속에는 그 주도세력의 계급적 성격, 운동의 목적과 노선, 운동형태, 운동방법에 따라 여러가지 상이한 성격을 갖는—— 때로는 상호대립적이기도 한—— 각종 사회운동이 포괄된다.

시민운동은 국가와 분리된 영역에서, 즉 시민사회의 기반으로부터 분출되는 '생활상의 요구'와 사회구성원의 자발적 결사에 입각한 운동이다. 그간 운동에 참여하는 행위주체의 다계급적 성격으로 인하여 마치 시민운동이 계급운동과는 무관한 비계급적 운동만의 독자적인 공간으로 설정된 감이 있다. 또한 운동방식과 노선에서 볼 때 변혁운동과 달리 체제내적 한계에서 진행되는 개량주의적 운동으로 평가되는 경우가 일반적이었다. 그러나 시민운동이 차지하는 사회적 위상은 단일한 척도에 의하여 재단될 수 없을 만큼 복합적인 외연과 내포를 갖는다. 시민운동의 외연을 이렇게 확장할 경우 시민운동과 계급운동 간의 거리는 상당히 좁혀질 것이다. 따라서 시민운동의 구체적 내용이나 해당 시기의 사회경제적 상황과 계급적 지형을 고려하지 않은 채 시민운동의 성격을 특정한 '규정틀'에 입각하여 한정하는 것은 운동의 진보적 발전에 별로 도움이 되지 않는다.

시민운동의 진보적 의미는 시민사회에서 소외되고 억압된 집단의 이해를 어떻게 조직하고 그들의 이해를 어떻게 정치적으로 관철시키느냐에 대한 관심에서 찾아진다.

시민사회의 활성화란 계급운동공간의 개방과 직결된 문제이다. 따라서 시민운동의 활동영역을 중산층의 정치적 결집이나 특정 이해집단과 전문가의 사회적 활동을 중심으로 한 '영향력 행사'와 '갈등의 제도화'에 제한하는 것은 '형식적 민주주의'의 좁은 틀 안에 시민운동의 위상을 가두는 것이 된다.

시민의 생활상의 요구, 혹은 사회적으로 사회영역에서의 열등하고 무력한 객관적 위치 때문에 정치적 결집을 필요로 하는 집단의 요구는 기존사회의 특권세력이 차지하고 있는 사회영역과 불가피하게 충돌한다.

이때 그들의 생활상의 요구와 이해가 더 근본적인 변혁의 방향으로 진행될 경우 이러한 정치적 결집과 요구는 형식적 민주주의의 범주를 넘어 실질적이고 진보적인 민주주의를 지향하는 방향으로 성장·진화할 가능성은 상존하게 마련이다.

이와같은 사태를 고려할 때 우리는 시민사회를 '모순된 실체'로 받아들일 필요가 있다. 시민사회 자체가 '역사특수적'이며 변화한다는 가정을 받아들일 때만이 시민운동론의 우경화에 대한 민중론에서의 개입과 사회발전을 가져올 수 있다. 시민사회와 시민운동론을 송두리째 개량주의와 우파의 전유물로 던져줄 이유는 없는 것이다(백욱인, 1993).

그렇다면 '개량적 시민운동'과 '변혁적 시민운동'이 구분되는 지점은 어디인가? '진보적 시민운동'을 전개할 때 유의해야 할 점은 무엇인가에 대해 살펴보자. 생산영역에서 진행되는 노동운동을 배제한 채 중간층을 배타적 조직근거로 삼는 시민운동은 그 성격상 개량싸움을 매개로 한 변혁운동의 일부분이 될 수 없다. 따라서 생산영역에서 진행되는 노동운동과 긴밀하게 결합된 새로운 진보적 시민운동에 대한 모색이 필요하게 된다. 그런데 사회문제나 생활상의 이슈를 중심으로 한 운동은 생산영역에서 분출하는 요구에 입각한 운동보다 어떤 면에서 훨씬 더 어렵다. 자본주의사회에서 발생하는 각종 사회문제를 매개로 한 일상싸움을 변혁적 노선에서 이끌어나가는 것은 다음과 같은 요인들 때문에 간단하지가 않다. 새로운 진보적 시민운동 혹은 생활상의 이해를 중심으로 한 개량싸움은 ①운동주체, ②운동의 내용, ③운동의 폭과 속도에서 몇가지 특성을 갖는다.

첫째, 특정이슈가 생활상의 구체적인 이해와 관련되어 있기 때문에 이러한 문제에 이해를 갖는 여러 계급·계층이 포괄된다(참여계급의 복합성). 둘째, 생산영역이 아니라 생활영역에서 생겨나는 문제를 싸움과 요구의 대상으로 삼기 때문에 가능한 수준에서의 타결과 해결책이 여러가지 다양한 수준에서 제시될 수 있다(요구내용의 다양성과 쟁점의 제한성). 셋째, 한번의 결정적 운동으로 해당 사안의 궁극적 해결을 모색하는 것이 아니라 실현 가능한 현실적 대안과 요구를 중심으로 운동을 진행시켜나간다는 점이다(운동의 점진성).

이와같은 특징들은 ① 다양한 계급·계층을 동일한 이슈와 조직으로 결집시킴으로써 운동의 대중적 기반을 확대하고, ② 구체적인 생활상의 요구를 중심으로 운동의 대중성 제고와 더불어 다양한 운동영역을 확산시키며, ③ 유연하고 단계적인 운동방식으로 개혁의 구체적 성과들을 확보할 수 있다는 장점으로 작용한다. 그러나 이러한 장점은 곧바로 시민운동의 단점과 동전의 양면을 이룬다. 따라서 시민운동, 혹은 점진적 개량싸움이 갖는 본질적 이원성을 직시할 필요가 있다. 모든 사회운동이 상호대립되는 장단점을 갖고 있지만 생활상의 요구를 중심으로 하는 시민운동의 경우 이러한 측면이 더욱 노골적인 형태를 드러난다. 이런 이유 때문에 시민운동의 주요한 측면을 어디에 두느냐에 따라 동일한 이슈를 대상으로 하는 시민운동이 두 가지 상이한, 때로는 서로 대립되는 조류로 형성되기도 한다. '개량적 시민운동'과 '변혁지향적 시민운동'의 차별점을 운동주체와 운동내용의 두 가지 측면에서 간략하게 검토해보자.

첫째, 시민운동에 참여하는 여러 계급·계층 중에서 어떤 계급이 주도적인 위치를 차지할 것인가에 따라 운동의 주도성 문제가 제기될 수 있다(운동주체의 문제). 운동의 주도성과 관련된 문제는 사안의 성격과 운동에 참여하는 여러 상이한 대중의 계급적 처지로 인하여 문제의 본질에 더욱 가깝게 접근할 수밖에 없는 계급의 입장과 행동의 주도성에 의하여 최종적으로 확인되는 부분이다. 단 계급헤게모니의 원칙적이고 도식적인 강조로 인하여 편협한 노동자주의나 계급이해의 합리화에 빠져서는 안될 것이다. 진정한 의미의 헤게모니, 주도성은 계급적 처지나 입장에서 자동적으로 부가되는 것은 아니다. 계급적 처지와 입장이 계급의식과 실천으로 연결되면서 이의 객관적 발현이 다른 계급·계층으로부터 폭넓은 지지와 신뢰를 얻을 때 비로소 특정계급의 헤게모니가 관철될 수 있다. 민주적으로 획득된 헤게모니가 진정한 헤게모니인 것이다.

통상 시민운동을 논하면서 이를 통하여 시민운동의 계급적 성격과 주체를 애매하게 하고 이의 초계급적 성격을 강조하여 기층민중운동이나 변혁운동과의 차별성을 사실 이상으로 강조하거나 반대로 '계급운동의 시민운동으로의 수렴'(김성국, 1992)을 주장하는 일단의 움직임이 있다. 이러한 계급해체론적 시민운동의 흐름과 현대사회의 모순을 집중적으로 해명하고 현대생활의 모순을 중심으로 대중의 생활상의 이해를 결집하는 운동과의 차별성을 분명히할 필요가 있다. 연대는 차별성의 인정 후에 이루어지는 것으로서 조건없는 연대라는 것은 성립하지 않는다. 특히 생활상의 요구를 중심으로 한 싸움이나 이에 입각한 대중결집일 경우 서로간의 차이점의 확인은 동일영역에서의 연대와 통일을 지향하기 위해서도 매우 중요한 의미를 갖는다.

둘째, 요구내용을 생산의 측면과 부단하게 결합시키려는 시도와 이를 분절적으로 따로 떼어내어 생활과 소비 영역에만 묶어두려는 입장 간의 대립이 발생할 수 있다(운동의 내용과 성격 문제). 두 입장간의 차이는 동일한 생활상의 쟁점을 내걸면서 동일한 위상의 싸움을 벌여나가는 서로 다른 시민운동의 성격을 판별해내는 일차적 준거점이 된다. 운동에 참여하는 세력의 계급적 구성보다도 생산과 생활의 연계 여부가 '개량주의적 시민운동'과 변혁운동으로서의 '진보적 시민운동'을 갈라놓는 중요한 요인으로 작용한다. 더 많은 개량의 확보는 안정적이고 인간적인 생활이 체제 자체의 운용기제를 통하여 자동적으로 확보될 수 있는 제도적 체제로의 발전을 겨냥하는 것이어야 한다. 그렇지 않을 경우 생활상의 요구가 일시적, 부분적으로 수용될 경우 쟁점변화에 따른 참여 계급·계층의 부단한 순환으로 운동의 지속성을 유지하기가 힘들게 될 것이다.

5. 시민운동과 민중운동의 관계

현재 전개되고 있는 다양한 형태의 시민운동은 계급간의 힘관계 변화와 정세변화에 따라 탄력적인 모습을 보일 것으로 예상된다. 민중운동이 표류하고 있고 민주화라는 가시적 전선이 개별 사안별로 분산되고 있는 현재국면에서 과거와 같이 일괄적이고 통일적인 '정권타도투쟁'으로서는 대중적 설득력도 확보하기 힘들고 운동의 효율과 적실성도 확보하기 힘든 것이 사실이다. 그러나 민중운동의 재활성화와 명실상부한 변혁주체로서의 위상 재정립 여하에 따라서는 기존의 시민운동세력과 효율적인 연대가 이루어질 수도 있다. [15]

민중운동과 기존시민운동 간의 연대 혹은 새로운 진보적 시민운동의 전개를 모색할 경우 다음과 같은 질문을 던질 수 있다. 즉 민중운동측에서 볼 경우 시민운동과의 연대 혹은 새로운 시민운동의 창출이 어떤 수준에서 모색되는가에 관한 물음이다. 새로운 운동형태가 필요하다면 그것은 운동방식의 변화라는 전술상의 문제에 국한되는가, 아니면 운동노선과 변혁노선 전체를 재고해야 할 전략상의 문제인가라는 점이 쟁점으로 제기될 수 있다.

포스트맑시즘이나 포스트모더니즘, 이와 관련된 신사회운동론에 기대어 우리 현실을 재단할 경우 대체로 현재의 운동국면은 몇가지 전술적 봉합으로 새롭게 성장할 수 없다는 결론에 도달할 것이다. 왜냐하면 사회구조 자체가 탈산업주의, 포스트산업자본주의, 소비자본주의로 변하고 이에 따라 기존모순이 소멸되거나 적대의 성격이 달라지기 때문에 노동운동을 위시한 구사회운동 자체가 변혁적 성격을 가질 수 없고, 더구나 변혁의 구체적 전망인 현실사회주의 자체의 붕괴 때문에 과거와는 완전히 다른 차원에서 운동적 대안을 전략적 차원에서 재구성해야 된다는 결론에 이르게 된다. 그러나 이런 판단은 현실성보다는 앞으로의 가능성에 지나치게 집착하거나 서구의 현실을 우리 현실에 곧바로 적용시킨다는 비판을 받을 수밖에 없다.

---

15) 여기서 우리는 기존시민운동과의 '차별 속의 연대'와 '연대 속의 차별'이라는 구분에 유의할 필요가 있다. 이러한 관계변화는 기본적으로 민중운동과 시민운동 간의 역량변화에 따라 이루어질 것이다. 과거에 견인이라는 말을 많이 사용하였는데 견인이란 힘센 부분이 약한 부분을 끄는 것이지 약한 부분이 힘센 부분을 끄는 것이 아님을 고려할 경우 견인의 원동력이 되는 세력강화라는 문제에 봉착한다. 출범 당시부터 민중운동과 함께하는 새로운 시민운동의 출현과 민중운동의 활동공간 확장을 통하여 견인의 실질적 역량이 확보될 수 있을 것이다.

그렇지 않을 경우, 즉 현재의 위기상태가 일시적이고 그간의 전술적인 오류나 운동형태, 조직상의 문제였다면 새로운 전술 개발과 운동형태의 보완으로 현재의 운동이 맞고 있는 침체와 위기의 시대를 헤쳐나갈 수 있다는 판단이 가능할 것이다. 변화하는 대중의 생활상의 요구에 잘 부응하지 못했다면 대중접촉면을 넓혀나가는 신전술을 전개하면서 대중의 운동참여를 보강하고, 시민운동의 고유영역으로 설정되었던 많은 쟁점에 효율적으로 개입하고 참여하면서 정책대안을 위시한 합리적 여론형성과 영향력확대를 꾀해나가면 될 것이다. 이런 경우 민중운동의 시민운동에 대한 개입을 활성화하는 방안이 제시될 것이다. 전술적 확대강화론과 전략적 전면재편론의 어느 것이 현재의 조건에 맞으면서도 향후 운동전개에 더 현실성있는 대안인가는 앞으로의 사태진전에 의하여 판가름날 것이지만 현재의 중단기적 차원에서는 전술적 확대강화론이 더 현실적인 대안으로 보인다.

이하에서는 민중운동과 시민운동의 연대형성에 대한 몇가지 가능성을 점검함으로써 향후 진보적 사회운동의 발전방향을 생각해보자. 민중운동과 기존시민운동 간의 관계 정립과 운동의 분화가 어떻게 이루어지느냐에 따라 앞으로 사회운동의 향방이 결정될 것으로 보인다. 민주-비민주의 단일전선이 형성되고 '독재타도'의 통일적 지향으로 대중의 정치적 요구가 수렴되던 시기가 지나고 민중운동과 시민운동이 분할발전하는 새로운 운동구도가 정착될 경우 매우 복잡한 동맹관계가 형성될 것이다. 다음의 그림 1은 오페(1985)의 신사회운동과 구사회운동 간의 동맹관계 모형을 빌려 한국사회에서의 동맹구도를 도식적으로 설정해본 것이다.

도식에서 나타나는 삼자간의 관계는 좌우진영 양자간의 이원적인 직접적 대립상태보다 훨씬 더 가변성이 높은 불안정한 구도이다. 주어진 정세에 따라 3자간의 동맹관계가 상당히 큰 범위에서 유동할 수 있다.

(동맹1) 변혁지향적 민중운동과 개량적 시민운동의 연대

기존 보수주의 지배세력과 우파를 소외시키면서 민중운동과 시민운동이 연대하여 사회민주화와 각종 생활문제에 대한 제도개선 및 개량적 요

〈그림 1〉 민중운동과 시민운동 간의 동맹관계

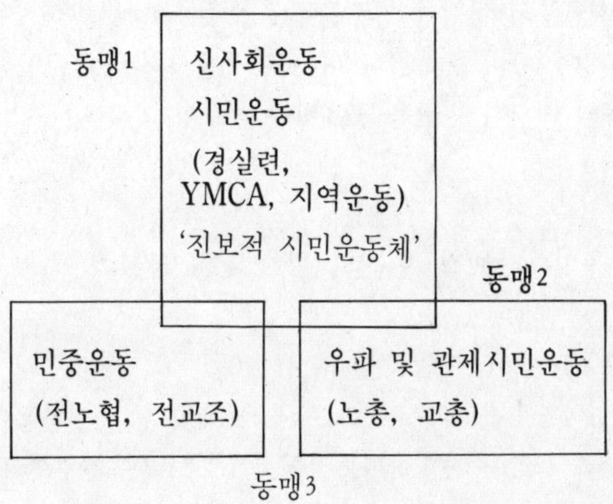

구를 수렴하면서 근본적인 민주화로까지 성장발전할 수 있는 이상적 경로를 설정할 수 있다. 경실련을 비롯하여 현재 활동중인 시민운동단체와 민중운동체 간의 사안별 연대를 통한 공동활동을 전개하는 것은 그다지 어려운 일은 아닐 것이다. 만약 시민운동의 영역에서 민중운동과 함께하는 변혁지향적 시민운동체가 만들어지고 그 대중적 영향력이 확보될 경우 변혁운동의 진전에 가장 이상적인 동맹구도가 마련될 것이다.

(동맹2) 신사회운동과 보수우파의 연대

시민운동과 보수우파 간의 연합은 민중운동의 재활성화와 그것이 체제의 위협에까지 이르는 위기국면, 혹은 조합주의적 형태로 국가와 시민운동 간의 관계가 재편될 경우를 상정해볼 수 있다. 시민단체들을 시민의식운동연합체로 확대강화하려는 모색, 혹은 노총과 경실련의 연대 같은 경향은 이러한 동맹이 현실적으로 실현될 수도 있다는 의구심의 일단을 제공한다. [16)]

(동맹3) 신사회운동에 대항한 좌파와 우파의 연대

우리나라의 경우 이러한 동맹구도는 현실로 나타날 가능성이 희박한

'이념형'에 지나지 않는 것으로 보여진다. 신사회운동의 진보성이 두드러
지면서 구사회운동의 핵심인 민중운동이 보수적 성향을 띠면서 보수우파
와 연대하는 경우는 아주 특정한 이슈를 내건 신사회운동의 특수한 양태
에 대해 공동의 시각과 판단을 공유하는 정도일 것이다.

6. 맺음말: 진보적 운동의 활성화를 위하여

1990년대 한국자본주의의 조건으로 볼 때 진보적 시민운동이 활성화될
수 있는 객관적 조건이 존재한다. 정치적으로는 자유민주주의 및 사회공
간의 활성화와 지자제 실시, 경제적으로는 한국자본주의의 양적 성장에
따른 소비영역의 확대와 도시문제의 가속화, 그리고 이러한 변화와 관련
된 대중생활과 의식변화 등의 요인들이 시민운동의 활성화를 촉진하는
객관적 조건으로 작용하고 있다.

이에 따라 사회생활과 관련된 여러 영역에서 상이한 정치적 이념과 운
동노선을 갖는 사회운동과 시민운동이 병립적으로 전개될 소지가 다분하
다. 일반 민주주의운동의 활성화와 시민사회영역의 확장에 따라 사회운
동의 분화는 더욱 가속화될 것으로 보인다. 이러한 상황에서 개량적 시
민운동에 대한 비판은 그들 노선과 실천의 계급적 성격을 드러내는 것만
으로는 불충분하다. 진정한 의미의 비판과 대안은 변혁운동이 변화하는
생활조건에 대한 구체적 대안을 제시하고 이를 통하여 대중적 지지와 여

---

16) 국가로부터 제한된 활동공간 내에서의 활동을 허락받아 제한된 수준의 활동
   영역에서 움직이는 시민운동은 새로운 조합주의(coporatism)적 통제의 도구로
   전락할 우려가 있다. 현시기에서 개량적 시민운동이 활동범위를 어느 수준까지
   확장할 것인가를 미리 판단할 수는 없지만 구조적으로 주어지는 체제내적 시민
   운동의 기본적 제약과 한계를 진보적 시민운동의 입장에서 고려하는 것은 시민
   운동의 체제내화, 개량화를 방지하는 것으로서의 의미를 갖는다. 이와 관련하
   여 신정권 출범 직후 사정국면과 함께 형성된 '정사협'의 활동에 대해 주목할
   필요가 있다.

론을 획득하여 힘관계에서 이들 노선과 실천을 압도할 때에야 비로소 가능하다. 계급적 원칙과 입장에서의 차별성을 확보한다고 하여 실천의 장에서 민중운동의 주도성이 강화되는 것은 아니다.

현재의 정치구조를 돌파해내기 위해서는 새로운 대중적 기반 마련에 주의를 기울여야 한다. 신정권이 시행하는 각종 정책의 사회경제·정치적 결과가 대중의 실제생활에 어떠한 고통을 안겨다주는가를 세부적으로 드러내고 대중의 생활상의 이해를 관철시킬 수 있는 구체적 대안을 제시함으로써 상이한 대중의 계층적·계급적 이해를 합성한 하나의 통일적 정책대안을 마련할 필요가 있다. 대중의 정치적 결집을 가져올 수 있는 여러가지 계기를 충분히 활용하는 것은 현재의 침체된 운동공간을 타개하는 적극적 의미를 갖는다.[17]

그리고 경실련을 위시한 시민운동체와 민중운동의 상호관계를 지금보다 훨씬 유연하고 상호연대적인 틀로 가져갈 수 있도록 서로 노력하는 자세가 필요하다고 본다. 기존의 시민운동체는 체제내적 운동노선이 갖는 한계를 겸허하게 인정할 필요가 있다. 체제내적 정책대안 제시와 시민사회공간 확보의 중요성을 충분히 인정한다고 해도 기층민중의 이해를 상대적으로 배제하는 사업방식은 시민운동의 장기적인 발전에도 별로 도움이 되지 않을 것이다. 특히 '합법성'의 기준과 '체제내적 활동'의 기준은 고정된 불변의 황금률이 아니라 사회적 조건과 정치지형의 변화, 그리고 계급간의 힘의 변화에 따라 유동적인 것이라는 사실을 인식하는 것도 중요하다. '합법성'의 범위를 확장시키고 '체제로부터의 인정'과 시민권의 보장을 쟁취하는 일은 기존의 체제내적 활동에만 의존할 경우 불가피하게 제한된다는 사실은 과거 운동경험에서 확인할 수 있다. 80년대

---

17) 향후 진보적 사회운동으로서의 시민운동을 활성화하기 위해서는 ① 의회를 중심으로 한 제도권 내에서의 활동과 제도권 바깥의 대중운동과의 상호관련성을 확보하기 위한 틀에 대한 모색, ② 다양한 계급·계층의 생활상의 요구를 하나의 통일된 틀로 집약하는 대중결집의 방도로서의 사회운동방법론에 대한 모색, ③ 생활상의 요구를 중심으로 한 정치적 결집체의 형성에 대한 모색을 활발하게 시행해나가야 할 것이다. 이러한 문제들에 대한 잠정적 방안에 대해서는 조희연(1993) 참조.

중반에 비해 90년대 중반의 사회조건과 운동조건이 변화한 것은 사실이
지만 이런 변화는 어디까지나 절대적인 변화가 아닌 상대적인 변화임에
유의해야 한다. 현재의 운동조건 자체는 새로운 운동세력의 등장과 운동
의 진행, 실천에 따라 또다시 상대화될 것이 분명한 이상 지금의 조건을
절대시하여 특정 운동형태를 '비합법적', '과격시'해서는 안될 것이다.

한편 민중운동의 입장에서는 변화된 현실에 기민하게 대응하지 못했던
기존의 문제점을 솔직히 시인하고 한층 확장된 운동영역의 개발과 새로
운 운동형태의 모색에 주력할 필요가 있다. 이를 위해서는 기존의 '계급
적 대중운동'과 함께 '시민적 대중운동'의 활동공간에 적극적으로 진입할
필요가 있다. 생산영역과 생활영역을 이어주는 운동형태의 개발과 생활
공간의 모순과 쟁점을 이슈화해내고 그 개선과 개혁을 위해 대중의 의견
과 지지를 수렴하는 정치적 시민운동단체에서 지역운동의 재활성화에 이
르기까지 그간 상대적으로 방기되어왔던 운동공간의 창출에 진력해야 할
것이다.

참고문헌

강문구(1993), 「변혁지향 시민운동의 과제와 전망」, 『경제와 사회』 여름호.
권영길(1993), 「노동조합운동의 나아갈 길」, 『창작과 비평』 가을호.
김성국(1992), 「한국자본주의 발전과 시민사회의 성격」, 한국사회학회 한국정
     치학회 편, 『한국의 국가와 시민사회』, 한울.
김세균(1992), 「시민사회론의 이데올로기적 함의 비판」, 『이론』 가을호.
백욱인(1991), 「한국사회 시민운동(론) 비판」 『경제와 사회』 겨울호.
_____(1993), 「시민운동이냐, 민중운동(론)이냐」, 『경제와 사회』 봄호.
원종찬(1993), 「새로운 시대의 민중운동과 시민운동을 위하여」, 『창작과 비평』
     가을호.
유팔무(1993), 「한국의 시민사회론과 시민사회분석을 위한 개념틀의 모색」, 이
     수훈 편, 『한국정치사회의 새 흐름』, 나남.

이동연(1992), 「지배문화 분석을 위한 제언」, 『문화과학』 2호.
이해찬(1993), 「향후 정세와 민중운동의 전망」, 『창작과 비평』 가을호.
조희연(1993), 「새로운 정치현실과 진보운동의 진로」, 『경제와 사회』 여름호.
Gorz, A.(1989), *Critique of Economic Reason*, London: Verso.
Laclau, E. and C. Mouffe(1985), *Hegemony and Social Strategy*, London: Verso.
Melucci, A.(1980), "The New Social Movements: A Theoretical Approach," *Social Science Information*, vol. 19, no. 2
Offe, C.(1985), "New Social Movements: Challenging the Boundaries of Institutional Politics," *Social Research*, vol. 52, no. 1.
Scott, A.(1990), *Ideology and the New Social Movements*, London: Unwin Hyman.
Toffler, A.(1970), *The Futureshock* (『미래충격』, 한경출판).

한국민주주의의 현재적 과제

1993년 10월 5일 초판 인쇄
1993년 10월 15일 초판 발행

저 자 학술단체협의회
발행자 김 윤 수
발행처 창 작 과 비 평 사
120-070 서울 마포구 용강동 50-1
전화 718-0541·0542(영업)
718-0543·0544(편집)
716-7876·7877(독자관리)
FAX 713-2403
지로번호 3002568
대체구좌 010041-31-0518274
등록 1986. 8. 5. 제10-145호

ISBN 89-364-7012-4   값 5,000원